U0935199

股票作手回忆录

Reminiscences of a Stock Operator

Edwin Lefèvre
[美]埃德温·勒菲弗◎著
杨丽娜◎译

四川大学出版社

策划编辑:李彦昌
责任编辑:梁　胜
责任校对:梁　平
封面设计:红十月设计室
责任印制:王　炜

图书在版编目(CIP)数据

股票作手回忆录/（美）勒菲弗（Lefèvre，E.）著；杨丽娜译. —成都：四川大学出版社，2012.12
ISBN 978-7-5614-6342-0

Ⅰ.①股…　Ⅱ.①勒…　②杨…　Ⅲ.①利弗莫尔，J.（1877～1940）-回忆录②股票投资-经验-美国
Ⅳ.①K837.125.34②F837.125

中国版本图书馆 CIP 数据核字（2012）第 289539 号

书名　**股票作手回忆录**

著　　者　埃德温·勒菲弗
出　　版　四川大学出版社
地　　址　成都市一环路南一段 24 号 (610065)
发　　行　四川大学出版社
书　　号　ISBN 978-7-5614-6342-0
印　　刷　北京朝阳新艺印刷有限公司
成品尺寸　160 mm×230 mm
印　　张　16.25
字　　数　301 千字
版　　次　2013 年 4 月第 1 版
印　　次　2013 年 4 月第 1 次印刷
定　　价　35.00 元

◆读者邮购本书,请与本社发行科联系。电 话:85408408/85401670/85408023　邮政编码:610065
◆本社图书如有印装质量问题,请寄回出版社调换。
◆网址:http://www.scup.cn

目录

第一章 华尔街没有新事物

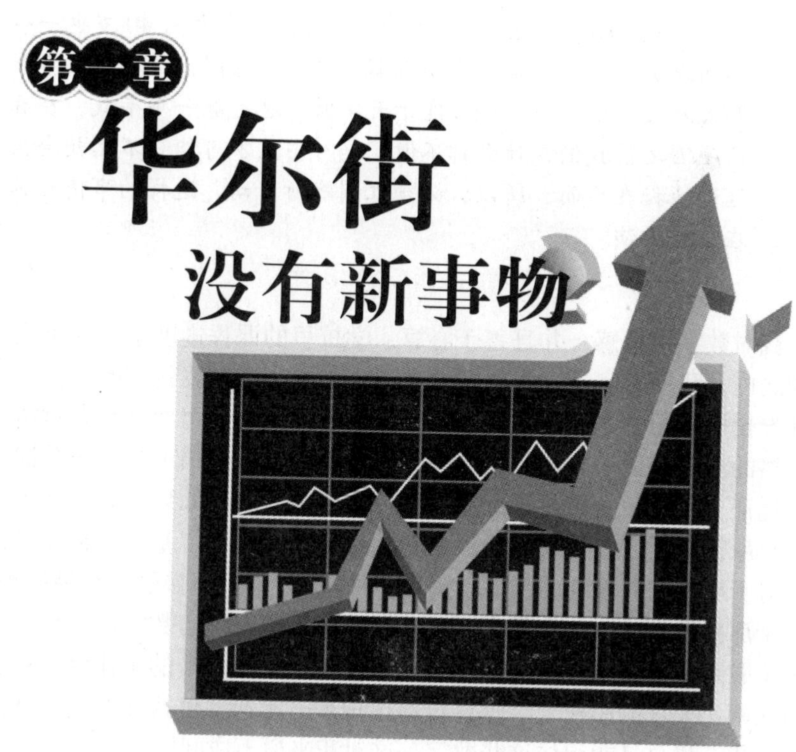

1. 股市今天发生的事情以前发生过，以后也会再发生——华尔街没有新事物——这是由前辈们总结出来的经验。因为投机就像山川河流一样古老，所以注定了华尔街不可能再发生新事物。

2. 我14岁时不会问大盘为什么涨跌，今年我40岁也一样不问这类问题。股市的波动都有它自身的原因，这些原因可能明天就大白于天下，也可能十天半月，也可能一年半载，在弄清原因之前我们就什么都不做了吗？当然不可能，不然就会被远远地抛在后面，所以，必须立刻有所行动。这样的事情经常在股市上演。

我对数字很敏感，并且善于心算，学校里的课程进度不能满足我，所以一年之内，我就学完了三年的数学课程。中学一毕业我就开始工作了，在一家证券投机公司（译注：实质上是一家赌博公司，公司和交易者对赌，赌股票价格的涨跌。如果交易者买入一只股票，在投机公司填写一张单据，作为买卖凭证，而这一交易是不记入纽约证券交易所的。如果交易者赌中了，那么客户赢钱；反之，交易者的钱就全输给了投机公司。基于这种模式，投机公司对于那些能够获利的交易者设置各种限制，甚至不接受其交易的委托单，而对于那些经常亏损的交易者则是永远笑脸相迎）里当数字记录员。通常会有一个股票交易者坐在行情指示器前喊出价格，记录员的工作就是把这些数字写在营业大厅的黑板上。这些价格出现得非常快，可这样的速度从来没有困扰过我，我总是能记住这些数字，这对我来说不成问题。

上午10点到下午3点是股市交易时间，这段时间我会非常忙碌，很少有机会和同事们说话，可是我并不在意这一点。

但是，忙碌时也是我思考时。在我看来，黑板上的这些数字不单纯代表股票价格，这些数字具有某些意义，需要我们找出其中的奥妙。这些数字不断变化，变化才是帮我找到奥妙的关键。可是我不会去想这些数字为什么要变化，这个问题对我来说意义不大，在我眼里只是一些数字在不断变化。在我的工作时间里——星期一至星期五每天五小时和星期六的两小时——必须要思考的就是数字如何变化。我对价格的兴趣就是这样培养起来的。

我的记忆力非常好，前一天一些股票的上涨或下跌前的变动过程我都记得清清楚楚，这时候心算的能力给了我莫大的帮助。

股票的价格在上涨或下跌前都会有一些特定的表现，这样的例子非常多，这也是指导我如何行动的指路标。这个时候我 14 岁。我在工作中观察了几百次后，在心里默默地检验这些“指路标”的正确性，查看股票今天的走势与几天前有何不同，后来就开始大胆地预测价格。这段时间的经验告诉我，指引我的就是股票过去的走势表现，我根据这些走势表现总结出了一些规律，并根据这些规律来寻找走势与之相吻合的股票。

股市如同一个大战场，大盘是我非常信赖的“望远镜”，这个“望远镜”让我看到各处的“战况”——何时买盘强，何时卖盘弱。

股市今天发生的事情以前发生过，以后也会再发生——华尔街没有新事物——这是由前辈们总结出来的经验。因为投机就像山川河流一样古老，所以注定了华尔街不可能再发生新事物。我不会忘记这一点。对我来说重点就是记住何时发生、如何发生，这就是我的屡试不爽的经验。

我把它看作是游戏，非常感兴趣，也非常急切，想预测所有股票的涨跌。我把观察结果记在小本子里，与众不同的是，本子上记载的不是股票的交易记录，而是我猜对了还是猜错的记录，这样不会纸上谈兵式地把自己变成富翁或穷光蛋。这个时候，我对证实自己观察是否精确的兴趣更甚于判断下一步的走势，因为这就是验证我预测是否正确的标准。

我曾经关注过一只热门股票，这只股票在波动后，我都会根据之前下跌的状态判断它下一次下跌前的走势。于是我记下它星期一的价格，再根据它过去的表现记录下我对这只股票在星期二、星期三的走势的预测。下一步就交给时间了，到时候再和实际的走势比对，验证我判断得是否正确。

我就是从这时开始对股票和大盘的讯息感兴趣的。我 14 岁时不会问大盘为什么涨跌，今年我 40 岁也一样不问这类问题。股市的波动都有它自身的原因，这些原因可能明天就大白于天下，也可能十天半月，也可能一年半载，在弄清原因之前我们就什么都不做了吗？当然不可能，不然就会被远远地抛在后面，所以，必须立刻有所行动。这样的事情经常在股市上演，记得空管公司（Hollow Tube Corporation）的股票在前天下跌了 3 个点，而别的股票都在大幅回升，在第二周的星期一空管公司的董事会通过了终止分红的方案，这就是原因。董事们知道自己做什么，他们没出售，也没有买进，没有大量的买盘，所以也没有理由会上涨。

我一直记录了六个月，在这六个月里我工作一结束就把当天需要记录的数字写在本子上，希望在数字的变化之中找到其中的规律，这就是学习解盘，但我当时并不知道这样就是解盘。

一天中午，我正在吃午饭，办公室一个比我大几岁的同事忽然来找我，他问我："你有没有钱？"

"为什么要这么问？"我说。

"嗯，我得到博林顿铁路公司（Burlington Railroad Corporation）的一条内部消息，如果我能有一个合伙人，我希望他能和我一起做。"他急切地说。

"合伙人？一起做是什么意思？"我问。在我看来，只有富有的股票交易人才能靠内部消息玩股票，这种投机游戏至少需要几百美元，有的甚至需要几千美元。换句话讲，就是这个人必须是个富翁，至少得有私家马车和戴丝绒帽子的车夫。

"我想要试试，你有兴趣吗？你有多少钱？"他说。

"你需要多少钱？"我问。

"我拿出 5 美元，可以买 5 股。"他说。

"你要怎么做呢？"我继续问。

"我要拿一些钱当保证金，到空中交易证券商那里，以他们出的最高价买进博林顿铁路的股票。到时候这只股票一定会涨，我们的钱一下子就会涨一倍，钱就像从天上掉下来一样。"他信心十足地跟我说。

钱是否能增加一倍我并不关心，我只对博林顿铁路的股票是否会上涨感兴趣，于是我拿出我的小本子，查查我的小本子是否真的预示了这只股票要上涨。果然，我的小本子上记载的内容预示着博林顿铁路的股票要上涨了，因为它目前的走势同之前的几次上涨前的走势形态是相同的。在我看来，这是检验我的预测是否精确的一个天大的良机，如果我的研究成果不能赚到钱，那它就没有任何价值。那个时候我还没买卖过任何一只股票，我也没像其他同龄人一样赌博过，但我还是把所有的钱都交给了他，在附近一家空中交易证券所买了博林顿铁路的股票，两天后我们卖出了这些股票，一共赚了 3.12 美元。

有了第一次，就会有第二次，从这时开始我就按着我的秘籍去投机公司买卖股票了。在我看来，买和卖没有任何差别，我应用秘籍里总结出来的方法，不单纯是买卖股票，也不受买卖的内幕所支配，这只是简单的加、减、乘、除。在投机公司里我的这一套方法是最理想的，投机公司里的交易人只是拿着印有股票价格的纸条赌博而已。

我的成绩非常棒，没多过久我就放弃了记录员的工作，记录员的工资非

常低，在投机公司里赚的钱要比当记录员的工资要多很多。起初我的父母都反对，但是当我交给他们在股市里赚来的第一个 1 000 美元的时候，他们同意了。

在我 15 岁的时候，我赚到了人生的第一个 1 000 美元，当我把那 1 000 美元交到妈妈手里的时候，在她眼里我不仅看到了吃惊，还有些许的恐惧。这些钱并不包括我当记录员时拿到的工资，都是我在投机公司里赚来的，而且只用了短短几个月的时间，妈妈每次看到这些钱都觉得不是真的。她要我把钱都存到银行里，在她看来，一个 15 岁的小孩白手赚到这么多钱是件很不可想象的事情，她害怕我受到诱惑。可是我并不为这些事担心，我只想继续证明自己的判断是否正确，同时，证明的过程是我的乐趣。我买了 10 股股票，这 10 股证明我的判断是正确的，如果我买了 100 股，就会使我的正确性增加 10 倍，这就是我增加保证金数额的原因。拿着仅有的 10 块钱去冒险比拿着只是财产一部分的 100 万去冒险更加勇敢，所以这不能证明我的勇气。

15 岁这一年，我过得很好，在股市里赚到了在当时看来相当大的一笔钱。在这种比较小的投机公司里如果有人一次交易 20 股的话，会让人非常吃惊，会以为是约翰·盖茨（John W. Gates）或约翰·皮尔庞特·摩根（J. P. Morgan）大驾光临。这一行的利润出奇的高，就算是按规定经营赚正当的钱，除股价的波动收走顾客少部分钱，一个小小的回档，也可以把交易人 0.75 美元的保证金收走。那时的投机公司很少会赚交易人的小钱，他们有更多的法子赚到顾客更多的钱，而且不会赖账，因为当时有比较完善的信用制度，如果赖了账，那就再也别想泡在股市里炒股了。

我一直单独操作，不需要把我的交易告诉任何人，从头到尾都是一个人单打独斗，谁也帮不上忙，所以我没有“部下”，没有伙伴，是个“光杆”司令。如果股价没有按我的判断走，“部下”会有损失；如果价格向另一个方向发展，伙伴再多也不可能让股价掉转方向。我用我的智慧交易股票。

没过多久，就算我拿出保证金，他们也不要我交易了，因为我一次次打败他们，害他们赚不到钱。“少年作手”这个外号就是那个时候叫出来的。从一家公司换到另一家公司，有时候我还得用假名才能交易。多次碰壁以后我得小心地、有策略地交易，一开始只能做小交易，每笔交易最多是 20 股，他们一旦怀疑我，我就马上把钱输掉，然后再狠狠地赚回来。这样几次以后，他们就会发现赚我的钱非常困难，就会让我到别的公司去交易。

我在一家比较大的公司里交易了几个月，一直在等着被他们赶出去。

这一天终于来了，他们告诉我，希望我到别的公司里去交易。于是，我下定决心要在这家公司里狠狠赚上一笔。这家大公司在市区有很多个分公司，我去了一家没去过的分公司，到了交易大厅问了经理几个比较低级的问题，然后开始交易。我按着我的秘籍操作一只热门股，这个时候总公司有所察觉，问经理是谁在操作这只股票。经理把总公司的问题转问我，他问我叫什么，我说我叫爱德华·罗宾森，剑桥人。他把这些转告给总公司，可是总公司的人还是不放心，又问他我长相如何，我让经理告诉总公司的人我又矮又胖，黑头发还有胡子，可这次经理没听我的，如实地告知总公司我的容貌，随后他的表情很是凝重，脸红红的，放下电话，他叫我马上离开。

我很想知道总公司都跟他说了什么，就问："他们都说什么了？"

总公司的人说："你这个蠢蛋，难道你不知道不能让拉里·利文斯顿（Larry Livingston）在我们公司里交易吗？你居然让他从我这里赚到了700美元！"至于总公司的人还说了什么，他就没告诉我了。

我从这家大公司下属的分公司转到另一家分公司，但是所有分公司里的人全都认识我，我没法交保证金、没法交易，甚至都不让我进交易大厅里看股市行情，每次进去都会遭到工作人员的白眼。我想了很多办法说服他们允许我在各家分公司交易，可没人理我，我得到的答案都是一样的。

最后，只有一家公司"收留"了我，那就是我们这个地区店面最大、实力最雄厚的大都会证券经纪公司（Cosmopolitan Stock Brokerage Company）。

大都会证券经纪公司是信用等级为A-1级的经纪公司，它在新英格兰的每一个制造业中心都设有分公司，来交易的人非常多。所以我没有被他们阻拦，非常顺利地交易了几个月，当然也不总是赚钱，也有赔的时候，但赚多赔少。到最后还是被他们察觉了出来，不过终究是大公司，没有直接把我赶出交易大厅，这可不是因为他们遵守行业规则，而是怕他们的拒绝会遭到我的投诉，如果这样的事见了报，对他们是有百害而无一利的。可不要以为他们都是温良的绵羊，他们有很多办法对付我这样的人，那就是要把我的保证金比例提高到3点，并强制我每0.5点要增加保证金，然后就是1点、1.5点。这下可麻烦了，也就是说，如果我买美国钢铁公司（United States Steel Corporation）的股票，股市价格是90美元，我在公司交易单上必须写"买10股'美国钢铁'，90，1/8美元（1/8为手续费——译者注）"，如果保证金涨到了1点，交易单就要写成"买10股'美国钢铁'，89，1/4美元"，这1美元就被公司拿走了。投机公司不会强迫交易人补交保证金，也不会让公司职员心痛地卖出用以保本，如果顾客下错了赌注，就会血本无归。

"道高一尺，魔高一丈"，大都会想出了更可恶的办法来对付我，那就是要我在买卖时加码。简单地讲，就是买 90 美元一股的股票，单子上写"买 10 股'美国钢铁'，91，1/8 美元"，如果在我买入后股票上涨了 1 美元，在这个时候卖出的话，我还是亏的。如果我交易的保证金涨到了 3 点，我的交易能力就降低了 2/3。即使大都会给我诸多的刁难我也得接受，如果不接受，那我就得彻底出局，没有公司会允许我交易。

在公司里交易有赚有赔，但还是赚的时候多。大都会的限制足以让别的交易者输个精光，我也备感沉重，可是就算这样，他们还觉得效果不够好。

他们精心设置了很多骗局，可都被我一一识破，我的第六感救了我。

大都会证券经纪公司是新英格兰地区最有实力、最大的投机公司，他们对交易没有限制，他们是我的仅存希望，我是大都会最固定、交易额最大的个人顾客。大都会有豪华的办公室，有占据一整面墙的价格看板。在纵贯交易大厅的看板上有纽约和波士顿证券交易所交易的股票、棉花、小麦和金属等的价格，纽约、芝加哥、波士顿、利物浦交易的每种东西价格都会出现在看板上——你能想象到每种东西的价格。

该说说投机公司里交易的流程了。把钱给营业员，并告诉他买进还是卖出哪只股票，他根据看板或报价条写下价格——当然写下的必须是最新的价格。营业员会在交易单上写上时间，这样，交易单很像是证券交易所里的委托单，换句话讲，就是记录下交易者在何日何时以什么价格买进或卖出哪只股票多少股并且写上交易额。如果想轧平（译注：既没有多头也没有空头，即为持平或者轧平），就告诉营业员（译注：可以是同一个人，也可以是别的营业员，不同的公司有不同的规定），他会记下最新的价格，如果他看的价格不是最新的，他会等下一轮价格出现，然后写在你的交易单上，并且写下时间，签好字检查一下再交还给你。如果你赚了钱，你可以到出纳那里凭交易单拿到你赚到的钱，当然，如果股票走势不如你的意，价格超出保证金规定的限度，你的交易就轧平了，交易单也不具有任何意义了。

在连交易 5 股都接受的小公司里，买卖的单子只是张小纸条，以颜色来加以区别。公司也不是只赚不赔，在多头市场中，所有的顾客都判断力精准而坚定地做多，公司会受到沉重的打击。这时候，公司会自动扣掉买卖的手续费。比如，以 20 美元的价格买进一只股票，交易纸条上会写"20，1/4"，所以你只能赌 3/4 点的涨跌幅度。

在新英格兰地区，大都会是这里最大的交易公司，在几千个客户中，我是他们最害怕的一个。就算给我的保证金加码到了 3 点，都不能让我停止交易，在他们给我的各种苛刻的条件范围内我还是不断地买进和卖出，最多的时候我手上会有 5 000 股股票同时在交易。

有一次，我放空 3 500 股“美国糖业”的股票。大都会使用大张的粉红色的委托单，每张 500 股。这种大张的委托单上面是空白的，可以记录额外要加的保证金。像大都会这样的大公司不会要求交易者补交保证金，如果你的保证金不足，你的交易就要轧平，保证金也会被收走，他们很高兴这样做。小公司的交易有所不同，如果你想增加保证金，他们会让你重新填一张单子，这样就可以多收一次买进和卖出的手续费。而且 1 个点的保证金只允许你下跌损失 3/4 点，超过之后，你的交易就轧平，那 1 点的保证金就被他们收走，因为他们会把卖出的手续费也一并算上，就如同这是一次新交易（译注：买进和卖出都要缴纳 1/8 点的手续费，因此 1 点的保证金只能允许股价上涨或下跌 3/4 点，不管是涨还是跌超过了这个数都算赌输了，交易人缴纳的保证金就会被公司拿走）。

这次的交易，我缴纳的保证金超过了 1 万美元。

我在 20 岁的时候赚到了我的第一个 1 万美元。妈妈认为，除了老洛克菲勒，没人会随身带着 1 万美元，她认为我应该满足，应该用这些钱去做一份正当的工作。我用了不少时间才让她明白这不是赌博，这是一种赚钱方式。在妈妈看来，1 万美元是一笔数目很大的钱，而在我眼里却意味着它需要更多的保证金。

我以“105，1/4”的价格放空 3 500 股“美国糖业”的股票，在交易大厅里有个叫亨利·威廉姆斯（Henry Williams）的放空 2 500 股。我坐在我常坐的报价板旁，像我当记录员时一样，不过现在是我喊价格，别人记。“美国糖业”的股票价格起伏如我所预料的一样下跌了几个点后停了一会儿又掉头向下。大盘疲软，从种种迹象看会非常有希望。可是突然之间“美国糖业”盘整时的形态让我有一丝的不安，觉得自己有必要退出市场。当然“美国糖业”股票的外盘价是 103 美元，这也是当天的最低价，这样的下跌没有给我信心，反而更加让我不安，我感觉哪里出了问题，可是又找不到出错的根源。如果股价的走势没有按我的预期发展，而我又不知道原因何在，也就没办法对这种变化做出预防措施，这时最好的办法就是退出市场。

我从来不盲目行事，即使在我还是孩子的时候。我必须要知道我做一件事的原因，可这次我没有给自己一个明确的答案，这使我非常不安，而且已经到了坐立不安的地步。我让戴夫·韦曼（Dave Wyman）坐在我的位子上：“韦曼，我希望你帮我一个忙，你晚一点报出‘美国糖业’的价格好吗？”

他坐在我的位子上，我拿着 7 张委托单走到柜台边，站在负责轧平业务的营业员面前，但我不知道我退出市场的真正原因，所以犹豫不决地站在那里。为了不让营业员看到我手里的单子，我把它藏在身后。这时，营业员迅速地转头专心地去听电报机的滴答声，我有一种不好的事情在暗中进行的预感，我决定马上轧平。正在这时戴夫喊到“美国糖业”，我闪电般把单子放在了营业员面前，大声地说：“我要轧平全部的‘美国糖业’。”这时戴夫的价格还没报完，营业员必须用上一次的价格轧平，我的话音刚落，戴夫就喊出了“103”。我判断这时的“美国糖业“应该已经跌破 103 美元了。

此刻电报机像发了疯的野马般不停地狂叫，我知道这里面有鬼。营业员没有理会我的单子，还在关注那台电报机，好像在等待什么。于是，我大声喊道：“汤姆，现在报价器上的价格是 103，你还在等什么？快点！”

我的声音非常大，交易大厅的人都朝我这边看过来，问出了什么事。大都会虽然是个有实力的公司，没有停业过，但这并不能保证以后不会。如果有顾客在怀疑，别的顾客也会跟着怀疑，就像传染病一样，所有人都挤兑的话，可能会像银行挤兑一样，最后会导致其破产。所以汤姆满脸不高兴地给我的单子以 103 美元的价格轧平。

轧平柜台到出纳窗口的距离只有八英尺，在我向出纳柜台走去的路上，戴夫大喊道：“上帝呀，‘美国糖业’，108 美元。”可我的单子已经成交，只能笑着对亨利吼道：“晚了，老兄！”

并不是我多疑，这里面确实有阴谋。亨利和我可以放空 6 000 股“美国糖业”,交易大厅里还有一些放空的单子,加在一起没有 10 000 股也有 8 000 股。如果公司收到的交易“美国糖业“的保证金有 2 万美元，他们就可以拿着 2 万美元在纽约证券交易所里暗中搞鬼，可以利用这 2 万美元操控股价，把我的钱通通洗掉。那时候，投机公司如果发现了有很多人在做多一只股票，就会派营业员打压这只股票，把价格压到让所有交易者损失到被“洗干净”为止。投机公司只要掌握几百股，就可以赚上几千几万美元。

这次的“美国糖业”就是投机公司的杰作。大都会想教训我们这些做空的人，伙同纽约证券交易所的人拉抬“美国糖业”的股票价格，造成多头市场的假象，然后在 108 美元的价位上不作任何停留，立马下跌，洗掉了亨利和其他交易者的钱。当年报纸上认为这种没任何理由的急跌，又没任何理由的反弹是投机公司的炒作。

非常戏剧性的是，在大都会骗我几天后，它就被纽约的一个作手拿走了 7 万多美元。他是纽约证券交易所的会员，在那个时候的交易市场上具有非常大的影响力。他在 1896 年的布莱恩恐慌（Bryan Panic）中做空，一夜成名，在市场上出尽风头。他一直在证券交易所打法规的擦边球，这些法规约束了他的一部分投资计划的实施。他想，纽约证券交易所和警察不会介意他在大都会拿走一些不光彩的钱。有一天，他让 35 个人去大都会的各个分公司，约定了一个时间，在得到经理允许的范围里尽最大所能买入了同一只股票，他让这 35 个人在他的指令下卖出。后面的工作就是他的了，他在市场内散布这只股票将有所作为的消息，然后在证券交易所内部人员的帮助下炒高股价。这些交易所的工作人员认为这是一种正当的事情，因为他们觉得这是经过深思熟虑的操作，让股票上涨三四个点是没问题的，是法规所允许的。他的 35 个人听从他的安排在大都会赚了一大票。

有人算过，除去手续费和那 35 个人的报酬，他至少赚了 7 万美元。他以这种办法在纽约、波士顿、费城、芝加哥、辛辛那提和圣路易斯等地教训了当地比较大的一些投机公司。他钟情于西联电报公司（Western Union），这种可塑性强的股票比较好操纵，上涨和下跌都是再正常不过的事。他会以某个价格买进股票，上涨两三个点以后再卖掉，下跌一点后买进，可以再赚三个点……几天前在报上看到了他的讣告，他在去世时身无分文、穷困潦倒。不能想象，如果这则讣告出现在 1896 年的报纸上，那决不仅仅只是两行字，而一定会占据各大报纸的头版头条。

第二章 不要跟股市怄气

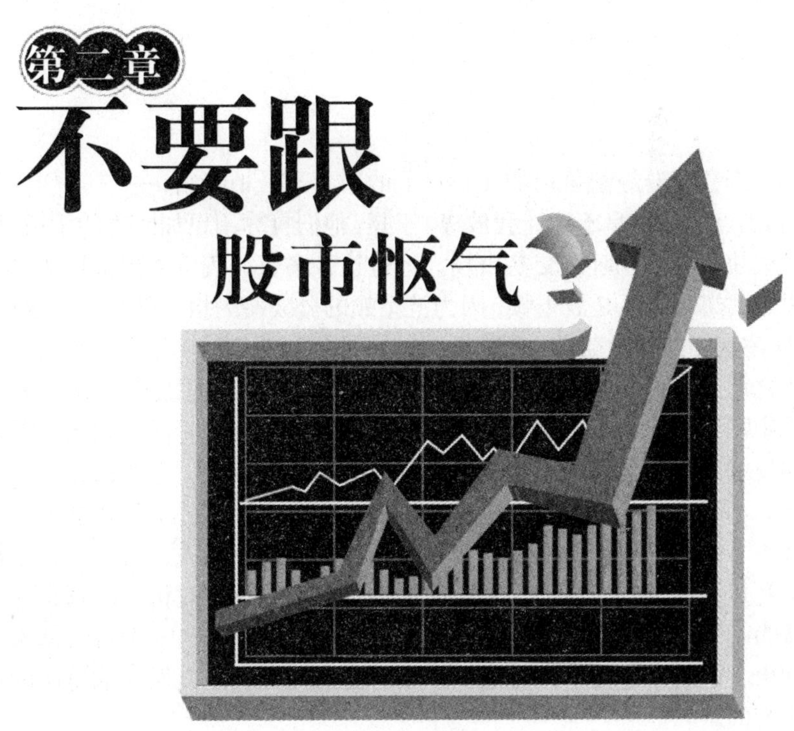

1. 我用行动证明了这一点，每次按自己的规则交易都会赚到钱，但只要头脑一发热做出愚蠢的操作时，一定会输钱。我偶尔会让冲动压倒理性，我不是圣人。

2. 不要跟股市怄气，也不要跟大盘分析理论较劲，这样对自己没半点好处。

大都会证券经纪公司加在我身上的诸多不公平限制——3点的保证金和加码1.5点——还是不能让我放弃。于是，他们打算用更加阴险的手段算计我，并且威胁我要把我赶出交易市场。经过这么多事，我希望到市场的源头去。我决定去纽约而不是波士顿，因为波士顿的分公司的报价都是用电报传送的。我21岁去了纽约，带着2 500美元，这是我全部的钱。

之前提到过，我在20岁时就赚到了1万美元，并且在“美国糖业”那一役中赚了不止1万美元。虽然如此，我还是有输的时候，如果我能坚持自己的规则，十次交易中至少有七次能赢钱。可事实上，让我输钱的还是自己的意志不够坚定——换句话说，就是在前兆有利的前提下我才会买入，可事情并不总是像我想象的那样。在华尔街有很多的聪明人，可为什么他们会失败？我想，原因就是这个。傻瓜中的傻瓜们不明白“时机”的真正含义，他们认为不管何时何地都可以随时交易，没有人能给自己一个每天都买卖股票的理由，同时，也没有人有足够丰富的交易知识，用以保证他每次的操作都是明智的。

我用行动证明了这一点，每次按自己的规则交易都会赚到钱，但只要头脑一发热做出愚蠢的操作时，一定会输钱。我偶尔会让冲动压倒理性，我不是圣人。每个人都看着面前巨大的报价板，都听着一时都不闲着的电报机工作的声音，每时每刻都有人在交易，每时每刻都有人把手中的委托单变成钱或废纸。在证券经纪公司里，保证金是赚钱的保证，如果做长线投资，你会非常容易且非常快地被“洗干净”。忽略大盘走势、不间断操作是华尔街投机者亏损的原因，就算是资深的投资专家也不能幸免，他们认为每天都得赚钱，把投机当成拿固定薪金的工作。那时我还是个孩子，我还不知道自己掌握的知识、自己的判断、自己的规则是一笔财富，后来它让我能等待长长的

两个星期，关注我看好的股票上涨 30 点后再安全地买入。钱所剩不多了，我不能冒险，必须要重新开始，所以我按兵不动，等待时机。1915 年的那件事我会在以后再谈起，说来话长。

现在我们还是把话题转回到证券经纪公司这里来，说说我在几年中打败经纪公司又被他们打败、差点回到原点的事情吧。

这件事是在我面前发生的！这样的事情在我这辈子里发生过不止一次，股票作手们必须面对强大到不可想象的敌人。当年，我带着我的 2 500 美元来到纽约，这里的证券投机公司所剩无几了，在证券交易所和警察的通力合作下，大部分证券投机公司被查封。这个时候，我希望能找到一家能让我不受任何不公平限制的公司来自由交易。我的钱不多，我还想赚很多钱，所以最初的问题就是要先找一家安全公平的交易公司。几经周折，我打听到一家是纽约证券交易所会员的公司，它在我的家乡还设有分公司，并且我还认识其中的几名营业员，可是这家经纪公司不久就倒闭了。在那儿，我没多作停留，因为其中的一个合伙人让我很不愉快，后来我就来到了弗勒顿公司（A. R. Fullerton）。有人知道我之前的经历，所以“少年作手”没多久就被传开了。我看起来很小，这在一些方面成了我的障碍，但也有好的一面，这个障碍迫使我更加努力，去击败那些认为我年轻就想占我便宜的人。经纪公司看我年轻，就认为我是来纽约碰运气的乡巴佬，这些轻视也是我能在他们手里赚到钱的原因。

六个月不到，我的钱就快没有了。在弗勒顿公司，我是个活跃分子，也算是个常胜将军，我想，我的交易手续费会非常可观。我的账户里曾经有很多钱，最后都不见了，虽然我很小心地买卖，但我还是在亏钱。那原因就是：我在经纪公司里非常成功！

我只能在投机公司里按照我自己的规则赢得这种对赌游戏，可是在那里赌的只是价格的波动，我的经验只是源于此。我买入时，价格就清楚地写在面前的报价板上，在买入之前我就知道价格会这样。我也可以飞快地卖出，也可以在一眨眼的工夫里抓住赚钱的机会或是减少亏损。有时候，我可以确切地知道一只股票的波动情形，我可以不贪心地赌上涨 1 个点，一瞬间就可以让本金增长一倍，我也可以只赚一半。每天操作一两百只股票，算下来一个月也应该会赚很多，是不是？

这样的做法说起来容易做起来难，就算证券投机公司资金实力雄厚，能承受一定的损失，可是他们也不愿意看到有损失，不希望看到一个总是赚走他们钱的顾客出现在交易大厅里。

弗勒顿公司的交易系统与证券投机公司的完全不同。我在弗勒顿公司实际买卖股票，美国糖业公司电报纸条上的价格是 105 美元，我判断它会下跌 3 点，可是证券交易所在这时的实际价格可能是 103 或 104 美元。如果由弗勒顿公司执行我卖出 1 000 股“美国糖业”的委托单，我就不可能确切地知道卖出的价格到底是多少，而在家乡的证券交易公司，做同样的操作我会赚 3 000 美元。在证券交易所的会员公司里，也许 1 美元都赚不到，这也许是特例，可是在弗勒顿公司我看到的价格一定是旧的，一定是成为历史的价格，那时候我并不了解这一点。

还有，如果我的卖出委托单的数额过大，这只股票会因为我的大卖单而下跌，可在证券经纪公司我不用为大卖单产生的后果而担心。在纽约的游戏规则不同，所以我亏钱了。当然，这不是因为操作合法化，而是因为我在无知的状态下买卖。虽然我是看盘的个中好手，但这种看盘的方式也没法救我。

如果我是交易所里的营业员，每天关注这些，可能对我的判断会有所帮助，在这样的一个环境中我会调整我的方法以适用于现在的新情况。但是，如果我的交易数额还是如此之大，我一样赚不到钱，因为我的大笔委托单会对股票价格产生影响。

简单讲，我还不懂股票的一整套投机规则，我只知道其中的一部分，恰恰是这套规则中最重要的一部分，对我的投机生涯来说非常珍贵。就算我有这些经验可还是会输，那不了解这些规则的人该怎么办，他们还能在市场上赚到钱吗?

不久后，我意识到我的交易方法不对，可我还不知道问题的症结所在。有时候我的操作很漂亮，可是会突然之间接二连三受挫。那时我年仅 22 岁，不是那种刚愎自用的人，非常想知道问题出在哪里，可是没有人在那样的年纪就懂得很多这方面的知识。

弗勒顿公司的人对我都很友善，虽然我很想赚大钱但他们有融资的限制，所以我不能完全按照自己的意愿去交易，不过老弗勒顿和公司里的其他职员对我都很照顾。因此，在我活跃地交易了 6 个月后，不仅亏掉了带来的钱，还把在纽约赚来的钱也输得干干净净，甚至还欠公司几百块钱。

那个时候我只是个背井离乡的 22 岁年轻人，输掉了所有钱，变得身无分文，我明白我只是操作方法出了问题。我不会跟股市怄气，也不会跟大盘分析理论较劲，这样对自己没半点好处。所以没有别的办法，只好重新再来。

我想尽快去交易，不想浪费一分钟，于是去找弗勒顿先生，对他讲：“弗勒顿先生，是否可以借我 500 美元？”

“借钱干什么？”他问。

“我需要一些钱。”

“要钱干什么？”他又问。

“当然是做保证金。”我回答说。

“500 美元？”他皱着眉说，“你知道，他们需要你交纳 10%的保证金，这意味着买 100 股得需要 1 000 美元保证金，我还是让你在公司里赊账好了。”

“不，”我说，“我不能接受公司给我的赊账，我已经欠公司很多钱了，我非常希望您能借我 500 美元，让我去把钱再赚回来。”

“你计划怎么做？”弗勒顿先生问道。

“我要去证券投机公司做交易。”我明确地告诉他。

“不在这里交易了？”他问。

“不，”我说“我在公司里不确定能赚到钱，但是在投机公司就肯定能赚到钱，我熟悉那里的操作方法，我知道我在这里出了什么问题。”

弗勒顿先生借钱给我，我拿着钱离开了这家公司，他们叫我“恐怖的少年作手”，然而这个少年作手目前已经身无分文了。

这时候，我不能回家乡去，因为在家乡没有一家证券投机公司会接受我，纽约也不可能，因为这里没人做这样的交易。有人告诉我，在 18 世纪的 90 年代，布罗德街（Broad Street）和新街（New Street）有很多这样的证券投机公司，但在我最需要他们的时候却已经找不到一家了。经过考虑以后，我决定去圣路易斯（St. Louis）。据说圣路易斯有两家证券投机公司，基本上垄断了中西部的这一行当，他们在几十个市镇都设有分公司，利润一定非常惊人。事实上，在东部没有一家公司在交易量上能与之抗衡。他们公开营业，技术高超的人在那里交易也不会受到任何限制。还有人告诉我，其中一家的老板是商会（the Chamber of Commerce）副主席，但不一定是圣路易斯地区的商会。最后，我带着借来的 500 美元去了圣路易斯，准备赚一笔后再回纽约证券交易所的弗勒顿公司当交易保证金。

我到了圣路易斯，在旅馆里洗漱一下就去找证券投机公司。这两家公司一家叫杜兰公司（J. G. Dolan Company），一家叫泰勒公司（H. S. Teller Company），我知道，我可以在他们那里赚到钱，我会非常小心稳妥地去操作。我担心的事就是会有人认出我而拒绝我的交易，因为全美的证券投机公司都会互通有无，就像赌场一样能拿到所有跟专业赌徒有关的消息，“少年作手”已经名声在外了。

杜兰公司离我住的旅馆近些，我先去那里碰碰运气，希望在他们认出我之前先做几笔交易。我走进了交易大厅，大厅非常大，里面至少有几百人站在报价板前。我非常高兴，因为人多，我被人认出的概率就不大。我远远地看着黑板，认真地研究，我找到了一只股票，准备玩一次。

我观察了一下，找到交钱和拿委托单的柜台，里面坐着一个职员，他正好看到了我，于是我走到他面前，问道："这里可以做棉花和小麦交易吗？"

"当然，小兄弟。"他说。

"我也能买股票吗？"

"如果你有钱，当然可以。"他说。

"哦，我有，没问题，没问题。"我像这个年纪爱说大话的男孩那样说道。

"你真的有吗？"他笑着问。

"100 美元可以买多少股票呀？"我假装不高兴地问。

"100 股，如果你有 100 美元的话。"

"我有，没错，我甚至有 200 美元呢。"我有点炫耀地告诉他。

"哦，我的天！"他说。

"你替我买 200 股吧。"我豪爽地对他说。

"200 股什么呢？"他问，现在他才开始正视我，他一定想，生意来了。

我又看了看报价板，就像要猜准点一样，然后告诉他买 200 股奥马哈公司（Omaha Corporation）的股票。

"好！"他接过我的钱，点了点，开始填委托单。

"请告诉我你的名字。"他说道。

"何利斯·肯特。"我说。

他把填好的单子交给我，我到人群中等着股票上涨。我行动迅速，在一天之内买卖了好几次，第二天也一样，两天时间我就赚了 2 800 美元。我希望他们能让我在这里交易一个星期，以现在这样的速度，应该能赚到一些钱。然后就去泰勒公司，如果在那里能像现在这样顺利，我就能赚到可以让我有所作为的钱回纽约的弗勒顿公司了。

第三天的早上，我走到柜台边假装害羞地说我要买 500 股 B.R.T. 的股票，那个职员对我说："肯特先生，我们老板要见你。"

我心里明白，杜兰公司发现了，但是我还是问他："你知道老板找我有什么事吗？"

"我不知道。"

"他在哪里？"

"他在他自己的办公室里，请往那边走。"他指着旁边的门说道。

我走进杜兰的办公室，他坐在桌子上，见我进来指着一张椅子对我说：“请坐，利文斯顿先生。”

我最后的希望也破灭了，我不知道他如何发现我的，也许是凭着旅馆的旅客登记簿吧。

“你找我有何贵干？”我问。

“小伙子，我不想再在交易大厅里看到你，明白吗？”

“不，先生，我不懂。”我说。

他从旋转椅子上站起来，身材非常高大，他走到门边，打开门，对我说：“请你过来这里，利文斯顿先生，好吗？”

我走到门边，他对我说：“你看到他们了吗？”

“看到什么？”

“那些傻瓜，看清楚些，小伙子，大厅里一共有300个傻瓜，他们是我的生财机器。可是你来了，两天之内在我这里拿走了很多钱，这些钱甚至比我在他们身上两个星期赚的还要多。生意不能这样做，小伙子，我不能让你为所欲为，你不能在这里继续交易下去了。你赚走的钱我就不计较了，但别想在我这里再拿走哪怕一毛钱了！”

“为什么？我……”

“前天我看见你来，我十分不喜欢你，实话说，是非常地不喜欢。我可以确定你是个郎中（译注：意指匿名交易者）。我问那个蠢驴——他指接待我的那个职员——你做了什么事，他告诉了我，我对他说：‘我非常不喜欢这个人，他是个郎中。’那个蠢驴还在说：‘不可能，老板，他叫何利斯·肯特，只是一个想装成大人玩游戏的小孩子，他不会是郎中的！’唉，我就没有理会，那头蠢驴害我损失了2 800美元。这件事责任不在你，小伙子，但我不再给你任何机会来赚我的钱。”

“杜兰先生，听我说……”我想解释。

“利文斯顿，”他说，“我听说过关于你的种种传闻，我是靠收傻瓜们的赌金赚钱的，这里不欢迎你。我会大度地让你离开，带着在我这里拿走的钱，但我不会再让你在这里交易了，不然就是我变成了傻瓜。既然我已经知道了你是谁，你还是离开吧，小伙子。”

我拿着2 800美元离开了杜兰公司。泰勒公司与杜兰公司在一条街上，我发现泰勒是一个非常有钱的人，他同时还经营了很多家赌场，我决定去他的证券投机公司试试。我不确定该如何做，是从小笔买卖开始再慢慢加到每笔1 000股，还是假定交易时间只有一天所以一开始就赌一笔大的。我想只有亏钱才能让他们很快学乖，我是真的非常想买 1 000 股“B.R.T”，所以我走到柜台前，对坐在里面的职员说：“我想买一些‘B.R.T’，有限制吗？”

“没有任何限制，先生，”他说，“你可以想买多少就买多少，只要你有足够多的钱。”

“那我买 1 500 股。”我边说边从口袋里拿出钱来，职员开始填单子。

可是旁边一个红头发的职员推开了正在填单子的职员，探出身子对我说：“哦，是利文斯顿先生，请你还是回到杜兰公司去吧，我们这里不欢迎你。”

“等我拿了单子再去，”我说，“我刚才买了‘B.R.T’。”

“你在这里是拿不到单子的，”他说，这时，他身边聚集了很多职员，他们都看着我，“永远也别想在我们这里赚到一分钱，我们不会接你的单子的。”

暴跳如雷和争吵不具任何意义，所以我付清了旅馆的账后就搭第一班火车回了纽约。想带一大笔钱回纽约还真不是件容易的事，那个泰勒不许我这么干。

回到纽约，我还清了弗勒顿先生的 500 美元，用在杜兰公司赚来的钱重新开始交易。有赚也有赔，但还是赚的时候要稍微多一些。需要我忘记的事情不是很多，来到弗勒顿公司后我了解了一个事实，那就是股票投机比我之前的所知要复杂很多，还有很多东西需要我去学习。我就如同一个填字游戏迷一样，一定要把报纸周末增刊上的填字游戏填好为止，这样才能让自己满意。我非常希望能给自己找到答案，我那时候以为再也不会去证券投机公司交易了，可是事实并不像我以为的那样。

几个月后，一个老家伙来到了弗勒顿公司，听说他们曾经一起经营了很多个赌马场，如今他的境况已大不如前了。弗勒顿先生介绍我们认识了，他是麦德维特先生（Mc Devitt）。老麦德维特告诉我们西部赌马场骗子的故事，这些骗子在圣路易斯又骗了一次，他还说，这次骗子们的领导者是个开赌场的，叫泰勒。

“哪个泰勒？”我忙问。

“大个子泰勒，H.S. 泰勒。”他说。

“我知道他。”我说。

“他是个十足的恶棍。”麦德维特说。

“不只有这些，我还要跟他算账。”我说。

“怎么回事？”

“我要报复不讲道德的人，我的方法就是掏空他们的钱包，如今他在圣

路易斯，我奈何不了他，可是总有一天我会修理他的。”我把我的遭遇告诉了麦德维特。

“哦，”麦德维特说，“他想来纽约发展，但目前还做不到，所以在哈博肯（Hoboken）开了一家公司，据说那里没有任何交易限制，而且那家公司实力雄厚，钱很多，多到可以让直布罗陀巨石变成跳蚤的影子一样小。”

“是什么公司？”我以为“公司”指的是赌场。

“一家证券投机公司。”他说。

“你确定已经开始营业了吗？”我问。

“是的，好几个人都跟我说过。”

“那也只算是小道消息，”我说，“你能否帮我查查那里是否真的可以交易，可以让人赌多大？”

“没问题，小兄弟，”麦德维特说，“我明天早上就去看看，回来告诉你。”

第二天，麦德维特就去了。泰勒的公司果然很大，尽最大的努力在赚钱。记得那天是星期五，一周5天股市一直在上涨——20年前，请记住——到了星期六，银行的报表就显示剩余的准备金数量在大幅下降。这恰恰是股票作手们的一个炒作机会，用以打击多头市场，清洗掉经济实力差的顾客，证券投机公司好从中渔利。每天交易结束前的半小时那些这一周表现良好的股票一定会在这个时候急跌，热门股最为明显。当然这些急跌的股票都是泰勒的证券投机公司里的顾客在追捧的股票，泰勒很高兴看到这样的情况发生——可以赚两边的钱，真是天大的好事——风险很小，只要有1点的涨跌就可以了。

就在那周的星期六，我一早就到了在哈博肯的泰勒的证券投机公司。他们在装修一新的、很大的交易大厅里安装了华丽的报价黑板，有人数众多的营业员，还有一个穿着英武的保安员，大厅里大约有25个顾客。

营业经理问我是否需要帮助，我说没什么。我跟他说大家在赌马场上凭运气赚的钱比在这里多很多，而且还可以自由地交易，没有任何阻碍，可以在一瞬间赚到几千几万美元，不像在这里只能赚小钱，而且还需要一个很长的周期。他跟我讲在股票市场交易很安全，这里有很多顾客都赚到了大钱。这时，你肯定会觉得他是一个正规的经纪商，一心一意地帮助你在股票市场里赚钱。他还跟我说，如果你投入大，收入也会非常丰厚。他猜想我会在赌马场榨干我的钱之前来这家赌场，先赚上一笔，于是，他跟我说，我应该马上开始交易，因为股市会在每个星期六的中午12点收盘。说不定会赚到很多钱，可以带去赌马场——如果我在他们投机公司买卖的话。

我做出不信任他的样子，他就极力地想说服我，我悄悄地看了下表，到了 11 点 15 分，我就对他说："好吧。"然后填好了几只股票的交易委托单，又给了他 2 000 美元。他非常高兴，对我说："你一定可以赚很多钱，一定要经常来这里交易。"

走势就如同我判断的一样，投机者打压他们能操纵得了的股票，股价真的如我所料，开始下跌，我在收市前五分钟所有交易者习惯性趁回档补仓的时候轧平了所有的股票。

5 100 美元就这么进了我的口袋，我准备去把钱提出来。

"我非常高兴来这里。"我对经理说，然后把单子递给了他。

"哦，"他说，"现在我不能把所有的钱都给你，我没想到会有这么多钱，星期一上午，我一定会把钱准备好，肯定没有问题。"

"好的，但我现在需要先拿走你们公司全部的钱。"我说。

"可是，我得先把别的顾客的钱先付了，"他说，"我会先把你的本金给你，剩下的钱等付清别的顾客的钱后都给你。"于是，我等他付钱给别的交易者，我不必为我赢来的钱而担心，泰勒是不会赖账的，因为他实力雄厚。当然，如果他要赖账我也没辙，只有现在拿走他们所有的钱这一个办法。

我拿回了 2 000 美元的本钱还拿到了 800 美元，这可是当天他们剩下的所有钱了，我跟他说，我星期一早上来拿剩下的钱，他向我发誓不会有问题。

星期一我到哈博肯时已经快到中午 12 点了，我看见经理在跟一个人说话，这人我认识，他就是圣路易斯那个把我赶出交易大厅的人。我马上就知道一定是经理打电话给总公司了，总公司派这个人来调查这件事，骗子的警觉性很高。

"我来拿剩下的钱。"我对经理说。

"你说的就是他吗？"圣路易斯那个人问经理。

"是的，是他。"边说，经理边从口袋里拿出钞票。

"等等，"圣路易斯那个人对经理说，转头对我说，"利文斯顿，我警告过你，不许你接近我们，不记得了吗？"

"把钱先给我吧。"我对经理说。经理交给我两叠 1 000 美元、四叠 500 美元和三叠 100 美元的钞票。

"你刚才都说了什么？"我对圣路易斯那个人说。

"我说，我们不希望在泰勒公司里看见你，我们不欢迎你！"

"哦，对，"我说，"这就是我来这里的原因。"

"离开这里，滚远点，别再来了！"他呵斥着我，那个保安员也朝这边走了过来，他看起来很轻松的样子。圣路易斯那个人像发了疯一样，挥着拳

头对着经理吼道："你这个大笨蛋，你应该知道这个人就是利文斯顿，他是个十足的大骗子，总公司的命令不是早就发给你了吗？"

"你听好了，"我对圣路易斯那人说，"这里不是圣路易斯，还轮不到你来教训我，你不能在我面前要花招，不能像你的老板泰勒对待'贝尔法斯特男孩'一样。"

"你马上滚，不要让我在这里看到你交易。"他大吼着。

"如果不让我在这里交易，那你也不会看到别的交易者，"我回敬他，"这不是你的地盘，由不得你这样讲话，如此嚣张。"

圣路易斯来的人一听这话，口气马上就软了下来。

"老兄，听我说，"他有些慌了，"你得讲道理，你得明白我们受不了每天都发生这种事的后果，你得帮帮我们，如果让泰勒先生知道了，我们都得吃不了兜着走，行行好，利文斯顿先生。"

"我会客气一些的。"我说。

"你得讲讲道理，体谅一下我们，可以吗？离开这里，给我们一个顺利开张的机会，为此我们才把公司开在这里，好吗？"

"我不希望在我下次来的时候还看到你这种嚣张的样子。"我说完就走了，只听见他在身后对着那个营业厅经理咆哮着。

我从他们公司狠狠地赚了一笔，以此来报复当时他们给我的恶劣待遇。我生闷气或者让他们维持不下去都没有任何意义。

我回到了弗勒顿公司，把事情的经过都说给了麦德维特听，我对他说，如果他愿意，我想请他去泰勒的公司，先交易 20 ～ 30 股，熟悉一下。如果赚大钱的机会来了，我打电话给他，让他赚一大票。

麦德维特带着我给他的 1 000 美元去了哈博肯，按照我告诉他的办法，成了那里的常客。有一天，我判断股票会大跌，就打电话给麦德维特，让他尽可能多地卖出股票做空，那天我赚了 2 800 美元，这其中还不算给麦德维特的报酬和交易产生的各种费用。这之后不到一个月，泰勒关掉了哈博肯的这家证券投机公司。警察这下子有事做了。虽然我只在那里交易了两次，但足以使这家公司亏本。那个时候股市非常狂热，进入多头市场，股票不停地涨，就算回调，幅度也非常小，不足以洗掉浮盘。当然，所有顾客都是多头，不停地赢钱，不断加码，在美国各地，不断看到有证券投机公司倒闭。

他们的游戏规则已经变了，与正规可靠的证券经纪公司相比，这种投机公司的交易规则有很大的优势。比如，在保证金输光了后他们就为你轧平交易，这是一种最好的止损方法。这样，交易者只损失了投进去的本钱，不会再有损失，在投机公司里没有不执行的危险。还有一个优点，在纽约，投机公司可没有我听说过的西部那些公司那么大方。纽约的投机公司会限制一些热门股的单子，他们规定交易者只能拿到 2 个点的利润，美国糖业和田纳西煤铁公司就是这类股票。不管这类股票在 10 分钟里如何涨跌，你也只能赚 2 个点，他们觉得，如果不这样限制就会让交易者赚走太多钱，也就是说，交易者有可能赔 1 美元但会赚到 10 美元。

所以有很长一段时间，所有的投机公司，其中也包括实力雄厚的大公司都会拒绝一些股票的委托单。1900 年总统大选的前一天，麦金莱（McKinley）当选总统已成定局，全美没有任何一家投机公司接受交易者的委托单。以 3 ∶ 1 的赔率赌麦金莱会赢得选举，如果在星期一买入股票，肯定可以赚到 3 ～ 6 个点，也许会更多。也可以赌布莱恩，同时买入的话也一定会赚到钱。那天，所有的投机公司都在拒绝单子。

如果不是因为他们拒绝接受我的委托单，我是不会停止跟他们的交易的，那样的话，我除了玩几个点的波动之外，是绝对不会知道股票的投机游戏还有那么多的学问。

第三章

股市只有一面

1. 哲学家常说凡事都具有两面性，但是股市里只有一面，不是多头那面也不是空头那面，而是正确的一面。牢牢记住这条公理，比记住股票投机游戏中那些高深的技巧所花费的时间要多很多。

2. 如果没有出错，不应该限制损失，设置止损位是应该的，但不应该让人变得犹豫不决。

人如果打算从所有的失败中得到教训，要花很长时间。哲学家常说事事都具有两面性，但是股市里只有一面，不是多头那面也不是空头那面，而是正确的一面。牢牢记住这条公理，比记住股票投机游戏中那些高深的技巧所花费的时间要多很多。

有的人会假想自己有一大笔钱，已经把这些钱放进股市里操作，用以证明自己的判断是多么的明智，以此自娱自乐，有时候这种虚拟的交易可以让人错以为赚了几百万美元。这样很容易让人变得忘乎所以，变成一个无所顾忌的赌徒，就像那则老故事：

有个人隔天便要跟人决斗。他的助手问他："你是个神射手吗？"

这个将去跟人决斗的人自信满满而又谦虚地说："我能在20步开外射断高脚杯的长柄。"

"很厉害，"他的助手说，"可是，如果高脚杯握着一把上了膛的手枪，枪口正对着你，你还能射中吗？"

对于我，只能用赚钱这种方式来证明我判断的正确性。亏损告诉我，除非确定自己会留下来，否则我是不会开始的，但是，如果没有前进的理由，我是根本不会采取任何行动的。如果没有出错，不应该限制损失，设置止损位是应该的，但不应该让人变得犹豫不决。我一直在不断地犯错，亏损让我得到很多经验，累积了很多交易注意事项。我的交易生涯起起落落，很多次都亏得身无分文，但这种亏损不是致命的，不是彻底的亏损不然，我现在也不可能坐在这里跟你说话了。我知道我还会得到机会，我从不会让自己再犯同样的错，我相信自己。

一个人要靠投机游戏生活，那他就必须得相信自己的判断，要完全地自

信。这就是我不相信专家的原因，如果我听从某个专家的话买了一只股票，我的依据就是这个专家的判断，我就必须得依赖他。可是假设卖出的最好时机来了，而专家去度假了，那该怎么办呢？不行！不可能有人依靠别人的判断赚大钱。经验告诉我，依赖专家、靠专家的指点赚的钱远不如用自己的判断赚的钱多。我用了 5 年的时间研究该怎么玩这个游戏，寻找可以让我赚大钱的方法。

我不像你想的那样，有很多有趣的经验，我是说，很久之后，研究怎么投机的这个过程好像也没什么特别的地方。我几经破产，那滋味很不好受，我想，我亏钱的经历跟华尔街每个亏钱的人的经历都是一样的。投机是件辛苦的工作，消耗精力，必须时刻保持清醒敏锐，否则你很快就会失去这个职业。

经过弗勒顿公司的损失，我已经清楚自己错在哪里，其实很简单，就是换个角度来看投机。但是，我还不知道除了在证券投机公司总结出来的经验之外，还有非常多的东西需要学习。在证券投机公司里，我以为自己打败了股市，可事实上，我打败的只是证券投机公司。我在证券投机公司里交易的过程中训练出来的看盘能力和记忆力对我来说非常珍贵，这两方面我都极为擅长。早年能赚到钱是依靠这两方面，而不是靠我的聪明和知识。因为我没经过系统训练，我的无知让人吃惊。我在投机游戏中学到很多东西，同时，投机游戏也给了我很多教训，就如同鞭子一样抽打我。

记得来纽约第一天，之前我讲过，我被证券投机公司拒绝交易，没办法找有一定信誉的证券投机公司进行交易。我在做第一份工作的公司里有个同事，我找到他时，他正在纽约证券交易所会员的哈定兄弟公司（Harding Brothers）工作。早上，我就到了这个城市，下午 1 点前我就去这家公司开了户，准备交易。

我没跟你讲过，我习惯性地按照原来在证券投机公司的程序去交易。在证券投机公司里，我要做的很简单，只要单纯地赌股价的涨跌就可以了，只要捕捉一小段很确定的价格变化就可以了。没有人告诉我其中的差别，没人打算给我指条正途。就算有人告诉我，现在我用的方法是错的，我也会再试一次，好让自己相信。只有亏钱，才能证明我那样做是错的；赚钱，才是硬道理。这就是投机。

市场当年有一段时间非常疯狂，交易非常活跃。我在这样的市场里觉得很自在，让人精神愉快。这时候都是我所熟悉的一切：有大面积、时刻忙碌着的报价黑板，14 岁就学会的一些专业语言，也有小记录员做着我第一份工作每天做的事情，也有很多交易者或看着报价板或站在报价机边或喊出价格或聊天——他们是我所熟悉的一些老面孔，报价机也都是我常用的那些。连气氛都是一样的——如同当年我买卖博林顿铁路公司股票赚的 3.12 美元时的气氛。所有的这一切都是我所熟悉的，我那时候才 22 岁，我以为我非常了解这种游戏，我以为我可轻松地驾驭它，难道不是这样的吗？

我看着报价板，发现一只我感觉不错的股票，这只股票的波动很适宜，我以 84 美元买进了 100 股，只过了半小时又以 85 美元卖了出去。后来我又发现了一只股票，重复同样的操作，在很短的时间里净赚了 3/4 点。这是个开门红，不是吗？

请注意：我第一天在这个著名的证券交易所会员公司里只交易了两个小时就先后买卖了 1 100 股。这样一天算下来，我亏损了 1 100 美元，第一次交易就把将近一半的本金输掉了。而且这一天的交易中有些还是有赢的，收盘后算了一下，我亏了 1 100 美元。

我一点儿都不担心，因为我没发现有何不对的地方，我的所有操作都是正确的。如果我在大都会里交易，最后会比持平好些。我损失了 1 100 美元，这明白地告诉我，报价机似乎跟原来的不同。但是，转念一想，只要操作机器的人没有搞鬼，我就可以不担心。22 岁时的无知不是致命的。

几天后，我对自己说：“我不能再这样下去，报价机应该帮我的忙，但它却没有。”虽然想到了，但我并没有理会，没有认真对待，而是继续交易。时赚时赔，最后我全部的本钱都输光了。我去找弗勒顿先生，就像上次一样，请他资助我 500 美元。然后就像原来我从圣路易斯回来一样，带着我从证券投机公司赚来的钱——我以为我是常胜将军。

我小心地操作，有段时间我的成绩很好，赚了些钱，手头一宽松，我就改变了生活状态。我交了一些朋友，每天过得很快乐。要知道那时我还不满 23岁，一个人在纽约，口袋里有轻松赚来的钱，我想我已经开始了解报价机了。

我开始想了解我的委托单是怎样成交的，流程是怎样的，行动变得很谨慎。但我依然守着大盘走势，也就是说，我忽视了一个原则，只要我不重视它，我就不会发现自己的操作有问题。

1901 年的形势很好，我赚了很多钱——对于年轻人来说这是一大笔钱。你还记得那段美好的时光吗？美国空前的繁荣富足，产业整合、资本合并这些都是历史上所不曾有过的，所有人都陷入了股票的狂热中。据说，在那段鼎盛时期，华尔街曾经号称日交易 25 万股，每天有 2 500 万美元的股票换手。进入 1901 年，每天的交易达到了 300 万股，每个人都赚到了钱。“钢铁帮”来了，这些百万富翁一点都不在乎钱，跟喝醉了酒的水手一样，只有股票市

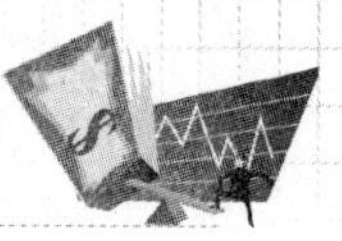

场才能让他们满足。他们让我们看到了纽约股市有史以来最大的作手，“赌你100万”成了他们的口头禅。名声在外的约翰·盖茨和他的朋友们——约翰·德雷克（John A. Drake）、洛亚尔·史密斯(Loyal Smith)和其他人，里德（Reid）、利兹（Leeds)、穆尔（Moore）这帮人把他们自己的钢铁股票卖掉一部分，在公开市场里买进洛克岛（Rock Island）集团里的大部分股权。还有施瓦布（Schwab）、弗里克（Frick）、菲利普（Philps）及“匹茨堡帮”，以及很多在股票大换手中亏了钱、可在别人眼里是大作手的人。你可以买卖美国股市里的所有股票。基恩（Keene）炒热了美国钢铁公司的股票，一个营业员在几分钟的时间里就卖出了10万股，真是一段美好的时光啊！也有一些出奇制胜的炒作故事，而且当时股票的买卖不用交税，在那个时候还看不到可怕的结局。

不久后，崩盘的预言弥漫在股市中，有些高手会说：“除了我，每个人都疯了。”可事实是，除了他之外，别的人都赚到了钱。疯了一样的多头市场总会有个尽头，涨得再高也有个极限，我开始变得悲观了。我只要一卖出，就会亏钱，如果我不够警觉、手脚不麻利，我会亏得更多。我盼着股市崩盘，我小心翼翼地操作，可是我买入时赚的钱在卖出时就会亏掉一部分，所以我赚的钱没你想象的那么多。前提是你考虑到我那时虽然年纪轻，交易量却非常大。

我的看盘能力终于派上了用场，我看中了“北太平洋”（North Pacific）,这只股票我不会放空。在我看来,大多数股票都已经没有上涨的空间,久盘不动了，但这只“北太平洋”的表现却不俗，好像还会继续上涨。我知道“库恩—洛布—哈里曼”帮（Kunh-Loeb-Harriman）一直在持续买进北太平洋的普通股和优先股，于是，我也买进1 000股，没有理会别人给我的劝告，打算做中长线。当股价涨到110美元的时候，我已经赚了30点，这时我才全部卖出。经过这一次交易，我的存款余额已经将近5万美元了，这可是我那时赚的最大的一笔钱。这个成绩对于几个月前在同一家公司里把钱亏得一分不剩的人来说已经非常好了。

不知道你是否还有印象，就是铁路大王哈里曼通知摩根（Morgan）和席尔（Hill），说他打算介入“博林顿—北方大铁路—北太平洋铁路”这一帮。摩根马上命令操盘手基恩买进5万股北太平洋的股票，想把控制权掌握在自己手中。据传，基恩要罗伯特·培根（Robert Bacon）把5万买单改成15万，代理银行照他说的做了。后来，基恩把营业员埃迪·诺顿（Eddie Norton）派到北太平洋公司中当卧底，这只股票他买了10万股，随后又下了一个单，我猜想他又加了5万股。于是，这场著称于世的垄断战争拉开了帷幕。

1901年5月8日股市收盘后,全世界的人都知道金融巨头开战了,在美国，从来没有出现过两个财团对峙的局面，铁路大王哈里曼与金融巨头摩根的交锋——一股无坚不摧的力量对上稳如泰山的势力。

5月9日,我检查了我的账户,我有将近5万美元的现金,但没有一只股票。曾经说过，我一直看空股市，现在好时机终于到了。我判断将要发生的事——崩盘，同时这样的大跌也是抢反弹的好时机。大跌的过程中会有反弹，由此会产生庞大的利润，当然这些利润将属于那些有能力捡到便宜的人，不必变成福尔摩斯也能判断出这一点来。我们将在崩盘的一跌一涨中抓住利润，是数量惊人的钞票，是非常确定的利润。

事情就像我预料的那样，虽然我绝对正确，但还是亏掉了我的最后一分钱！我被意外地洗了个精光。如果不同寻常的事从来没发生过，那人与人之间就不会有差别，可这也失去了生活的乐趣。股票游戏只剩下了加加减减，那我们就只能做一个勤奋而乏味的记账员了。猜测可以让我变得聪明，你要思考猜得正确的方法，你就会明白了。

股票市场如我所料，异常火爆，成交量大得吓人，振幅之大也是前所未有的。这时候我下了很多卖出的委托单，股市一开盘，心里非常兴奋，股价如我所料跌得很惨。柜台里的营业员工作认真，效率极高，而且小心谨慎，就算如此，等到办理我的委托单的时候股价已经跌去了20点。报价纸条永远不能真实地反映市况，它总是慢一拍，交易回执单更是来得慢，因为交易的人实在是太多了。我发现，我在报价纸条上的价格100美元时下单卖出，成交价却只有80美元，这个卖出价格比前一天的收盘价整整少了三四十美元，对我来说，我的卖出成交价变成了我原来打算反弹前吸货的买入价。股市不会一直跌，穿过地心，跌到地球另一边的中国去，所以我决定立刻回补空单做多。

营业员替我执行买入的委托单，成交价不是我预计翻空做多的价位，而是证券交易所在我委托时候的市价，成交价比我判断的平均价格要高15个点，这样算下来，我一天亏了35个点，任谁都接受不了。

报价的滞后性打败了我。我习惯于信任报价纸条上的价格，我下注的依据就是报价纸条，结果我被它欺骗了，报价与市价的差距让我亏损惨重。我曾经被同样的情形击败过，这次是升华。那时候的情况已经很明显了，光靠看盘已经不够了，还要关注经纪公司是怎样执行委托单的，我不知道为什么当初看不出也没想到要做出任何补救措施。

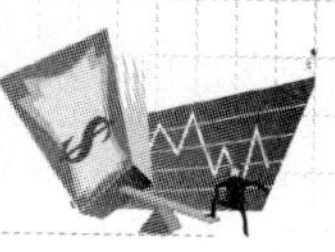

我那时候的情形很糟糕，继续不断地交易，抢进抢出，根本就不管理委托单的执行情况。我在跟股市赌运气，所以我不选择做限价交易。我的目的是打败市场，而非一个特定的价格，我认为该卖出时就卖出，认为要上涨了就买进，紧守投机的这一条定律救了我。限价交易就是把我在证券投机公司的办法做了个无效调整再放到证券经纪公司这里，如果我那样做了，就永远也领悟不到股票投机的真谛，我会赌下去，赌我有限的经验是否正确。

我会尝试限定价格，幸亏我在报价落后于市价的情况下尽量减少损失，但我发现市场已离我越来越远。这样的事情经常发生，所以我不再限定价格。我过了这么多年才学到应该赌预期会出现的大波动，而非大波动后的小起伏。

经过 5 月 9 日的劫后余生，我修正了自己的交易方法，但仍然有缺陷，连续做了几笔大的交易。要不是我偶尔赚点钱，我可能会更快地就学到了股市中的智慧。我赚的钱足够过上好日子，我喜欢与朋友相聚，喜欢过快乐的日子。那年夏天我就像别的华尔街富人一样，去了新泽西海岸度假，可我的钱不够弥补亏损和这种生活的花费。

我还是一如既往地交易，倒不是我冥顽不化，我只是没法让自己明白问题出在哪里，也就没办法解决问题了。我一而再再而三地说这个，是想让你知道我都经历了什么才开始真正赚钱的。在大猎物面前，我的旧式猎枪和子弹不能像火力强大的连发步枪那样威力十足。

那年的初秋，我再一次被洗得分文皆无。我已经厌倦这种我没法胜利的游戏，于是决定离开纽约去个新地方，从事别的工作。

我 14 岁入行，15 岁还是个孩子的时候就赚得了 1 000 美元，21 岁前赚到了 1 万美元，我曾经赚到过上万美元，随即又化为乌有。我在纽约赚过成千上万的美元，最多时达到 5 万美元，可是两天后股票再一次把它们从我手里拿走。经过多年后，我又回到了原点。可是这时，我不知道该做什么，我不懂别的谋生之道，更糟糕的是，我已经养成了靠钱来支撑的生活习惯和处事风格，不过，这一点倒不像我一直犯错那样让我困扰。

第四章 在适宜时机才能赢钱

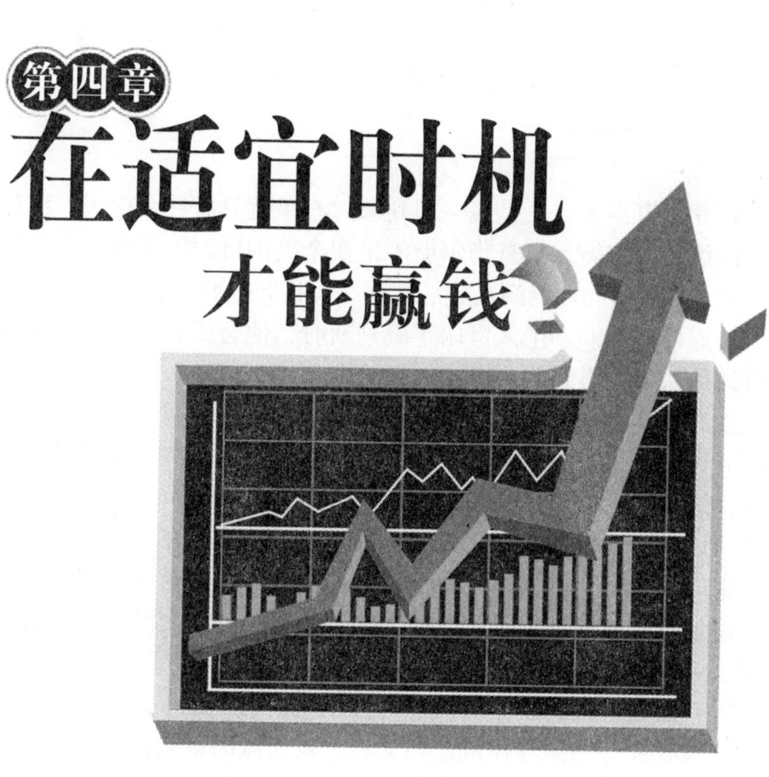

1. 总有一天我会把握住股市的脉搏，到那时，我会非常需要它的。一个人可以正确判断时，他会因为自己拥有这种能力而希望得到他认为该得到的一切。

2. 世界上没有什么会比输得一文不名更让人长经验了，等有一天你知道不做某件事就会不亏钱时，你才可以学习该怎样做才会赚钱。

我打算回家乡去。可是我一回到家，心里就只有一个念头，那就是赚了钱再去纽约的华尔街。只有华尔街才是在全美国可以做大笔交易的地方，在这一点上，只有纽约才能满足我。总有一天我会把握住股市的脉搏，到那时，我会非常需要它的。一个人可以正确判断时，他会因为自己拥有这种能力而希望得到他认为该得到的一切。

我没有这样的希望，我只想重新回到证券投机公司。这时候的证券投机公司已经很少了，有些经营者对我来说是陌生人，有些证券投机公司的人还认识我，他们不愿意给我机会，让我证明自己是要交易，还是要干别的什么。我实话实说，告诉他们我把在他们这里赚来的钱都赔在了华尔街，我并不像他们想象的那样是个常胜将军，在我看来，允许我交易对他们有利，这时候就没有不让我交易的理由了，可是，他们还是不让我交易。但新的证券投机公司又不可靠，他们只给有自信会赢钱的顾客20股的交易限额。

我需要资金，大的证券投机公司会在他们的常客手里赚走很多钱。我请一个朋友代我去一些证券投机公司交易，我要做的就是进去闲逛，看看别的朋友。我再一次想说服营业员接受我的小笔交易委托单，就算是50股也好，可还是被拒绝了。我和这个朋友设计了一套暗码，以便在证券投机公司里交流，但这也只能让我赚一点小钱。没多久，证券投机公司有所察觉，在接受我朋友的单子的时候开始抱怨，最后，他想卖出100股“圣保罗铁路”时被证券投机公司拒绝了。

后来，我才知道有个人看到我和朋友在外面说话，他悄悄地告诉了证券投机公司。

“我们现在不接受交易‘圣保罗铁路’的卖单。当然，你也不可以。”营业员说。

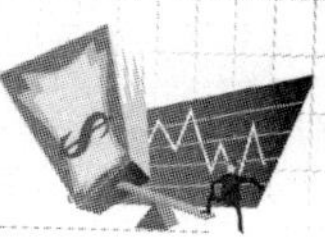

“为什么？发生了什么事？”我的朋友问。

“没有理由，就是不接这只股票的卖单。仅此而已。”营业员说。

“难道这些就不是钱吗？”我的朋友把100美元递过去，每张都是10美元面额的钞票。他假装生气的样子，我则像个旁观者一样，这一吵，别的交易者都围了过来。每次有人大声说话或者证券投机公司与交易者之间有争吵的迹象时，别的顾客都会非常关心，想了解事情的来龙去脉，以便了解公司的偿付能力。

这个营业员是副经理级别的职员，他从柜台后面走了出来，看看我的朋友，又看了看我。

“真好笑，”他说，“太有意思了，你以为我们都是傻瓜，在利文斯顿来之前，你只会在报价黑板前傻坐几个小时，连话都没有一句。可是，在他来了之后你就有事做了。也许你只是自己在交易，但是不管怎样你都不可以在我们这里待下去了，我们不上利文斯顿给你出谋划策的当。”

就这样，我的财路又断了，算下来我除去花费，还是赚了几百美元。我不知道该如何花这些钱，赚足够多的钱回纽约的愿望越来越迫切了，我觉得下次我可以表现得再好一些。我终于有时间安静下来思考我曾经在交易中犯的错了，而且那时候远离市场，可以把问题看得更清楚。但亟需解决的问题就是怎么赚到更多的钱。

有一天，我在旅馆大厅里跟一些朋友聊天，谈论的是股市，他们都是交易老手。我对他们说，因为经纪公司营业员执行委托单的能力有问题，致使没有人能够战胜股市，尤其像我这样用市价交易的人。

有个人问我，那些营业员是谁。

我回答说：“全美最好的营业员。”他问我到底是哪个人。我看出他不相信我曾经跟一流的经纪公司打过交道。

我接着说：“我是指纽约证券交易所的所有会员公司。我不是指责他们工作不认真负责，责任不在他们身上。我是说，在下单买进和收到成交回执单这段时间里，你没法知道这只股票到底多少钱。股票上涨一两点的概率比上涨10～15点的概率要高很多，但因为委托单的执行问题，像我们这样的交易是没办法抢到小涨或小跌的赚钱机会的。如果证券投机公司可以让人大量交易的话，我宁可每天都在这里交易股票。”

跟我说话的这个人我以前没见过，他叫罗伯茨（Roberts），看起来很友善。事后，他拦住我，问我是否在别的交易所做过交易，我说没有。他说他认识一些公司，都是棉花交易所、农产品交易所和一些实力不够雄厚的证券交易所的会员公司。这些公司特别认真，很重视委托单的执行，他还说，这些公司和纽约证券交易所最大、最精明的那些会员公司都交往甚密，可以通过个人影响力，使一个月做几十万股的交易得到保证，因此，和一般交易者比起来，可以得到很多特别的服务。

“他们会很照顾小客户，”他说，“办理外地业务是他们的主要业务，他们给予交易10股和交易1 000股的顾客的待遇都是一样的，所花精力都是一样的。他们不仅能干，而且还很诚实。”

“可是，如果他们给证券交易所正常的1/8点佣金，那他们靠什么赚钱呢？”我问。

“哦，他们是该付1/8点的佣金，但是，我想你也知道的！”他对我眨眨眼睛。

“是的，”我说，“但是证券交易所的会员公司有一件事是不肯做的，就是不退佣金。证交所的主管宁可看到会员们犯谋杀、纵火和重婚罪，也不希望他们和外地人做交易时收取低于1/8的佣金。证券交易所能否生存，就看会员公司违不违反这些规定。”

这时，他一定看出我曾经跟证券交易所的人打过交道，于是他说：“你看，每隔一段时间总会有一家正规的证券交易所的会员公司因为违反这条规定被勒令停业一年，对吧？给回扣的方法很多，不可能都被人知道。”他看出我的不信任，于是他又说：“另外，在一些业务上，我们，哦，不，我是指刚才提到的证券投机公司会在1/8点佣金之外收取1/32点的额外手续费。这一点，他们还是很宽容的，除非是特别情况，或者在客户交易不活跃的时候，如果不这样，他们就划不来了，对吧？他们经营公司不只是为了自己的生存着想。”

这时候，我知道他是为一个骗子公司招揽生意的人。

“你说的是哪一家公司？”我问他。

“我知道有一家，是全美最大的股票经纪公司，”他说，“我自己也在那里交易，他们在美国和加拿大有78家分公司。他们的生意非常大，如果他们是骗子，就不会一直存在了，是吧？”

“对，当然了，”我说，“他们也交易纽约证券交易所的股票吗？”

“当然了，不仅做场外交易，还做美国和欧洲交易所的交易。他们交易小麦、棉花和其他农作物，只要你能想到的，他们都可以做。他们在各地均设有通讯员，而且还是当地交易所的会员，或者是用自己的名字注册的会员，或者是秘密会员。”他连忙说。

这时候我什么都明白了，但我还想知道他还会说什么。

“对，”我说，“即使这样，还是不能改变委托单必须由人来执行的事实。世界上没有一个人能预料到市况会怎样变化，也不能保证报给我的价格和交易所大厅的实际价格是接近的。你在这里根据报价交出委托单，他们再发电报到纽约时，已经丢掉了宝贵的买卖时机。我还是打算回纽约，宁愿把钱亏在一家诚实可靠的经纪公司里。”

“我从来没听到有人亏过钱，我们的顾客没有这样的习惯，他们都在赚钱，我们可以保证这一点。”

“你们的顾客？”

“嗯，我是这家公司的股东，因为他们对我很好，所以我会尽力介绍顾客过去，他们帮我赚了很多钱。如果你愿意，我可以介绍他们的经理给你认识。”

“这家公司叫什么？”我问他。

他告诉了我，我之前也听说过这家公司，他们在很多报纸上登过广告，宣称有很多人根据他们提供的热门股的内幕消息而赚了大钱。这是他们的专长，他们与别的证券投机公司不同，他们专门骗取顾客的钱。他们说自己是证券经纪商，却在委托单上玩花样，他们可以凭各种精心的伪装让人相信他们的公司合法正规。他们是这类公司中最老的一种。

他们是今年倒闭的几十家同一类型破产公司的鼻祖。他们骗人的目的和方法相同，只是欺骗众人的细节有所不同，老招数用得多了容易被识破，所以只能在细节上稍加变化。

这些人经常发布买进卖出某只股票的消息——发出几百封电报，建议立刻买进某只股票，又发出几百封电报，建议其他客户卖出这只股票，这同老式赛马场发布冠军马小道消息的办法如出一辙。于是就可以收到买进或卖出的委托单，公司会通过一家可靠的证券交易所会员公司拿到买进或卖出这只股票的回执单。如果有顾客怀疑他们，指责他们在委托单上做手脚，他们就可以用回执单来证明。

他们还成立了可以自由加入的炒作小组，作为对顾客的恩惠。他们得到顾客的书面授权，以顾客的名义动用账户里的存款，由他们选定股票代替顾客操作。如果钞票炒得越来越少，即使是再厉害的顾客也没有办法得到合法的补偿。他们还会在账面上做多一只股票，鼓动顾客加入，然后就用证券投机公司的老手段——驱使股价向下，把几百个顾客的微薄保证金洗得一干二净。他们能骗就骗，下不放过任何人，女人、小学老师和老人是他们的首选目标。

“我对所有投机商都很痛恨，”我对这个骗子说，“我得考虑考虑。”

说完这些我就走了，不想再听他跟我罗嗦。

我调查过这家公司，发现他们有几百个客户，虽然他们劣迹斑斑，但还没发现赢了钱的顾客在他们那里拿不到钱的情况。要想找到一个在他们公司赚到钱的人很难，不过那个时候情况似乎对他们有利，这表示即使有一笔交易不利于他们，他们也不会赖账。这种公司在后来大部分都破产了。美国出现过几次骗子证券投机公司破产的风潮，情形就像银行挤兑一样——只要一家银行破产，其他银行的顾客害怕损失，争相把钱领出来。现在还有很多退休了的证券投机公司老板。

关于这家公司，我倒是没听到过耸人听闻的事，只不过他们一直都很急功近利，并且，他们也并非总是那么诚实。他们抓住那些想一夜暴富的傻瓜们的弱点，要求他们签下书面授权，允许证券投机公司明目张胆地拿走顾客口袋里的钱。

我遇到一个人，他告诉了我这家公司的一件事。他说，有一天他看见这家公司发出 600 封电报给一部分顾客，建议这些顾客买一只股票，又发出 600 封电报给其他顾客，敦促他们卖掉先前推荐过的同一只股票。

“是的，我知道这个骗术。”我对这个人说。

“对，”他说，“但是，第二天，他们发出电报给那些刚刚买进那只股票的人，建议他们把才买的股票都轧平，并且买进或卖出另一只股票。我问过他们中的一个老手：‘你们为什么这么做呢？前一天的操作我懂，你们的顾客中有些人的账面上会有暂时的赢利，最后还是会以亏损收场。但你们发这样的电报根本就是要把他们的钱全部都弄光，这到底是什么招数？’”

“哦，”他说，“总之，不管怎样，顾客是铁定要输光的，不管他们买什么，怎么买，在哪里买，什么时候买，反正他们的钱输光后就会走掉。我要尽我所能从他身上多榨些钱，然后再找一批新顾客。”

我承认，我不在乎这家公司的商业道德。曾经说过，我非常痛恨泰勒公司，并且也按我自己的方法报复了他们。但我对这家公司没半点厌恶，他们也许是骗子，也可能不如传言那么不堪。不过，我不打算把钱交给他们，再听信他们的所谓内幕消息或相信他们的谎言去做交易。我只想一心一意地积累一笔资金，再回到纽约去做大笔交易，得先找一家安全稳定、不担心有警察检查的证券投机公司，也不用担心邮政主管部门不定期扫荡、冻结账户。不然就算运气好，一年半载后可以拿回钱，可那时 1 美元也变成了 8 美分。

后来，我还是下了决心，决定在这家公司交易，想看看到底哪些方面胜

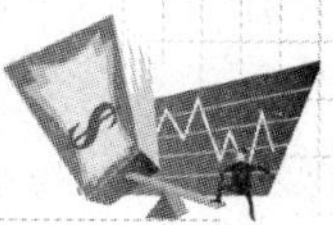

过所谓的合法经纪公司。我那时没有足够的保证金，会在委托单上做手脚的公司对这方面的要求相对宽松一些，因此在他们这里，几百美元就可以好好玩一把。

我来到他们公司跟经理谈过后，经理发现我是个交易老手，曾经在纽约证券交易所会员公司开户交易过，他不敢再跟我保证如果我在他们公司开户可以在一分钟之内让我赚 100 万美元。

他以为我是个不可救药的傻瓜、盲目的股痴，不停地炒，不停地亏损，是他们这些证券投机公司的银行——不管他们是弄虚作假的证券投机公司，还是只单纯赚手续费的经纪公司，这样的人都是他们的衣食父母。

我只跟这个经理说，我只想找一家执行能力强的证券投机公司，因为我是用市价来交易的，不想看到手里的回执单显示的数字和报价板上的数字相差半点或一点。

他赌咒发誓保证说，不管我有何要求，他们都会让我如愿。他非常想拿到我的委托单，打算让我看看他们的能耐。他们公司有这方面的专业人才，事实上，他们以委托单的执行能力见长。如果报价黑板上的价格和回执单上的价格有所不同，这种情况对交易者有利，只是他们不能做任何保证。如果我成为他们的客户，我就能以电报纸条上的价格为依据买进或卖出，他们对自己营业员的工作能力极为有信心。

这也就是说，在他们公司交易就如在证券投机公司交易一样——他们让我按下一个报价交易。我摇摇头，不想让他看出我有急切的表情，跟他说，我觉得开户的事还是改天的好，但我还是会告诉他我哪天会来开户。他极力劝说我当天开户，理由是那天市况好，适时入市。其实，那天倒是对他们很合适，大盘很沉闷，价格波动很小，很适合说服顾客入场，入场后再放出消息以便炒作，造成剧烈震荡，以便把顾客洗得一干二净。我想脱身还真有点困难。

没办法，我把名字和地址给了这个经理，从那时开始，我就开始收到电报和信件，他们劝我买入某只股票，因为他们有内部消息说要炒高这只股票至少 50 点。

我四处打听，尽可能多地了解同样做法的证券投机公司。我发现，假如我能确定他们能如约付给我赚到的利润，而我又想赚一笔大钱，那唯一的办法就是在附近几家证券投机公司同时交易。

我在做了全面了解之后，在他们中的三家公司开了户，在我租的一间小小的办公室里装了能连通到交易大厅的直通线路。

我先从小笔交易做起，怕吓跑他们。我总体上没亏过钱，他们又跟我说，他们非常希望装有直通线路的顾客能做大笔的交易，他们可不喜欢跟没魄力的人打交道。他们以为我做得越多就会亏得越多，交易数额越大就会越快被洗干净，他们就会在我身上赚更多的钱。其实他们也有他们的道理——跟他们打交道的都是钱不多、稳定性不高的一般客户，而破产了的顾客就出局了，处于半死不活的顾客抱怨、不满，还会制造一些让公司损失的麻烦。

我还跟本地一家公司联系，装了直通纽约的线路，他们在纽约的联系人是纽约证券交易所的会员。我在办公室里也装了股价机器，最开始交易得比较保守，这跟在证券投机公司里交易很像，只是慢一些。

这样我有把握能打赢这场游戏，事实上我做到了。我从来都没像现在这样可以做到十次交易十次赢，我一直在赢钱，一周接一周。我重新过上了有品质的生活，这次我存了一些钱，打算带回华尔街。后来，我又和另外两家证券投机公司接通了两条线路，现在一共有五条。当然，这些全都是接到我的小办公室里的。

有时我也会出错，走势没有按着我预想的那样按部就班地运动，而是走向了反方向。可是他们并不能给我沉重的打击，因为我放在他们那里的保证金并不多，所以他们做不到这一点。我与证券投机公司的关系很融洽，他们的账目和我的记录总是不同，情况总是对我不利，这真是巧合，天大的巧合！在我的极力争取下，他们妥协了，按我的方法计算。他们一直想在我手里拿回我赚他们的钱，他们寄希望于我的赢钱是暂时性的。

他们并不满足于证券经纪公司应该赚取的一定比例的佣金，他们做事不正派，总是靠阴谋和骗局赚钱。因为傻瓜不停地亏钱，傻瓜在股市赌博时——傻瓜从来都不懂什么是真正意义上的投机——你会认为，这些人应该经营一些所谓的合法的非法业务，可是他们并不是这样的。“抓住客户就可以致富”是一句古老的真理，但他们好像没听过这句话，从来都不满足于简单的骗局。

他们曾经很多次用老把戏欺骗我，因为我没留心，被他们骗了好几次。他们总是在我交易金额比平时多的时候骗我的钱，在我指责他们的行径不正当或比不正当行径还不堪时，他们统统不承认，最后还是我妥协，像平常一样交易。和骗子做交易还是有好处的，只要你还不打算退出，他们就会忘记你曾经抓住过他们的小辫子，在他们看来，这样的事无足轻重，他们很高兴尽量配合你，真是宽宏大量！

后来我决定，不能再让他们这些骗子影响我赚钱的速度，于是我打算教训他们一下。我挑了一只曾经的热门股，现在是冷门股，也就是被炒作过的

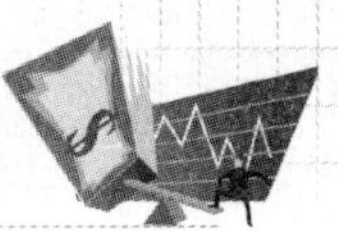

股票，然后在这五家公司下买入委托单。他们在接受委托单后打算等下一个报价传过来再执行，这时我利用会员公司的关系发出一张单子，以市价卖出那只股票 100 股。我要求他们即刻就行动，哦，你可以想象，当卖单被送到交易大厅的时候，情形会怎样。这是一只迟钝的冷门股，一个有外地业务的投机商希望马上卖出。一定有人手上攥着成本很低的股票，但是，这次打印在报价纸条上的价格就是我在五张买单写上的价格。于是，我成功地以较低的价格做多 400 股这只股票。那家证券投机公司问我有什么内部消息，我说我得到了利多的消息。市场收盘前我发了买回那只股票 100 股的委托单给那家可以信任的公司，而且要他们尽快，不要浪费任何时间，说不管怎样，我都不希望保持空头部位，不管要花多少钱。我马上发电报给纽约，这张买进 100 股的委托单很快就让价格急涨。当然，我也发了卖出 500 股这只股票的委托单给这五家公司。这一招产生的效果令我十分满意。

这件事之后他们并没做任何补救措施，于是，这招我用了很多次。我不敢让他们损失到罪有应得的地步，每次我只做 100 股的交易，涨跌幅不超过一两点，这样使我的存款增多了，以便为去纽约做准备。

有时候我会改变一下顺序，先做空一只股票，但并不过分，每次我都可以赚 600 到 800 美元，这让我很满意。

有一次，这招完成得出乎意料的完美。那次股价居然有 10 点的涨跌，这我可没想到。刚巧我在证券投机公司里操作了 200 股，而不是像往常一样只交易 100 股，不过在另外四家公司里，我还是一样只交易 100 股，这实在是太好了，好到让他们受不了了。他们非常不高兴，就像小狗一样，他们在通讯线路里议论纷纷。所以我去找那个经理，那个非要让我开户、每次我戳破他们的骗局时都可以原谅我的经理，他当时说的话对于他的职位来说算是厚颜无耻了。

“这只股票有人幕后做假，我们不会付你一分钱的！”他大吼道。

“你们在接受我的买入委托单时市场上可没人做假，那时是你们让我买入的，对吗？现在你们也得让我卖出，你们要遵守规则，不能耍赖，对吗？”我说。

“对！我可以耍赖，”他吼道，“我可以证明有人在做手脚！”

“谁做了手脚？”我问。

“有个人！”

“那这个人在做谁的手脚？”我问。

“这是你的同伙搞的鬼，毫无疑问。”他说。

我告诉他："你一直都知道我是独来独往的，每个人都知道的，从我做股票开始就是这样的。现在我想给你一个善意的建议，你给我拿钱，现在我不想跟你生气，照我说的做！"

"我绝对不会付钱，我坚信这里面有人在捣鬼！"他大声嚷嚷着。

我已经厌倦了，所以我跟他说："你现在马上把钱付给我。"

他又大吼大叫了一会儿，指责我是个骗子，不过到最后还是付了钱给我。其他公司没这么粗暴，在另一家公司里，经理一直在研究我操作这些冷门股的手法，收到我的买入委托单时替我买入，同时他们私下里也替自己买了一部分，当然也赚了一些钱。他们并不担心被顾客起诉欺诈，他们通常都有完备的司法支持。他们害怕我会危害他们的信誉，这可是他们的生财手段。他们在银行里的资金我没办法打击，因为他们非常小心地不让任何资金暴露在危险之中。他们很精明的事实不构成伤害，但是赖账的事如果传开了对他们来说是致命的。顾客在证券投机公司里亏钱是最正常的事，但如果不兑现顾客所赚到的钱，投机商法令全书会给他们最严厉的处罚。

我从这五家公司都拿到了钱，这次暴涨 10 点，让我提前结束了惩罚骗子的愉快行动。他们全心全意寻找欺骗可怜客户的小花招。我又开始了正常交易，但他们限制我每单的金额，让我不能赚到大钱。

我就这么做了一年，在这段时间里，我用了我所想到的每一种招数在这些证券投机公司里赚钱。我过得非常舒适，不仅买了一辆汽车，而且还不用限制自己的花销。我要积累资金，但也要生活，如果我判断准确，那我的钱就会花不完，一定会把钱积存下来的。如果我判断错误，我就赚不来钱，也就不能花钱。我已经攒了一大笔钱，再说这五家公司已经没有多少钱可赚了，我决定回到纽约去。

我现在有自己的汽车了，于是邀请一个同是交易者的朋友一起开着车去纽约。他接受了，我们一起上路了。我们在一个叫纽黑文（New Haven）的地方吃晚饭，我在旅馆里遇到了一个故交，他跟我谈了很多，其中一件事就是市区里一家证券投机公司的生意做得非常大。

我们继续前往纽约，我沿着那家公司所在的那条街开着车，想看看外表怎样。后来，找到了这家公司，这对我来说是种诱惑，就停下来进去看了看。这家公司的设备并不豪华，但有我所熟悉的报价黑板，有围着报价板看的顾客，而且正是股市的交易时间。

经理像是当过演员或演说家，他的话具有鼓动性。他说早上好的样子，就像他用显微镜寻找了十年早晨，发现了早晨的诸多好处，并且把这个发现

跟蓝天、晨光和银行资金当成礼物奉送给你。他看到我们开着华丽的汽车，又很年轻，无忧无虑——我想我的样子看起来不到20岁——他可能断定我们两个是耶鲁大学的学生，我没申明我们不是学生，他也没给我们说话的机会。他开始对着我们发表滔滔不绝的“演说”，他说：“很高兴见到你们，如果你们能坐在舒服的椅子上，就会发现今天早上的股市非常友善。市场渴望大学生有足够多的零用钱，可事实上，聪明的大学生的零用钱从来就没足够过。但是今天既然来了，靠着市场的好态势，小小地做一笔投资就会让你们收回几千美元。股市渴望回报你，它想让你的零花钱超过任何人。”

哦，既然证券投机公司的这人有这么好的心肠，这么急切地希望我们加入，不加入的话就太可惜了，所以我告诉他，我会照他说的做，因为我听说很多人在股市里赚了钱。

最初我交易得很保守，在赢钱以后慢慢增加资金，我的朋友跟着我做。

我们在纽黑文过了一夜，第二天早上10点差5分，我们来到了这家公司。那个“演说家”看到我们非常高兴，认为那天一定是非常走运。那天我只差几块钱就赚了1 500美元。第三天早上，我又去了那家公司，遇到那个伟大的“演说家”，并且给了他卖出500股“美国糖业”的委托单，他犹豫了一下还是接受了，只不过他一句话都没有说。这只股票跌过了一个点我就卖出，正好净赚500美元，加上之前给他的500美元保证金，他从保险箱里拿出20张50美元的钞票，非常慢地数了三次，然后在我面前又数了一次，好像他的手指会冒出胶水，紧紧地黏着那些钱，最后他还是把钱交给了我。他抱着双臂，紧紧地咬着下唇，瞪着我身后窗户的顶端。

我跟他说我打算卖出200股“钢铁公司”，他动也不动一下，我以为他没听到我的话，就又重复了一遍，只是把单子改为了300股。他转过头来，我等着他说话，但他只看着我，舔了舔嘴唇吞，就像要攻击一个执政了50年的暴君一样，准备攻击我。

最后，他看着我手上的钞票对我说：“把这些垃圾带走！”

“带走什么？”我不解地问他。

“你们打算去哪里？大学生。”他很体贴地说。

“纽约。”我说。

“不错，”他说，边说边点头不下20次，“不错，你们要离开这里，完全正确，我现在认识了两个家伙——两个学生！我知道你们不是学生，我知道你们是谁了，哼！”

“是这样的吗？”我很客气地说。

“对，你们两个……”他停顿了一下，不再像原来在国会礼堂那么有礼貌了，大吼大叫道，“你们两个人是美国凶恶的鲨鱼，学生？哼！你们一定是一年级新生吧？”

我离开一直在自言自语的经理，他也许不是很在乎钱，因为没有一个专业的赌徒会像他那样，股市里有很多的钞票，风水会轮流转的。重点是他被我们耍了，这伤了他的自尊。

这是我第三次重返华尔街的经过。我一直在研究自己的方法，想找到方法，找到我在弗勒顿公司失利的真正原因。20 岁时赚到第一笔 1 万美元，接着就输掉了，但是我知道原因，了解亏掉的过程——因为我不顾时机不停地交易，还因为我没法根据经验找到交易的正确方法时仍然不停赌博。我希望能赢到钱，不知道应该在时机适宜时赢钱。大约 22 岁时，我使自己的资本达到 5 万美元，却在一天之间输个精光，那天是 5 月 9 日。但是那次我终于知道亏钱的原因了，是因为报价纸条上的价格落后于大盘市价，再加上那段时间股市剧烈震荡。但是从圣路易斯回来后，或者 5 月 9 日之后，我还不知道为何会亏钱。我自己的理论成了那时的补救之道，挽救了一部分我认为是失误的操作，但我所要的是实际的操作经验。

世界上没有什么会比输得一文不名更让人长经验了，等有一天你知道不做某件事就会不亏钱时，你才可以学习该怎样做才会赚钱。你懂了吗？

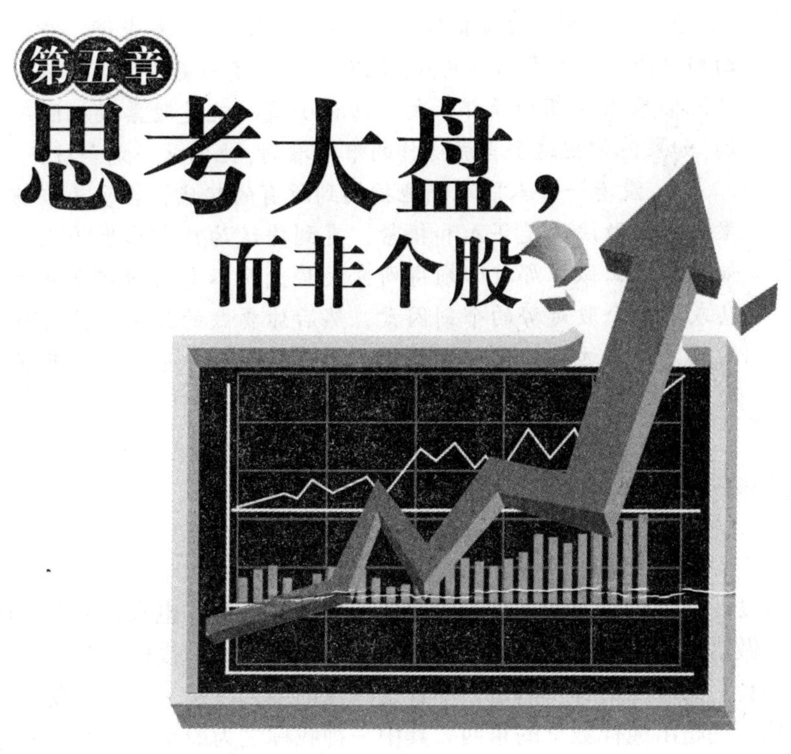
第五章
思考大盘，
而非个股

1. 必须关注股票行为、研究股票过往的走势。如果一只股票的走势形态不对，就别碰它，因为在不能判断出问题出在哪里的时候就不可能知道它要向哪个方向走。不知原因就不能推断，没有推断也就不可能会有利润。

2. 应该说，图表能帮助读得懂它们的人，或者说，能帮助那些能吸收图表信息的人。但有些人很容易变得执迷不悟，在他们眼里底部和顶部、大波动和小波动就是股票投机的一切，如果他们把这个当成操作的唯一准则，他们就一定会破产。

3. 没有一个人能准确地捕捉到所有的起伏，在多头市场里，你的做法就是买入和捂紧，直到你认为顶部出现为止。如果想这么做，那就必须得研究大势，而不是只研究个别消息或影响个股走势的个别因素，然后你要做的就是忘掉所有的股票，永远忘掉！一直到你认为市场反转、整个大势开始反转为止。

过度专业化的指导和其他原因会让一般的股痴——也有人习惯叫他们股虫——做错事，而且冥顽不化会使成本变得极为高昂。投机并非都可以用数学或一套套的规则解释得清楚，不管这些规则多么严格，在我解盘的时候也会遇到一些超出纯粹数学的东西。其中一种我称之为股票行为，也就是股票的走势，根据股票之前的走势积累出的经验判断股票的未来走势。如果一只股票的走势形态不对，就别碰它，因为在不能判断问题出在哪里的时候就不可能知道它要向哪个方向走。不知原因就不能推断，没有推断也就不可能会有利润。

这是很古老的一门学问，必须关注股票行为、研究股票过往的走势。我第一次在纽约时在一家投机公司里认识了一个法国人，他常常谈论他的图表，我以为他是这家公司养的门客，后来我才知道他是个很有说服力的演说家。他说，只有数学是诚实不会说谎的。他根据自己绘制的图表预测市场走势，他还分析这些图，比如，基恩在著名的“爱奇森”优先股（Atchison

Preferred）多头操作中，为什么操作正确，而后来他在“南太平洋铁路“的操作是错的。在不同时期里，有很多交易者试用了这个法国人的系统，然后又重新回归到用原有的方法操作。他们说如果他们用运气赌的话成本还低些。这个法国人还说过，基恩认为这些图表是正确的，但这种方法耗费时间太长，不适宜于这种短线市场。

后来有一家公司保存有股票的日线图，只要一看，就可以看出这只股票最近几个月的走势。比较个股和大盘的走势图再参考一些规则，交易者就可以判断出这之前碰运气买进的股票是否还能上涨，他们把图表当成辅助工具。现今，在经纪商那里可以找到由统计专家做出来的现成的图表，不但有股票的，还包括各种商品的。

应该说，图表能帮助读得懂它们的人，或者说，能帮助那些能吸收图表信息的人。但有些人很容易变得执迷不悟，在他们眼里底部和顶部、大波动和小波动就是股票投机的一切，如果他们把这个当成操作的唯一准则，他们就一定会破产。

有一个非常了不起的人，他曾经是一家著名证券交易所的会员公司的合伙人，毕业于名校的数学家。他非常小心仔细地研究了很多价格的走势，发明了各种图表——包括股票、债券、谷物、棉花和货币等等。他回溯了很多年，研究相关的系数和季节性的运动等，能研究的他都研究到了。他根据自己的图表系统操作股票很多年，其实他做的就是一种高明的平均法。他告诉我说世界大战之前，他一直在赚钱。这一次他和追随者亏损了几百万美元，最后停止交易了。当然，如果大势看好，就算是世界大战也不可能阻止市场变成多头市场；如果大势看坏，就是世界大战也阻止不了市场变成空头市场。一个人如果想赚钱，需要知道的只是评估大势。

我无意跑题，但一想到自己在华尔街的最初几年就忍不住了。我现在学会了当时不懂的东西，我也明白当年由于自己的无知所犯的错，这些错误也是一般股票交易者一次又一次犯的错误。

我第三次回到纽约，打算在证券交易所的会员公司里打败股市，那时候的热情异常地高涨，我并没希望这次能像在投机公司时一样骁勇善战，但一段时间后，因为有很多资金在手，我觉得自己应该有更好的表现。现在我明白了那时的问题出在哪里，就是那时并不知道股票赌博和股票投机之间的重大差别。我有七年的看盘经验，也有适于这种游戏的天性，我赚的钱不只是一般意义上的钱，而且是很高的利率，我还像以前一样有赔有赚，但还是赚的时候多，因为赚得多，所以花销也就多。我想，大多数人都会这样，不是专属于赚钱轻松的人，每个没有守财奴天性的人都会这样。有些人，比如老拉赛尔·塞奇（Russell Sage），他们赚钱的天性和存钱的天性平衡发展，所以，他们去世时的钱也多得惊人。

每天从上午10点到下午3点，我的精力都放在了打败股票这件事上面，3点一过，我就开始专心致志地享受我的生活。请别误会，我的生意并没受享乐的影响。我赔钱是因为我判断失误，而非放荡不羁或过度享乐，我不会宿醉到精神恍惚而妨碍我的游戏，我不允许任何影响我的判断力的事情出现在我的生活中。现在，我也还是10点之前就上床睡觉了，即使年轻时我也不熬夜，睡眠不足会让我不能正确地操作。这次我在市场上的成绩还不错，这也是我不必放弃生活中美好事物的原因。市场不断把这些东西提供给我，让我信心倍增，这种自信来自于冷静而专业的工作状态。

我在操作中改变了操作节奏，我不能再像在投机公司里那样等到利润确切地出现在我面前才有所行动赚一两个点，现在在弗勒顿公司，如果我想掌握股价的波动，我必须得提前行动，也就是说，我必须研究将要发生的情形，必须预测股价的运动形态。这听起来没什么，但你知道，对我来说，最重要的是我改变了游戏的态度，市场一点一点告诉我：赌博和投机之间有着本质的区别。

我每天必须花一小时的时间研究市场——这是我这么多年在世界最大投机公司里都没有学到的。我开始对产业报告、铁路盈亏、财务和商业统计感兴趣，当然，我还是喜欢大量交易，因此他们叫我少年作手，我也一样喜欢研究股价波动，能帮我做出明智选择的因素都不会让我感觉厌烦。遇到一个问题时，我必须让自己明白，当然找到解决问题的方法时，一定得证明这方法的正确性，我知道有种方法可以证明，那就是用钱去证明。

现在看来那时候我的进步似乎有些慢，但大部分都是赚钱的，我想我已经尽最大可能在快速学习了。如果我亏钱的次数多，那一定会刺激我发奋地研究，我一定还会找出很多错误来。但我不敢肯定亏钱的真正原因，因为如果我亏得太多，我的资金就会不够测试我在交易方法上所做的改进。

在弗勒顿公司研究赚钱的操作方法后，我发现一个问题，那就是虽然我对大势和市场走势判断得非常准确，可这种准确并没有让我赚很多钱，为什么呢？

在部分胜利和失败当中，可以学到的东西一样多。

比如，我一开始就看到多头市场，我买股票是要证明自己的判断的正确性。股价上涨了，就如同我所预料到的那样，那时一切都按部就班地进行着，

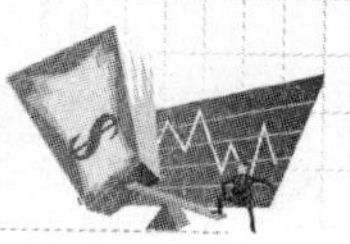

我下步该怎么做呢？当然是听老手的教导，要平复年轻时心里的浮躁。我想学着聪明些，保守地操作，如果要保守，唯一的做法就是获利落袋，在回档时再买一次。我也是这么做的，准确地说我试着这样做，因为我经常是获利落袋了，但期待中的回档并没有如期而至，而是又上涨了十多点。四点的利润安安稳稳地落在了手里，如大家说的一样“获利落袋”你不会有损失。是的，不会变穷，但是在如火如荼的多头市场里，这四点的利润是不会让你发财的。

我在应该赚 2 万美元的时候只赚到了 2 000 美元，这就是拜保守主义所赐。我在发现自己赚得比率很小的时候也发现了另一件事情，那就是傻瓜根据其经验多少的不同，也分出很多不同的等级。

新手一无所知，包括他自己的每个人都知道这一点。自认为比他早入市的各个级别的前辈们认为自己知道的东西很多，而且让别人也确信这一点。他是个经验丰富的傻瓜，他也会做研究，但他研究的是更高级别的傻瓜所做的市场评论，而非研究市场本身。第二级傻瓜会避免新手所犯的某些错误，免于损失。这就是所谓的半瓶子醋，他们不愿做从零学起的学徒，这些人就是投机商们真正的、稳定的衣食父母。平均算下来，这样的人可以在市场上存活三年半左右，相比之下，通常第一次攻击华尔街的人只能熬三周到三十周。半桶水们经常引述著名的交易格言和各种各样的游戏规则，股市大腕们说的所有禁忌事项他都记得一清二楚，除了最重要的一条禁忌——不要当傻瓜！

半桶水们认为自己成熟了，懂得很多了，因为他通常喜欢在下跌的时候买进。他等着股价下跌，看着股价从顶部跌下来，在心里盘算着是否捡到了便宜。在多头市场里，天下最傻的傻瓜完全不懂规则和先例，只会盲目地买入，因为他们抱着盲目的希望。他们账面上赚了很多钱——直到一次正常的回档，一下子就拿走了他们的全部利润。小心谨慎的二级傻瓜们就像我一样，自认为很聪明地玩这个游戏——根据别人的智慧操作。我知道我要想赚钱就必须改变在投机公司里的那套做法，我也一直认为自己在试图解决这个问题，方法就是改变，特别是受到股市老手们所推崇、具有极高价值的方法。

大多数人——我们暂称之为交易者——都是一样的，你很难找到诚实地说出华尔街欠他们钱的人。在弗勒顿公司你会见到各种等级的交易者，其实有个老头儿与众不同。首先，他比所有人都老很多；另外，他从来不吹嘘自己，从来不主动给别人建议。他善于倾听，他似乎很热衷于追求消息，但他从来不主动问说话的人听到什么或知道什么。如果有人告诉他小道消息，他会很礼貌地向那人表示感谢，如果消息正确，他会再三感谢告诉他这条消息的人；

如果消息不对，他也不会抱怨，所以没人知道他是否会听信小道消息。

都说这老家伙很有钱，有实力做大交易，光凭手续费，弗勒顿公司在他身上赚不到多少钱，至少没人看到他的交易，他叫帕特里奇（Partridge）。大家在背后叫他“火鸡”，因为他胸膛厚实，又喜欢把下巴贴在上面，并且走来走去的。

有些顾客非常喜欢在别人的催促下交易，这样就可以把失败推到别人身上，他们总是去找帕特里奇，告诉他朋友的朋友建议他买某只股票，他们是想听帕特里奇对这条小道消息的看法。但不管他们是怎么办的，这个老头的回答都是一样的。

顾客讲述一遍后会问：“您觉得我该怎么办呢？”

帕特里奇会把头偏向一边，露出慈祥的笑容看着他，最后一定会很意味深长地说：“你要知道，现在是牛市。”

我经常听到他说：“哦，这是牛市，你知道吗？”就好像他用100万美元为保险单包着一个护身符一样，可是我并不理解他的意思。

有一天，一个叫埃尔默·哈伍德（Elmer Harwood）的人冲进了公司，写了一张委托单交给了营业员，又冲到了帕特里奇面前。这时帕特里奇正在听约翰讲故事，约翰一次听到基恩下了张单子给营业员，他也跟着买进了100股，只赚了3个点，当然，约翰卖掉后这只股票在三天内大涨了24点。这个故事约翰至少是第四次讲给帕特里奇听，可帕特里奇还是像第一次听到这个故事一样，同情地笑着。

埃尔默走到帕特里奇面前，没有跟约翰道歉就说：“帕特里奇先生，我才把克莱梅汽车（Climax Motors）这只股票卖掉了，我的朋友说这只股票会回档，我打算在回档的时候再买回来，我看您也该这么做，当然前提是您手里还有这只股票。”

“是的，哈伍德先生，我还留着这只股票呢，一直在留着。”老头非常感激，也许他在心里很感谢哈伍德还惦记着他这个老头儿。

“哦，现在可是获利落袋、回档再买回来的好时机。”埃尔默说，就如同他刚才替帕特里奇填了委托单，正在期待着老头儿用感激涕零的神情看着他。他继续说：“我已经卖光了所有的克莱梅汽车了。”

从他的神态判断，他至少一次就卖掉了100股。

但帕特里奇摇着头，非常抱歉地对他说：“不，我现在还不能这么做。”

“为什么？”埃尔默喊道。

“我就是不能这么做。”帕特里奇先生说。

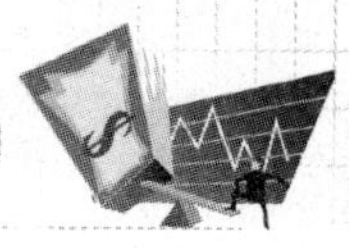

“你难道没听当时的消息买进吗？”

“当然有，哈伍德先生，我非常感激你，真心的，先生，但是……”

“等等，那只股票十天之内涨了7点，对吗？”

“是的，我非常感谢你，小兄弟，但我还舍不得卖掉这只股票。”

“你不能？”埃尔默问，脸上写满了怀疑，大多数提供消息的人对接受消息的人都会这样。

“对，我不能。”

“为什么不能？”埃尔默靠近了些问。

“哦，这是牛市呀！”老头说，就像他提供了一个又长又详细的解释一样。

“这个理由不错，”埃尔默说，因为失望，所以看起来有些生气，“大家都知道现在是牛市，但你还是把这些股票卖掉，回档时再买回来，你要降低你的成本。”

“小兄弟，”帕特里奇苦恼地说，“如果我现在卖出去，我会失去我的位置，如果那样怎么办呢？”

埃尔默·哈伍德摇了摇头，走到我身旁用博取同情的表情看着我说：“你弄懂了吗？”停了一下像演戏般地低声跟我说：“我问你！”

我没说话，他继续说着：“我给他一只克莱梅公司的消息，让他买500股，赚了7个点，现在我建议他卖出去，在有回档的时候买回来。我刚才告诉他的时候你听到了吧，他说他如果卖掉就会失去工作，你明白这是什么意思吗？”

“对不起，哈伍德先生，我刚才可没说我会失业，”老“火鸡”打岔道，“我是说我会失去我的位置。等你像我这么老，经历过那么多的动荡和恐慌之后，你就明白失去位置是什么意思了，那是任何人都承受不了的，连约翰·洛克菲勒都不行。我非常希望这只股票会回档，这样你就可以再买回来，降低了成本。但我只能根据我自己的经验操作，我曾经为获得这些经验付出过高昂的代价，不想再交第二次学费了。但我还是会像钱已经存在银行里一样感谢你。这是牛市，你是知道的。”老头走开了，埃尔默还一脸茫然地站在原地。

这时候这些话对我还没产生影响，直到我开始思考我研究大势这么准确可还是赚不到钱的时候，我才了解他话中的含意，愈研究就愈觉得这老头聪明。他年轻时一定有同样的缺点，知道自己有人性上的弱点。经验告诉他这种诱惑很难抵御，如果禁不住诱惑将付出高昂的代价，对我来讲也是一样的，他不愿意接受这种诱惑。

我认为，我理解他的话使我在自我教育中向前迈了一大步，我终于明白帕特里奇一直说的“哦，你知道这是牛市”的真正含意了，他其实是想说，赚大钱不是靠个股股价的起伏，而是靠主要波动，不能光靠解盘，而是要靠研判整个市场和趋势。

不理会大的波动，而一味地快进快出，这对我来说是致命的。没有一个人能准确地捕捉到所有的起伏，在多头市场里，你的做法就是买入和捂紧，直到你认为顶部出现为止。如果想这么做，那就必须得研究大势，而不是只研究个别消息或影响个股走势的个别因素，然后你要做的就是忘掉所有的股票，永远忘掉！一直到你认为市场反转、整个大势开始反转为止。这样做需要你有自己的头脑和眼光，否则这条建议就跟“低买高卖”一样没用。任何人都可以学到一个最有帮助的事情，是放弃尝试抓住最后一档或第一档。这两档是世界上是昂贵的东西，两档总计让交易者们耗费了千百万美元，多到足够修一条横贯美洲大陆的水泥公路。

我开始多少有些明智地交易后，研究自己在弗勒顿的操作时发现一个问题，就是我最初操作很少让我赔钱，这样自然使我决定一开始就玩得很大。这样让我对自己的预测信心十足，但其中很多次被自己的不耐烦和别人的建议给破坏了。一个人如果对自己没信心，就没办法走更远。研究整体状况，建立仓位，并且坚持住——这些是我学到的一切。我可以耐心地等待，看出会下挫但毫不动摇，心里知道这是暂时现象。

我曾经放空 10 万股，看出大反弹就要来了。我坚定而正确地认定这样的反弹是不可避免的，是正常的，我的账面上会有 100 万美元的动荡。我还是如泰山一样，看着账面上一半的利润不见了，也不会考虑利用回补反弹时再放空的做法。因为我知道如果我这样做了，就失去了我的位置，也就失去了明确的赚大钱的机会。剧烈的波动才能让你赚到大钱。

我学会这一切用了很长的时间。因为我在自己犯的错误中汲取养料，在错误和明白错在哪里之间总有一段时间，而且在了解错误和正确判定错误之间还要花费很多时间。好在我的境遇很好，又很年轻，所以可以借其他的方式弥补回来。我的大部分资金中仍有一部分是靠看盘能力赚来的，因为当时的市况非常适合我的方法。我也不再像初到纽约时那样经常亏损亏到让人生气的地步。你要知道，我在两年之内破产了三次，当然，这一点并不值得炫耀，但是我想跟你说，破产是很有效的自我教育机会。

我的资金并没有增长得很快，因为我一直在尽情地享受生活。我不想放弃像我这种年纪的人想要的许多东西，我有汽车，我没有理由在能够从市场上赚钱的时候还要节衣缩食。股市只在周日和法定假日休息，一切都是这样

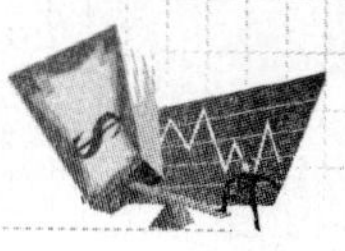

的。每次在我找到一个亏损的理由或发现另一个错误的原因和情况时，我就会在我的收支表上加进一个新的禁忌项。利用我与日俱增的资产的最好方式就是不要节省自己的生活开销。当然，我有一些有趣的经验，其中一些并不十分有趣，如果让我全部详细地讲出来我肯定说不完。

事实上，我能够随时想起一些事情来，都是在交易中教给我的一些非常有价值的事情，一些增加我的操作技巧和提高认识自己能力的事情。

第六章

遵照自己的判断

1. 我认为，改变大众对股票市场的观点是一个漫长的过程。连专业的交易者在大部分时间里都是迟缓而短视的。

2. 这并不是说我需要学习坚决不能听信消息，而是要遵照自己的判断进行操作。我对自己建立了信心，开始思考大盘走势，而不是只研究个股。我在观念的投机学校里努力提高自己，让自己升入高年级，这是漫长而困难的一步。

1906年春天，我在大西洋城度过了一个短暂的假期。我出手了所有股票，心里唯一想的就是换换空气，好好休息一下。对了，这时候我回到了最初去过的哈定兄弟经纪公司，我在那里的交易非常活跃。在那里我同时操作三四千股，这和我20岁时在大都会时交易的数目相差无几，但经纪公司里的交易实际上是在纽约证券交易所里买卖，这和投机公司只赌1个点的波动所需的保证金有一些差别。

还记得我曾经说过一次在大都会放空3 500股“美国糖业”的事吗？那时候我有第六感，总觉得有什么地方不对，最好马上结束交易。这种感觉我经常有，很多次我都遵照了这种感觉操作，但后来我嘲笑这种想法，在心里跟自己说这是一种盲目的冲动，自己的位置一旦改变就很难回去了，这是件愚不可及的事情。我把第六感归结为抽雪茄太多或者睡眠不足所引起的精神不振之类的原因。我尽量让自己不受第六感控制，坚持住，但总是会跳出来很多理由让我后悔。有十几次我按照第六感卖出，第二天去经纪公司，发现股市很强劲，甚至还会上涨，这时我对自己说，遵从这种盲目的冲动太愚蠢了。但再过一天，就会看到非常严重的下跌。这一定是出了问题，我如果不聪明、不理性，一定会赚到钱的，这显然不是生理的原因，而是心理的原因。

有件事对我的影响很大，这件事发生在1906年的春天，我在大西洋城度假期间。有个朋友跟我一起度假，他也是大西洋公司的顾客，这时我对股票没有一点兴趣，我只要安心地享受这个假期，我经常放下股市去尽情享乐。当然，如果股市很活跃，我手里又握有相当大数量的股票，就另当别论了。我记得当时情况很好，经济情势有好的预期，股市微微平稳了一些，但人气还是很足，所有的指标都指向了更高的涨幅。

一天早上，我正吃早餐，看完了所有纽约来的早报，也看腻了海鸥从

20英尺高的空中把活蚌丢到又湿又硬的沙地上，将摔破壳的蚌当早餐的游戏后，我们走到了木板大道，那里有我们白天干的最刺激的事。

还不到中午，我们沿着马路慢慢地走着，呼吸着带有大海气息的空气。哈定兄弟公司的一家分公司就在木板大道上，每天早上我们都会去那里看看开盘情形，这只是习惯，跟别的事没关系，我们这时没有任何事可干。

我们发现那天的市场异常活跃，大盘走势强劲。我的朋友看好后势，他还持有一只在价格很低的时候买进的股票，他高兴地跟我说持股等待更高价格的出现是明智之举。我没理会他，也懒得附和他，我看着报价黑板，看着股价的变化，大多数的股票都在上涨，这时我看到了“联合太平洋铁路”，心里有个声音告诉我要卖掉它。我没办法说明其中的原因，只是觉得该卖出去，我也问自己为什么要卖出，可我没法给自己一个明确的答案。

我直愣愣地盯着黑板上的最后一个价格，别的数字和东西变得很模糊，我只知道要卖出，不知道原因地卖出。

我的样子看起来一定很怪，以至于我的朋友突然碰了碰我，问我怎么了。

“我不知道。”我说。

“是没睡好吗？”他问。

“不，我睡得很好。”

我打算卖出这只股票，遵从第六感的时候就会赚钱。

我走到桌子边上，桌上放着一本本空白的委托单，我填好了一张卖出委托单，以市价卖出1 000股“联合太平洋铁路”，把单子交给了经理。我填单和接受单子的时候他一直都面带笑容，可一看到单子上的内容，他的笑容就不见了，他看着我。

“没错吧？”他问我。我只是看着他，于是他急忙走到电报操作员身边。

这时候我的朋友问我：“你在干什么？”

“我正在卖掉这只股票。”我告诉他。

“卖什么？”他大声问我。他是多头，而我为什么是空头呢？这之中有问题。

“1 000股‘联合太平洋铁路’。”我说。

“为什么？”他看起来有些激动。

我摇了摇头，我也不知道。但他觉得我一定得到了这只股票的内幕消息，所以他拉着我走到了走廊，以免别的顾客看到我们和听到我们的谈话。

“你听到了什么？”他问。

他很激动，“联合太平洋铁路”是他最爱的股票之一，因为这家公司的经营状况很好，获利前景也不错，他非常看好这只股票，但他可以接受间接地听到关于它的不好的消息。

“我什么都没听到。”我说。

“真的吗？”他很怀疑，以至于我都看出来了。

“我真的没得到什么内部消息。”

“那你为什么要卖掉它呢？”

“我也不知道为什么，真的，我说的是实话。”我说。

“哦，你少来了，还是实话实说吧。”

他知道我交易的前提是知道为什么会这么做，我这次放空 1 000 股“联合太平洋铁路”，在如此强势的走势下卖出，一定是有原因的。

“我也不知道，”我重复地说着，“我只是觉得要发生什么事。”

“会发生什么？”

“我不知道，我没法给你一个明确的理由，我只想放空这只股票，而且我还要再放空 1 000 股。”

我走进了营业厅，再卖出 1 000 股，假设我放空第一笔 1 000 股是正确的，那再放空第二笔 1 000 也是明智的。

“会发生什么事呢？”我朋友一直在追问着，他还不能下定决心也卖出。如果我跟他说，我听说“联合太平洋铁路”会下跌，他一定不会问我这个消息的出处，一定跟着就卖了，他又问道：“可能发生什么呢？”

“可能会发生一百万种事情，但我现在不能跟你担保将要发生的事情，我也不能给你一个明确的理由，我不会算命。”我告诉他。

“那你一定是疯了，”他说，“完全疯了，没有任何理由地卖出那只股票，重要的是你自己并不知道为什么。”

“我的确不知道为什么，但我知道我该这样做。”我说，我就是想放空，这种感觉非常强烈，所以我马上又卖出了 1 000 股。

对我的这个朋友来说，这么做非常无厘头，他抓着我说：“听着，我们必须离开这里，不然你会放空整个股市。”

放空让我不安的情绪得以平复，没等后面那 2 000 股的回执单送来，我们就走了。对我来说，就算有理由放空，但放空这么多也已经很可观了。尤其在如此强劲大势上没有任何理由地放空，而且让人想放空的迹象还没有出现，这么做的确是有点过分。但我知道，之前很多次有这种卖出的冲动，用理智压了下去，最后总是让我后悔。

我把这种感觉告诉了一些朋友，他们跟我说这不是第六感，而是具有创

造性的潜意识的思维，就是这种思维让艺术家们创造出奇迹，事后他们自己也不知道是怎样完成的。基于我的情况，可能是很多小事情积累起来的结果，这些小事单独来看不具有任何意义，可放在一起就有了力量。也有可能是朋友盲目地看多市场激发了我的否定精神，我卖出“联合太平洋铁路”可能是跟这只股票被渲染得太过于神奇有关。我说不出第六感形成的原因和动机，我只知道我在卖出了 3 000 股“联合太平洋铁路”后，走出哈定兄弟公司在大西洋城的分公司时，一点都不担心，心里很安稳。

我想知道我以什么价格卖出的 3 000 股“联合太平洋铁路”，所以吃过午饭我就去了哈定兄弟公司，我心情很好地看着大盘继续强劲上涨，“联合太平洋铁路”涨得更高了。

“我看你输定了。”我的朋友说，从他的表情能看得出他为自己没有跟着卖出而高兴。

第二天大盘继续上扬，我什么都没听见，只听到我朋友幸灾乐祸的话。但我很肯定我没做错，我在自己正确的时候从来都不会不耐烦，这是为什么呢？那天下午“联合太平洋铁路”停止了上涨，在收盘前这只股票开始下滑，不久，就跌到了比我抛售那 3 000 股的价位还要低一点的位置。当时我更加肯定我没做错了，因为这种感觉，我必须再抛一些，所以在收盘前又抛出了 2 000 股。

事情就是这样的，我根据第六感抛出了 5 000 股“联合太平洋铁路”，就我的保证金数额而言，这是我在哈定兄弟公司抛售的极限了。一个短短的假期我就卖出了这么多，对我来说实在是很多了。当晚我立刻就回到了纽约。谁也不知道将要发生什么事，我还是在现场好一些，如果有需要，可以立即行动。

第二天才知道旧金山地震的消息，这是一场可怕的大灾难，但这时的股市仅下跌了几个点而已。多头正在发挥其力量，散户们不会单独对这则消息有任何反应，任何时候都这样。只要多头的基础牢固，不管报纸怎样说多头在炒作，不管传出的消息是怎样的，都不会像华尔街看跌时那样有效果，这要视当时股市的人气而定。在这个例子中，股市没有评估灾难的严重程度，因为所有人都不想知道，结果在结束前反弹了。

我抛了 5 000 股，灾难就发生了，可我并没有损失，我为我的第六感而高兴。但是，我银行账户里的存款并没因此而增加，甚至连账面的利润都没有增加。在我抛售“联合太平洋铁路”时，我的朋友为我既高兴又惋惜。

他对我说：“老兄，你的第六感的确厉害，但人气和资金都在多头这一边的时候，凭你一个人的力量是赢不了的。”

“给他们一些时间。”我指的是股价。我绝对不会回补，因为我知道这家公司的损失不会很少的，而且铁路公司一定是受害最重的公司之一。看到华尔街如此盲目，真有点让人生气。

“给他们时间，让你的皮跟其他的熊皮一样，摊在太阳底下晒干。”他说。

“你打算怎么做？”我问他，“就因为南太平洋和其他铁路公司遭受了几百万美元的损失你就要买进‘联合太平洋铁路’吗？他们在支付损失后发红利的钱哪里来？最可能给你的理由就是损失没那么惨重，难道凭这个就是买进‘联合太平洋铁路’的理由吗？回答我的这个问题。”

我的朋友说：“对，你说得很有道理，可市场并不认同你的看法，大盘是不会说谎的，对吗？”

“大盘也并不是一直都在说真话的。”我说。

“在黑色星期五之前不久，有个人跟吉姆·费斯克（Jim Fisk）聊天，他有10个说明黄金要下跌的理由，他被自己的话所感染，对费斯克说他要卖出价值几百万美元的黄金。费斯克看着他说：‘去呀，快去卖，卖完了一定邀请我参加你的葬礼。’”

“对，”我说，“如果那个人抛掉黄金，看看他能赚多少钱，你也抛掉一部分‘联合太平洋铁路’吧。”

“不，我不会那样做的，我是那种不跟主流作对的人，这么做才能发财。”

第二天有关地震的比较完整的报道出现在了报端，市场开始没落，但就算这样，下跌的幅度也不是很大。我知道现在世界上没有任何事情可以阻止大盘的崩落了，于是我加了一倍，又抛售5 000股。这时候大部分人才看清了情况，营业员也乐于帮我的忙了。这不是他们或我很鲁莽，我如此评估大盘一点都不过分。又过了一天，市场开始真正下跌，这下子麻烦大了。我当然会全力以赴，想抓住好运气，再加一倍又抛出1万股，这是我那时唯一能做的事了。

这时我什么都不想，一心念着自己很正确，百分之百地正确，这可是天大的机会，看我怎么利用，我又抛掉了更多的股票。难道我没想过，就算一个不大的反弹都可能把我的账面利润甚至本金全都一扫而空吗？我也不清楚自己是否想过这件事，就算想过，对我也没任何影响。我并没有鲁莽地豪赌，我的操作其实很保守，没有人能挽救已经发生的大地震，没有人能在一夜之间不花一分钱就让已经倒塌的建筑物恢复原状，不是吗？以后的几小时内，就算全世界的钱都拿来也帮不上什么忙，对不对？

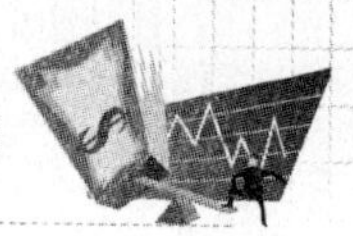

我这么做不是盲目地赌博，我不是顽固的空头，也没有被成功冲昏头，也没有认为因为旧金山被夷为平地而使整个国家变成废墟。不，我绝对没有这样想，我没指望会发生大恐慌。第二天我就全部回补，这一下我就赚了25万美元，这是我到那时为止赚到的最大利润，这都是在几天之内完成的。大地震发生的最初两天华尔街并没注意到，他们会跟你说，这是因为那批电报说的没这么吓人，但是我认为，改变大众对股票市场的观点是一个漫长的过程。连专业的交易者在大部分时间里都是迟缓而短视的。

我没有办法可以很科学地跟你解释我的第六感，我告诉你的只是我都做了什么，还有其原因和结果。我不关心我的第六感，相比之下我更关心因此赚到的那25万美元，这表示如果时机再次到来，我会有比以前多很多的资金可以操作。

那年夏天我去萨拉托加泉去度假，虽说是在度假，但我还是一直在关注着市场。当然我还没累到不能关心市场的程度，而且我遇到的每个人都正在或曾经积极地投入股市之中。我们很自然会谈及股市，我发现有些人在聊天和交易时有巨大的差距，其中一些人会让我想到他是那种跟脾气暴躁的老板说话就像跟懦夫说话一样的大胆的职员——确实会给你这种感觉，不过，只是停留在口头上而已。

在萨拉托加也有哈定兄弟公司的分公司，在这里他们有很多顾客呢，我想真正的原因是广告价值，在这样的旅游胜地设有分公司确实是个极好的广告。我经常去那里坐坐，经理是从纽约总公司派来的，人很和善，总是会很热心地帮助别人，在可能的情况下，当然要争取一些新的业务。这里是小道消息满天飞的地方——各种各样的小道消息，赛马、股票和跑堂的小道消息都有。公司里的人不会听信小道消息，所以经理从来都不在我耳边小声说悄悄话，他只是把电报交给我说“这是公司刚刚发过来的东西”之类的公事公办的话。

我当然要关注市场，对我来说，看黑板上的价格和研判各种迹象是每天的例行公事。我注意到，我的朋友——“联合太平洋铁路”看起来要上涨了，价格有些高，这只股票的走势显示好像有人在吃货。我关注这只股票好几天了，但始终都没有买，我越看越能肯定这只股票是有人在吸进，并且不是个小角色，是一个不但实力雄厚而且精于操作技巧的人，这是很高明的进货老手，我想。

一旦确定了这一点，我马上就开始买进，买进时的价格大约是160美元。这只股票的表现还好，所以我继续买进，每次只买500股，我越是买，股票越是强，但并没有急速上冲，所以我觉得很安心。我看不出这只股票有什么理由不上涨，以现在盘上所见，没有理由不这样发展下去。

突然，经理过来找我，对我说他们从纽约得到一个消息——他们与纽约之间有直通线路——问我是否在公司里，他们回答“在”，总公司又来了电报要经理留住我，告诉我哈定先生想要跟我说话。

我说我会等他的，于是又买进了500股“联合太平洋铁路”。我不知道哈定先生要跟我谈什么，我觉得跟股票没关。我的保证金很充足，远远超过了额度。不一会儿经理就来了，跟我说哈定先生在长途电话上等我呢。

“你好，艾德。”我说。

但是他说：“你到底在搞什么鬼？疯了不成？”

“发生了什么事吗？”我说。

“你都干了什么？”他问道。

“我不懂你的意思。”我说。

“买那么多股票。”

“哦，我的保证金不够多吗？”

“不是保证金的问题，是告诉你不要犯糊涂。”

“我不太明白你的意思。”

“你为什么要买那么多的‘联合太平洋铁路’？”

“它在上涨呀。”

“涨个屁，你不知道有个人正在倒货给你吗？你是这里最引人注目的人物，就算是赌马亏钱都比这个有意思，别让他骗了你！”

“没人在骗我呀，”我说，“我没跟任何人说起过这只股票。”

“你不能总是期望着只要做这只股票就会有奇迹出现，趁着现在还有机会，赶快出货。”他说，“以这种价格买进这么多根本就是犯罪——那些黑帮正一吨一吨地倒给你。”

“走势告诉我他们在买进啊。”我还在坚持自己的观点。

“拉利，我看到你的单子的时候我的心脏病都快发作了。拜托，千万别当傻瓜，快点退出来，立刻脱手。这只股票随时都可能崩盘，我的责任已经尽了，再见！”他说完就挂上了电话。

哈定是个聪明人，消息非常灵通，而且是真正意义上的朋友，公正、心眼好。我知道以他现在的地位能听到很多内部消息，我买“联合太平洋铁路”完全是凭我多年的看盘经验，以及我能发现的一切蛛丝马迹，经验告诉我这些迹象出现之后一定会有大涨出现。我不知道自己看到的是什么，但我断定：

我通过看盘认定这只股票正有人在吸货完全是因为有一个技术高超的内部炒作集团在做手脚，使盘面看起来很真实。可能是哈定的声嘶力竭阻止了我犯他极为肯定的、天大的错误，我心动了，他的智慧和动机毋庸置疑，我没办法说清楚是什么原因让我听了他的话。我确实听了他的话，照他的话去做了。

我卖光了所有的“联合太平洋铁路”，当然，如果做多不聪明，不放空的话也同样不聪明。所以我在抛出所有做多的股票之后反手又放空了4 000股，出手的价位大多是162美元。

第二天联合太平洋铁路公司董事宣布配股10%，开始华尔街没人相信，这一招很像是走投无路的人的绝望做法。所有的报纸都在谈论这件事，都在指责董事。但是，就在华尔街还在犹豫的时候，市场沸腾了，“联合太平洋铁路”带头，在前所未有的成交量的配合下创下了新高。一些交易员在一小时之内就狠狠地赚了一大笔，听说有一个反应迟钝的专家犯了个错居然赚了35万美元，一个星期后就卖掉了席位，一个月后就去做了一个庄园绅士。

我一听到前所未有地配股10%这条消息的时候我就知道我活该倒霉，不遵从经验的指导而听从消息人士的话。因为值得信任的哈定先生的怀疑就把自己的信念放在一边，完全是因为他值得信赖，而且他一直都知道自己在做什么。

一看到“联合太平洋铁路”创了新高，我就对自己说：“你犯了错误，这不是你应该放空的股票。”

我所有的钱都放在哈定兄弟公司当保证金，接受这个事实没有让我不高兴，也不会变得顽固不化。很明显，我看盘是正确的，可是很愚蠢地接受了哈定的劝说，动摇了自己的信念。指责别人没任何意义，我没有指责别人的时间，损失已经造成了，后悔也没用。所以我回档时补回，我下单以市价165美元买入4 000股“联合太平洋铁路”，以这个价格来算，我亏了3个点。营业员替我回补了一部分，有一些付出了172美元和174美元，看着回执单，我算了一下，好心的哈定先生让我损失了4万美元。对于一个意志不坚定的人来说这是一个很低的代价，一个很便宜的教训。

我一点儿都不担心，因为从盘面上看还有很高的上升空间，这是罕见的一次走势，董事们的决定是前所未有的，这次我做我认为应该做的。当发出第一张回补4 000股的单子时，我就下定决心要靠盘势的显示操作，我的确这样做了。我买进4 000股，在第二天早上卖出，我不但收回了之前损失的40 000美元，还赚了15 000美元。如果不是因为怕我损失的哈定先生，我会赚得更多。但是他也帮了我的大忙，因为这次事件给了我一个教训，让我完成了一个交易者应该受到的教育。

这并不是说我需要学习坚决不能听信消息，而是要遵照自己的判断进行操作。我对自己建立了信心，终于摆脱了之前的交易方式，在萨拉托加的这次交易是我最后一次靠运气赚钱。从那时起，我开始思考大盘基本形势，而不是只研究个股。我在观念的投机学校里努力提高自己，让自己升入高年级，这是漫长而困难的一步。

第七章

在正确的时机买进和卖出

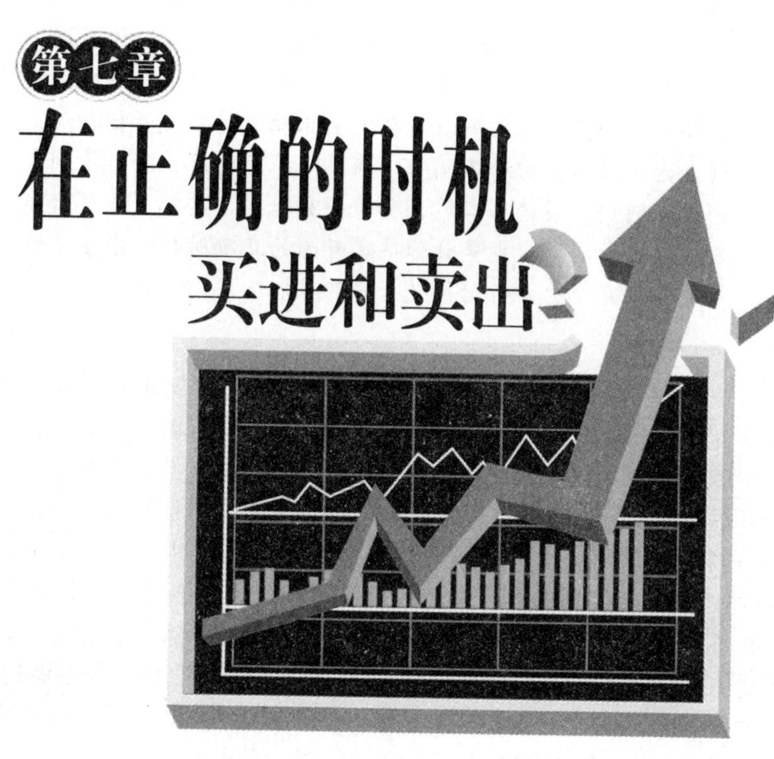

1. 在初期上涨的市场里买进是买进股票时机里最安全的位置。重点不是在最低点吸进在最高点卖出，而是在正确的时机买进和卖出。我看空卖出股票时，每次的卖出价都比上一次的低，而在多头市场正好相反，一定是买入的价格一次比一次高。我买股票做多时，不是向下承接而是向上买进。

2. 记住，股票不会永远那么高，高到不能让你买进，也不会低到不能卖出。知道市场是否能吞进你卖出的股票没有什么技巧，你必须在你确信情况完全正确的时候再开始行动，否则全盘买进或卖出并不明智。在第一笔交易后，除非看到了利润，否则别再买进第二笔，要等待和观察，这就是你解盘能力发挥作用的时候，也是让你确定开始的正确时机。很多事情是否成功，完全要看开始得是否是时机。

如果有人问我是看多还是看空，我从来都毫不迟疑地告诉他，但我从来都不会告诉别人买进或卖出任何一只股票。在空头市场里所有的股票都会下跌，在多头市场里所有的股票都会上涨。当然，我不是说在战争造成的空头市场里军火股不会上涨，这里我说的是一般情况。但是一般人不想知道现在市场是多头还是空头，而只想知道哪只股票会上涨、哪只股票会下跌，他只想占便宜，不希望工作，也不想思考，就算让他从地上把钱捡起来他都嫌麻烦。

我可不懒，但我发现，研究个股比研究大盘容易很多，因此，研究个股的波动比研究大盘波动要简单很多，我一定得改变，当然，我也做到了。

大家可能还不太了解股票交易的一些基本要素，我常说，在初期上涨的市场里买进是买进股票时机里最安全的位置。重点不是在最低点吸进在最高点卖出，而是在正确的时机买进和卖出。我看空卖出股票时，每次的卖出价都比上一次的低，而在多头市场正好相反，一定是买入的价格一次比一次高。我买股票做多时，不是向下承接而是向上买进。

假设我现在买进一只股票，在 110 美元时买进 2 000 股，如果在我买进后股价涨到 111 美元，这时可以肯定，我的操作暂时是正确的，因为股价上涨了，我已经有利润了。因为我判断正确，所以我会再买进 2 000 股，如果价格又上涨了，我会买第三笔 2 000 股，如果股价涨到 114 美元，我想我暂时可以停止买进了。现在，我有交易的基础了，算一下现在做多 6 000 股，

平均价格 111.75 美元，而这只股票的外盘价是 114 美元。这时我会观望一下，不会再买，我认为涨了这么久，一定会回档，要看看在回档之后会有什么表现，我判断这次回档很可能停在我买第三笔 2 000 股的价位上。假设在上涨一段时间后股价跌回到 112.25 美元时反弹，我一定会在反弹到 113.75 美元时买进 4 000 股，如果我发现这里面有问题，我会试探性地卖出 1 000 股，看看这笔单子是怎么被吃掉的。如果我在 113.75 美元挂了 4 000 股的单，在 114 美元时成交 2 000 股，在 114.5 美元时买进 500 股，后面的买入价一次比一次高，最后的 500 股是以 115.5 美元买进的，直到这时候，我可以确定我做对了。在我买入 4 000 股后的情势让我确定买这只股票是否正确——当然，我在做买入决定之前已认真地研究过大势，大势利多，我可不希望可以在最低点容易地买到股票。

我记得听过一个故事，是有关老手怀特（Deacon S. V. White）的，当时他是华尔街最大的作手之一。他是个好人，在股市多年历练，是个精明并且勇气十足的人。我听说他在事业的巅峰时期做过一些高明的炒作。

事情发生在很久以前，那时，“美国糖业”是市场上的活跃股票，经常火花四射，公司的总裁是哈弗迈耶（H. O. Havemeyer），他的声势如日中天。跟股市前辈聊天时得知，哈弗迈耶和他的部下当时拥有数量十分惊人的资金和超凡的才智，保证可以让他们在炒作自己的股票时次次都成功。他们还说，哈弗迈耶在任何一只股票的炒作期间教训过的小交易员，比别的内线人士在别的股票上修理过的人要多很多。一般情况下场内交易员会破坏内线的炒作而不是帮助他们。

有一天，一个认识怀特的人冲进了办公室，兴奋地对他说：“怀特，我记得你说过，如果我听到什么内部消息就一定要来告诉你，如果你采纳了，你会替我买进几百股。”说完，他还在喘着气等着怀特的回答。

怀特用他常有的沉思表情看着这个人，说：“我不知道我是否这样说过，但若这条消息对我有用，我一定有报酬的。”

“哦，我带来了。”

“好啊。”怀特说，他表现出了他的兴趣，所以这个人鼓起了勇气说：

“没错的，怀特先生。”然后他又向前凑了过去，生怕被别人听了去，小声说，“怀特先生，哈弗迈耶正在买进‘美国糖业’。”

“真的吗？”怀特非常镇定地问。

这样的回答出乎这人的意料之外，他有些急了，非常认真地说：“当然是真的，先生，你一定得买进。”

“老兄，你确定吗？”怀特又问了一次。

“怀特先生，我很确定，那些内线炒作集团正在全力买进，这次的炒作跟关税有关系，美国糖业的普通股的价格会高过特别股，可以让人赚大钱，起码稳赚30点。”

“你真的这么认为？”怀特从老式眼镜片后面看着他，他看盘时都戴着它。

“我真的这么想？不，不用想，我就知道会这样，肯定会这样！怀特先生，如果哈弗迈耶像这样买进‘美国糖业’，不赚40点，他们是不会罢休的，在他们买到足够多的股票前市场就暴涨起来我也不会吃惊，经纪商手里的筹码已经没有一个月前那么多了。”

“他在买进‘美国糖业’啊？”怀特心不在焉地问。

“买进？哦，不，他们是在用最快的速度扫货，根本不管价格是多少。”

“真的？”怀特只说了这句话。

这样让来通风报信的人非常生气，他说：“真的！当然是真的，先生！我可以保证这是条有用的消息，绝对没问题！”

“真的？”

“对，这个消息应该是有价值的，你会利用吗？怀特先生。”

“哦，会，我会用的。”

“什么时候？”这个人有点怀疑地问。

“现在。”怀特马上就喊道，“法兰克！”法兰克是他的最得力的营业员，当时就在他办公室的隔壁。

“来了。先生。”法兰克应和着。

“现在你去交易大厅卖掉1万股‘美国糖业’。”怀特说。

“卖？”那人叫道，他的声音显得非常痛心，以至于法兰克都停了下来看着他。

“对，是卖。”怀特很温和地看着他。

“但是，我刚才说的是买呀，哈弗迈耶在买进呀。”

“我知道你说的，老兄。”怀特说，然后对法兰克说，“快点去，法兰克！”

法兰克匆匆去下单了，那个来报告消息的人面红耳赤。

他非常生气地说：“我来到你的办公室是因为我有一个好消息，我告诉你是因为你是我的朋友，而且正直无私，我希望你能按我说的消息行动。”

“我是在行动呀。”怀特用平稳的口气打断了他的话。

“可是我跟你说的是哈弗迈耶在买进啊。”

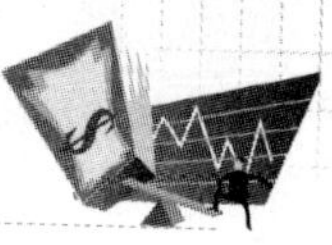

“没错，我知道。”

“买！买！我说的是买呀！”这人大声地说着。

“当然，我听得懂你说的是买。”怀特安慰式地拍拍他，走到了报价机旁边看着纸带上的报价。

“可你刚才是在卖啊。”

“是的，我卖了1万股。”怀特点着头说，“当然是卖。”

他不再说话，专心地看着纸带，来报告消息的这个人走过来想看怀特手里的纸带，他知道，这个老头很多疑。他正打算看怀特在看什么时，一个职员拿了张单子进来，这一定是法兰克刚才交易的回执单，怀特只看了一眼，因为他已经在报价纸带上看到了他的委托单成交的情况了。

怀特看了眼这张单子，对这个职员说：“告诉法兰克，再卖1万股‘美国糖业’。”

“怀特，跟你说，我可以保证他们真的在买‘美国糖业’。”

“哈弗迈耶先生亲口告诉你的吗？”怀特平静地问。

“当然没有，他们是不会告诉别人他们在干什么的，他连让最好的朋友赚一毛钱都不愿意，但我可以确定这件事是真的。”

“老兄，别太激动。”怀特举着一只手正在看手里的报价纸带。来报信的人很生气地说：“如果我知道你做的事跟我说的正好相反，我是不会来浪费你的时间和我的时间的。但是如果你在回补的时候损失惨重的话，我也不会高兴的。怀特，我真的觉得很惋惜，真的。如果你不介意，我去别的地方实施行动了。”

“我正在根据你的消息实施行动，我认为我对市场还是有所了解的，可能没有你和哈弗迈耶了解得多，但还是知道一点的。我现在做的，正是经验告诉我利用你的消息该做的明智的行为。像我这么老的一个人，在华尔街混了这么久，能有一个人为我觉得惋惜，我都非常感谢。镇定点，朋友。”

那个人只是这么看着怀特，他非常尊敬怀特的判断和勇气。

不久之后，那个职员再一次走进来，拿着那1万股的卖出回执单，怀特看了一眼，对他说：“现在告诉法兰克，买进3万股‘美国糖业’，3万股。”

职员急急忙忙地走了出去，来报告消息的人看着头发灰白的“老狐狸”正要抱怨。

“老兄，”怀特亲切地说，“我并不怀疑你说的话就如同你亲眼所见，但就算是哈弗迈耶亲口告诉你的，我仍然会怀疑。因为只有一个方法可以证明是否有人像你说的那样在大量买进这只股票，我刚才就是这样做的，第一笔1万股的抛单马上就脱手了，第二笔1万股的抛单也很容易就成交了，而且价格还在不停地上涨，从这2万股被人吸进的情况来看，说明有人的确在大量吸入流通筹码。这个时候，是谁在吃货并不重要，所以我回补了我刚才做空的位置，并且做多1万股，这样看来，我认为你给我的消息是个好消息。”

“有多好？”这个人问。

“你在我公司里会拿到500股，价格是这1万股的平均买入价。”怀特说，“再见，老兄，下次记得镇定一点。”

“对了，怀特先生，”这个人说，“你在卖出时，是否也可以帮我把我的那一份也一并卖掉，因为我懂的没我认为的那么多。”

道理就是这样的，这也是我从来不便宜地买股票的原因。当然，我会想尽办法做到有效买进，以便对我的操作方向有所帮助。至于卖掉嘛，很显然，除非市场上有人想买这些股票，不然没有人能卖得掉。

如果你在操作大量的股票，一定要记住这一点。一个人研究盘势，小心地规划操作，并且严格地按照计划实行。他在操作一笔数额很大的股票，并且累积了一些利润——账面上的利润，这时，就不能随意卖出了。你不能期望市场吸入5万股时就像吸入500股那么容易，必须等到市场有能力吃进的时候才卖出。卖出的时机总是会出现的，那个他认为需要的买盘出现了，他必须得在能够卖出的时候卖出，他得了解时机，必须经过观察和测试。

知道市场是否能吞进你卖出的股票没有什么技巧，你必须在你确信情况完全正确的时候再开始行动，否则全盘买进或卖出并不明智。记住，股票不会永远那么高，高到不能让你买进，也不会低到不能卖出。在第一笔交易后，除非看到了利润，否则别再买进第二笔，要等待和观察，这就是你解盘能力发挥作用的时候，也是让你确定开始的正确时机。很多事情是否成功，完全要看开始得是否是时机。我花了很多年才了解这一点的重要性，为了这一点我也花了几十万美元。

我并不是建议你一直持续加码，当然，加码可以赚到大钱就另当别论了。我想说的是：如果一个人的资金极限是500股，我不建议他全部买进，如果他不是投机的话就不能这么做。如果他是赌博的话，我给他的唯一建议就是——别赌！

如果他在买进第一个100股后立刻就出现了损失，那他为什么还要继续买进更多的股票呢？他应该马上就看出他做错了，至少是暂时错了。

第八章

多头市场看多，空头市场看空

1. 在多头市场看多，在空头市场看空。

2. 赚大钱就一定要在大波动中，不管推动大波动的动力来自何方，只要这股力量是真实的，就可以持续下去，这是基本形势造成的，而非内线集团或金融家们炒作的。不管中间有谁反对，这股力量都会按照原来的轨迹快速地推进到尽头。

3. 在空头市场中我发现，不失去自己的位置的确很完美，但研究盘势、判定适于操作的时机更重要。如果一开始就是正确的，你就不会看到自己的利润遭到威胁，也就不会感觉坚持下去有什么困难的。

1906年的夏天，萨拉托加的“联合太平洋铁路”买卖事件让我更容易摆脱小道消息对我的干扰，也就是说对我来说别人的意见、推测和疑心，还有不管别人对我多友好、消息有多么权威都不能对我有任何影响。发生的各种事件证明我的判断力精准，并不是我的虚荣心让我这么认为的，在能完全摆脱投机偏见这方面，我比哈定兄弟公司的其他交易者更厉害。在我看来，放空和做多一样重要，我不再觉得放空比做多有吸引力，我唯一坚决不变的信念就是反对犯错。

在我还是小孩子的时候，我就养成了从观察到的事实中寻找结论的习惯，这是我得到自己的结论的唯一方法。我不会从别人让我看到的事实中找结论，因为那不是我需要的事实，你理解吗？如果我认同了一些事情，那你可以肯定，这些事情是我完全相信了的。我不允许我持股，也不允许我的一些先入为主的偏见代替我的思考。我说过很多次了，我从来不跟市场斗气，因为市场突然之间甚至非常不合理地跟你作对你就生市场的气，就如同病人得了肺病责怪肺一样。

我不断进步着，除了了解股票投机看盘之外，还了解了很多其他的因素。“坚持在多头市场中持续看好是件很重要的事情”，这个观念我也认同，确定你做交易的市场的性质如何，这比别的事重要。这时我明白了要赚大钱就一定要在大波动中，不管推动大波动的动力来自何方，只要这股力量是真实的，就可以持续下去，这是基本形势造成的，而非内线集团或金融家们炒作的。不管中间有谁反对，这股力量都会按照原来的轨迹快速地推进到尽头。

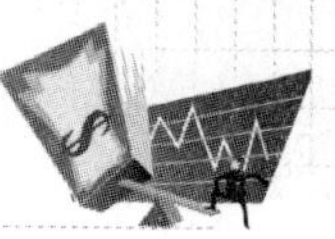

在萨拉托加事件之后，我开始明白了或者应该说我更成熟地看出：因为整个股市是跟着主流波动的，所以，研究个别的操作方法或个股波动没有我原来想的那么有必要。这是从波动的角度看的，在交易上不受限制，一个人就可以买卖整个股市。在一些股票上，卖出的股票数量占总股数的比率到了一定程度之后，持有空头部位就比较危险，这个比率要看这只股票是谁持有、如何持有和在何处持有而定。当然，如果他有钱的话，就算他卖出 100 万股挂牌上市股票也不会有轧空的危险。早些年，内线人员经常在空头方面赚大钱，他们精心培养人们对垄断和轧空的恐惧，从中赚取更大的财富。

“应该在多头市场看多，在空头市场看空。”这句话看起来很可笑，对吗？但是，必须得先了解这个一般原则才能把这个原则付诸实施，真正的意义是要预测可能性。我用了很长的时间才学会根据这个原则行事，但为了你的利益着想，我必须提醒你，直到那个时候我的资金一直都不大，不能用那种方式投机。如果你有很多钱，想在大波动里赚大钱，那你就得在经纪公司里存很多钱。

我必须或者觉得必须从股市里赚取生活费，这一点妨碍了我投更多的钱从事根据波动的交易，因为这种方法利润高，但很缓慢，交易成本立刻变得比较高昂了。

不单单是我的自信增强了，连经纪公司也不再把我仅仅看做一个“少年赌客”。他们在我身上赚了很多钱，我是他们的明星顾客，这种价值远远超过了我的实际交易额，对任何一个经纪公司而言，赚钱的顾客都是一笔财富。

我开始只专心研究盘势，而不再关心个股的日常起伏波动，从这之后我必须从不同的角度来研究这个游戏。我离开研究报价回到研究涨跌原则，从研究价格起伏回到了研究基本形势。

这么长时间，我都是固定研究每天的信息——所有的交易都这样做。但这些消息大部分都是小道消息，有些是炒手故意放出的假消息，还有些是作者的个人见解。就算是著名的《财经周刊》刊登的基本形势分析也不能让我满意，这些财经记者的观点通常都不能得到我的认同。对他们而言列举事实并从中得到结论不是重要的事情，但这些对我来说非常重要，此外，在时间评估方面，他们的观点对我而言也有非常大的差异。我认为，分析过去一周的走势同预测未来一周的走势一样重要。

我同时受没有经验、年轻和资金不足的困扰多年，直到现在，在发现这个“大秘密”之后我才感到快乐。我对这种新方法的态度说明了我在纽约这么多年一直失败的原因，现在我有足够多的资金、经验和自信，我想试试这把“钥匙”的愿望异常迫切，以至于我没注意“门”还有一把“锁”——时间之锁！这是一个疏忽，像平时一样，我得为此付出学费——每一次进步都要付出不小的代价。

我研究了1906年股市的走势，发现资金情况并不乐观，世界上大多数的实际资金已经被摧毁了，人们总有一天会感觉到压力，所以没有一个人能帮助任何人。这种可怕的日子不是因为拿1万美元的房子换一辆价值8 000美元的赛马，不是因为房子被烧毁和赛马因为铁路车祸而死亡那样。这种可怕的艰苦是因为在布尔战争中所有现金都随着炮火化为灰烬，数不胜数的美元在南非喂养没有任何生产力的士兵，而且这次我们不能再像原来一样在英国投资者那里得到帮助。这次的旧金山大地震、大火和别的惨剧基本波及每一个人——制造商、农夫、商人、工人和百万富翁等。铁路一定会受到严重的损失，这时候没有什么事能防止这些事件引起的大崩溃，我能做的只有一件事——放空所有股票！

我曾经说过，我在决定交易方向之前已经发现我最初的交易都能获得利润，我现在决定放空——史无前例的那种。因为我们必定会开始漫漫熊市，而且我还能确定我可以赚到我加入股市以来最大的利润。

股市开始下跌了，可幅度不大，马上又回升了，这次只是稍微下跌一点，后面的上涨开始稳定。我的账面利润消失了，亏损增加。有一天，从走势上看市场上的空头没有存活的余地，我受不了这种折磨，就回补空仓。这样还不错，如果没做回补操作，那会连一张明信片都买不起了，我失去了皮衣的一大部分，但留下一部分总还是有希望。

我犯了错，但错在哪里呢？我在空头市场看淡后市，这是个聪明的观点，我放空，这也很正常，错在我放空得太早了，为了这一点，我付出了高昂的代价。我的部位是对的，但操作是错的。每过一天，就离崩盘那天近一天，所以我选择等待，等反弹的力量变小、停顿下来时再尽我所剩不多的保证金的最大所能大力放空，这次我做对了——只对了一天！一天以后马上就出现了一波反弹，我又被狠狠地咬了一口。所以，我下面的对策就是研读盘势——回补空仓——等待，到了时机我再次放空。这次的股价很高兴地跌下去，又没理智地反弹回来。

市场正在逼我启用在投机公司时的交易方式，这次我的操作具有前瞻性，考虑整个市场的走势而不是只关注一两只股票。如果我坚持下去，我一定会赢，不过，那个时候我还没有发展出自己逐步加码的系统，就像刚才说的那样，我应该在下跌的过程中一点点放空顶部部位。如果我这样做了的话，我

就不会亏损那么多的保证金，我犯的错不至于伤到我。我发现了一些事实，但没有学会怎样处理，我的观察不够完整，这对我不但没有任何帮助反而阻碍了我的发展。

我发现，研究自己的错误能让我获得利润。在空头市场中我发现，不失去自己的位置的确很完美，但研究盘势、判定适于操作的时机更重要。如果一开始就是正确的，你就不会看到自己的利润遭到威胁，也就不会感觉坚持下去有什么困难的。

当然，直到现在，我对自己的观察精准性更加自信了——期望和嗜好对我的判断不构成威胁，我有很多工具用以检验我的观察，并且还有很多办法可以测试是否正确。但是在1906年，股市不停的反弹让我的保证金受到了严重损失。

我马上就27岁了，进入股市已经12年，我从第一次面临危机时的交易中发现我一直在使用望远镜。从我第一次看到股市暴风雨来临前的黑云到凭借股市大崩盘获利，这之间的距离比我想象的要远很多，以至于让我自己都产生怀疑，我是否真的看清了我认为我看清楚了的东西。那时候我们得到了很多警示，并且短期利率也在飞速上升，就算这样还是有很多金融家乐观地看待后市，甚至于他们跟媒体也是这样说，可是，随后的股价反弹就揭穿了金融家们的谎言。我看淡后市是犯了根本性的错误，还是我放空太早犯了暂时性的错误?

我想我开始得太早，身不由己。市场马上就遭到了卖压下跌，我的机会来了，我尽了我的所能放空，可没料到的是股价又反弹了，这次反弹得相当高。

我被洗得一干二净——我破产了！

告诉你，这件事是很惊人的，经过是这样的：我看到前方有一大堆钞票，钞票堆上立着一块牌子，用斗大的字写着——请随意取用。在钞票堆旁边还有一辆手推车，车两侧还印着字——利文斯顿运输公司，这时，我的手上拿着一把崭新的圆锹，四下里看不到一个人影，所以，我在挖金矿时没有人跟我抢，这是比别人早看到钱堆的优势。如果有人停下来就会看到这些钞票，但他们都急着去看棒球赛、开车兜风、买房产，这些都需要用我看到的钞票来付款。这是我第一次看到这么多的钱，我想都没想就朝那个钱堆冲了过去，可在我快要跑到钱堆前的时候风向转了，吹得我跌倒在地，那些钱还在那儿，可我已经丢失了我的圆锹，手推车也不见了。我太早冲刺了，为此我付出了高昂的代价，我太急于证明自己的判断——看到的是真正的钞票而不是幻影。我看到了，而且我也可以确定，一想到凭着自己的判断所能得到的报酬不禁异常兴奋，以至于没有考虑到我与这些钱之间的距离，我不该跑着去，应该走着去。

事情就是这样的，我太急切了，没有停下来判断时机是否成熟，那时，我的看盘能力应该得到发挥，可我没这样做。那时候我才知道了一个道理：在空头市场，一个人看淡后市是正确的，最好也不要急着操作，以免被“引擎回火”伤到，等情势稳定了才可以大量放空。

这么多年我一直在哈定兄弟公司交易，公司很信任我，我们的合作非常愉快。我想他们一定认为我可以在短期内又恢复到原来的样子。他们知道我有全力以赴的习惯，我需要的只是重新开始，而且还会超过以前。他们赚了我很多的交易费，而且还可以赚更多，所以只要我的信用还是那么高，就还可以在那里交易。

一连串的打击让我变得不那么自信了，或者说，我没有那么粗心了。因为我知道我其实跟大崩盘的距离拉近了很多。这时候我可以做的就是注意和等待，我在下大赌注的时候也应该这样做。这并不是亡羊补牢，我在下次尝试前一定要十分确定。如果一个人不犯错，那他可以在一个月之内拥有全世界，但如果他不能从错误中得到教训，那他绝对不会得到好东西。

一个晴朗的早晨，我到市区去，这时候我觉得自己又找到了自信，这次是万无一失了。我在所有报纸的金融版上都看到了一则广告，这则广告就是一个明显的标志，是我之前一直等待的。这则广告是太平洋北方和大北方两条铁路发行新股的启事，为了股东的方便，股票会用分期付款的方式来支付。这可是华尔街的新鲜事，可在我看来这不只是恶兆。

这么多年来，大北方铁路优先股一直有一个利多题材，那就是宣布要切开一个甜瓜，运气好的股东可以用票面价格认购大北方铁路的新股。这样的权利很值钱，因为市价总是高于票面价格。可问题是，那时货币市场异常紧张，连国家最有实力的银行都不能确定股东能用现金购买便宜货，那时候大北方铁路的市价大约是330美元！

我一到哈定兄弟公司就告诉艾德·哈定：“放空的机会终于来了，这时候才是我大显身手的时候，你看看这则广告！”

他已经知道了，我跟他说了银行家们的说辞对于我的意义，但他还不能看出大崩盘就在眼前了。他认为，应该等一等再挂出大笔的做空单子，因为市场总是会先有一个大反弹。如果我等一等，那时候的价格会比较低，对我来说也会比较安全。

“艾德，”我对他说，“开始的先兆进行得越久，后面的大崩盘就会越

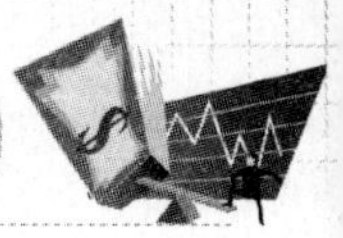

严重。这则广告就是银行家们签了字的自白书，他们所害怕的东西正是我希望得到的。这就是我们搭空头列车的车票凭证，是我们所需要的。如果我有1 000万美元，我会毫不犹豫地把每一分钱都压上去。”

我必须多费一些口舌来说服他，因为对一个理智的人来说，他不太能信任从这则奇妙的广告中得到唯一的推论。可对我来说这还不够，对公司里大多数人来说也不够，我放空了一些股票，可数量实在是太少了。

几天后，圣保罗铁路公司也宣布要发行新证券，不是股票就是权利证书，我记不清了，但有一个细节我印象深刻，那就是圣保罗铁路公司增发新股的缴款日安排在大北方铁路公司和北方太平洋铁路公司缴款日的前一天，后两家公司是之前就公布日期了的。这种情况很清楚，就如同拿着高音喇叭宣布他们打败了另外两家公司，可以把华尔街为数不多的现金收入囊中，他们不会说：“您先请，亲爱的朋友们！”铁路公司急需资金，可资金还不知道在哪里，后果将会怎样。资金如此的少——银行家们心里知道这一点，将会发生怎样的事呢?

放空，当然得放空！大多数人紧盯着股市，看到的东西只有一个点，也就是几只股票和短短一周的时间，而聪明的作手们会得到很多别的东西，甚至是一年的行情。这就是差别。

怀疑和犹豫不决终于结束了，我已下定决心。那天早上，我根据自己的计划开始了战役。我在330美元左右卖空了大北方优先股，并且在高位放空了其他股票，我告诉了哈定先生我的想法和决定，他并没有反对。我从先前付出过高昂代价的错误中吸取的教训让我可以在这次的“战役”中漂亮地放空。

我的信用和信誉一下子就恢复了。不管这是偶然的还是因为别的原因，这就是从证券商那里正确判断的好处。这次的正确是基于冷静和理智，而不是由于第六感和善于看盘，因为我分析的是影响整个股市的情况。我做的不是猜测，而是预测。放空不需要勇气，除了下跌之外我看不出还会发生什么别的情况，我必须根据这个行动，不是吗？我还有别的选择吗？

这时的股市非常疲软，可没多久就出现了反弹，很多人来警告我，说已经跌到了头。大户们知道未补抛空差额非常大，想狠狠痛击空头。这样会让不坚定的空头吐出几百万美元来，大户们从来不会拿到手软。我习惯性地感谢这些来警告我的人，我不会跟他们争论，一旦争论，他们会为我不感谢他们的警告而生气。

上次在大西洋城跟我在一起的朋友很痛苦，他终于明白了我的第六感，他不得不相信这个事实，因为我盲目地听任第六感的召唤放空了“联合太平洋铁路”这只股票，为此，我赚了25万美元。他甚至说：“这是在上帝帮助下，你放空我那时看好的股票。”他也理解了我在萨拉托加所做的第二次有关“联合太平洋铁路”的交易，他明白，任何小道消息在证实前对股票都会产生影响，有时下跌，有时上涨。但这种预测所有股票都会下跌的事让他困惑不解，这样的消息对什么人有利呢？你该如何告诉别人该做什么呢？

我记得帕特里奇常说的一句话：“这是多头市场，你是知道的嘛。”对聪明的人来说这是条够分量的利好消息，事实上也确实如此。但是很奇怪，人们在暴跌15或20点之后还在留恋多头市场的氛围，欢迎3点的反弹，而且还很确定这是底部，回升已经开始了。

有一天，我的朋友问我：“你回补了吗？”

“我为什么要回补？”我说。

“因为世界上最好的理由。”

“那是什么理由？”

“赚钱。底部已经形成了，跌下去的就会涨回来，难道不是吗？”

“对，”我说，“股价一定能跌到谷底，然后再涨上来，但不是现在，股票会这样半死不活一段时间，现在还不是‘尸体’浮上来的时候，它们还没死透呢。”

一位前辈听到了我们的谈话，他是那种联想能力很强的人。他说：“看空的威廉·特拉维斯（William R. Travers）曾经与一位看多的朋友聊天。这个朋友说：‘特拉维斯先生，股市如此的坚挺，你为何会看淡后市呢？’特拉维斯说：‘是的，就像死人一样坚挺。’特拉维斯曾经到一家公司去，跟职员说想要查看账本，职员问他是否是他们公司的股东，特拉维斯说：‘我应该说，我放空了你们公司2万股。’”

反弹越来越无力，我尽了我的全力放空。每一次放空大北方铁路优先股都会让股价下跌几个点。我知道还有一些别的疲软股票，我也一并放空了。所有的股票都在下跌，只有瑞汀公司（Reading Corporation）与众不同。

每一只股票都在暴跌的时候只有瑞汀公司像直布罗陀海峡的岩石一样屹立不动。大家都说这家公司的股票被人买断了，这只股票的走势的确是这样的。别人跟我说，做空瑞汀公司就如同自杀。投机公司里也有人像我一样看空大势，但如果有人要做空瑞汀公司，他们又会狂喊救命。我放空了一部分瑞汀公司的股票，并且牢牢地占住了空头部位。同时我还在寻找并打击别的疲软的股票，回避那些受强力保护的特定股票。我在看盘时发现了一些可以

赚得到钱的股票。

我听说过瑞汀公司有多头炒作集团的事情，这个集团很强势。首先，他们手里拥有大量的低价股，他们的持股成本非常低，比市价低很多。其次，这个集团的主要成员与银行关系密切，他们利用这层关系可以掌握大量资金，持有大量的瑞汀公司股票。只要价格居高不下，与银行的友谊就不会破裂。集团中的一个成员的账面利润就超过了300万美元，这个数字足以保证一定程度的下跌不会对其造成伤害。难怪这只股票如此强劲，可以对抗空头的压力。场内交易员盯着股价看，不时地舔着嘴唇，用一两千股测试这只股票，但还是动不了这只股票，所以他们回补空头的部位，把目光转向别处，看看还有没有别的可以赚到钱的地方。每次看到这只股票，我会多卖一些，卖的数量遵照了我新的操作原则，而不是凭兴趣行事。

早些年，瑞汀公司股票的强势可能骗过我，盘势不断地跟我说："别理它！"但我的理智给我别的答案。我预测股市会大崩盘，无一例外，不管有没有大炒作财团的支持。

我一直是独立操作的，在投机公司交易的时候就这样了，而且一直没变过，这是我的工作方式。我必须按自己的方式观察和思考。在股市，我开始按自己的方向走下去，有生以来第一次发现我有很多"盟友"——世界上最强、最诚实的朋友——基本大势，这些"盟友"不遗余力地帮助我。也许在调动预备队方面它们有时候比较慢，但只要我有耐心，它们总是可以信赖的。我不是拿我的看盘技巧或第六感来赌博，我正按事情的基本情况行事，我的思维模式在替我赚钱。

重要的是要正确无误，我知道自己是正确的，并且按此行事。基本形势——我最强大的"盟友"——说："下跌！"可瑞汀公司对此置之不理，这对我们来说是种污辱。看到瑞汀公司的股票依然一动不动，就好像大势对他们不构成影响一样，这有点让我生气。在整个股市里，这只股票是最容易放空的一只，因为它还没有下跌的纪录。炒作集团持有很多该股票，如果资金紧缺的情况再严重下去，这个集团将无力继续持有。总有一天，银行家的这些朋友们的日子不会比势单力薄的普通人好过。这只股票一定要跟别的股票一样地下跌，如果瑞汀公司的股票不下跌，那就证明我的理论是错的，我也是错的，事实是错的，逻辑也是错的。

我认为这只股票的价格一直不动是因为华尔街害怕放空这只股票，所以有一天，我同时发出两张放空4 000股的单子。

你应该看到，这只被人垄断、放空就等于自杀的股票，在有力的单边下跌的攻势下直线暴跌。这时我又放空了几千股，这时的放空价格是 111 美元每股，几分钟之内就变成了 92 美元一股，我用这个价格回补了所有的空头部位。

经过这件事，我的生活变得很愉快。1907 年 2 月，我把所有的空头部位全都回补完成。大北方铁路优先股下跌了六七十点，其他的股票也下跌了同样的比例，我赚了一大笔钱。我回补的原因是因为我认为下跌不代表近期的走势，我预测股价不久会大幅度地回升，但是我觉得即使我看多市场，但那时候还没到那个地步。我还不打算放弃我目前的立场。我亏掉自己在投机公司里赚的第一笔 1 万美元，是因为我不分时机不分状况，每天都交易。我不能再犯这样的错，不久前我还输得身无分文，那是因为我看出了崩盘，但做空太早，时机还未到。现在我已经获得了庞大的利润，我得让利润落袋为安，以证明自己的判断正确。前几次的反弹让我输得很惨，我不能再让下一次的反弹把我洗得一干二净。

我并没闲着，而是去了佛罗里达州。我喜欢钓鱼，我需要休息。在佛罗里达州，我的这两个愿望都可以达成，另外，华尔街和棕榈滩有直通线路。

第九章 为自己该赚的钱而工作

1. 赚钱的最好方法就是赚钱，而赚大钱的方法就是要在正确的时机做正确的事。在股票投机这一行里，理论和实际必须同时考虑。投机客一定不能只是学生，应该同时是学生和投机客。

2. 解盘在这种交易游戏中占很重要的位置，正确地开始很重要，坚持自己的观念同样重要。我最大的发现就是必须研究和评估整体状况用以预测未来的可能性。简单地讲，就是我必须为自己该赚的钱而工作。我不再盲目地赌博，也不关心怎样精通操作技巧，只把精力放在努力研究和保持清晰的思考上，以便赢得成功。我还发现，没有一个人能免于因愚蠢犯错而陷入的危险。如果因愚蠢犯了错，就要为愚蠢付出代价，主管财富的神随时都很警醒，绝对不会忘记把还款单交给你的。

我在佛罗里达的外海航行，钓鱼是件有意思的事情，这时我已经从股市中走了出来，心情愉快，生活轻松。

有一天，在棕榈滩外海上，有些朋友搭着汽艇来到我的船上，船上有一份报纸。我很久都没看过报纸了，也没兴趣，但是我瞄了一眼朋友游艇上的报纸，看到“股市大力反弹，上涨10点以上”的标题。

我跟朋友说，我要跟他们的船上岸。偶尔的反弹是正常现象，但空头市场还没有结束，华尔街和愚蠢的大众还有绝望的多头们不管资金的情况，把价格哄抬到他们认为安全的位置，或者是纵容有人这么做。不管怎样，这太过分了，我一定得去看看，我不确定会有所行动，但我要看报价黑板的愿望异常迫切。

哈定兄弟公司在棕榈滩设有分公司，我在走进交易大厅的时候发现里面有很多人认识我。大多数人都十分看好后市，他们是那种根据报价单，希望快速行动的人。这些人不用把眼光放远，因为他们的交易决定他们没必要这么做。我说过，我在纽约的投机公司里有“少年赌客”的名号，当然人们总是会夸大一个人获得的利润和他的操作规模。这家分公司里有人听说我在纽约做空赚了一大笔，他们希望我再一次大力做空，因为他们认为反弹的路会再走一段，他们认为对抗反弹是我的责任。

我来到佛罗里达本来是要钓鱼的，前段时间我的压力非常大，需要好好

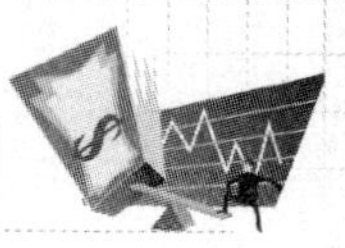

休息一下。但我一看到反弹了这么高，就不再需要休假了。上岸时我不知道要做什么，但现在我知道，我必须得放空。我判断得非常正确，我必须得用我唯一的老方法——用钞票证明这一点。放空整个股市是正确的、谨慎的、赚钱的，甚至从某种意义上说还是爱国的。

我在黑板上看到的第一只股票是即将跨越 300 美元的“安纳康达”公司（Anaconda Corporation），这只股票一路飙升，很明显有一个实力雄厚的财团在后面支撑着。根据常用的交易理论证明，一只股票在突破整数关——100、200 或 300——时，上涨的态势是不会停下的，会一路涨上去，所以如果你能在股票才突破整数关时买入，几乎可以确定赚到钱。胆小的人不喜欢在股价创新高时买入，但我喜欢，因为我有股价波动的经验指导我。

“安纳康达”这时只值面值的 1/4 价值，也就是说这只股票只值 25 美元，400 股才等于平时的 100 股，其他的股票面值是 100 美元。我预计“安纳康达”突破 300 美元后会继续上涨，很短时间内会涨到 340 美元。

记住，我依然看淡后市，我同时也是一个按报价纸带交易的人。如果“安纳康达”按我猜想的那样波动应该是很快速的，快速的东西对我一直都有吸引力。虽然我已经学会了耐心和坚持，但我还是非常喜欢快速行动，“安纳康达”绝对不是一只牛皮股。我在“安纳康达”突破 300 美元时买进，是想证明我的观察，我的这种愿望总是很强烈。

这时的买盘强于卖盘，所以大盘可能会轻松地再涨一段时间，因此，在放空前需要再观察一下。不过等待的过程中也可以赚点工资，要达到这个目的，可以在“安纳康达”这只股票上赚 30 点。看空整个股市但却看好这一只股票，所以我买进 32 000 股“安纳康达”，实际上是 8 000 股。这是一只质地不错的小型投机股，我相信自己的判断，这样可以为我放空操作增加保证金。

第二天，因为美国北部的暴风雨或别的什么原因，电报线断了，我在哈定兄弟公司等消息。大家都在闲谈，谈论着自己的猜测，股市交易者都是这样的。后来，我们得到了当天唯一的一个报价：“‘安纳康达’，292 美元”。

这次有一个人跟我在一起，他是我在纽约认识的一个营业员。他知道我做多 8 000 股整股的“安纳康达”，我猜他手里也有一些，因为我们在得知那个报价的时候他大吃了一惊。他不能断定这只股票当时是否又跌了 10 点，照这只股票上涨的样子来看，就算再跌 20 点也都是正常的。我跟他说：“别担心，约翰，明天就好了。”我当时就是这种感觉。但是他看着我摇了摇头，他比我更了解他自己。我笑了笑，在公司里继续等待，期望能得到一些新报价。可是没有，那个"'安纳康达'292美元"就是当天的唯一的报价。这表示我已经有10万美元的账面亏损了，我罪有应得，我得马上有所行动。

隔天，电报线修好了，我得到了新的报价。"安纳康达"以298美元开盘，然后涨到302.75美元，但很快就疲软了，而且其他股票好像也没有再涨了，我下决心，如果"安纳康达"跌到301美元，我就必须得重新考虑了，这可能是个假行动。在正常的涨势中，像"安纳康达"这样的股票应该直奔310美元，如果股价回档了，那就表示先前的例子骗了我，我做错了。我做错了，唯一要做的事就是改正错误，回到正确的轨道上来。我买了8 000股整股，希望上涨三四十个点，这样操作不是我第一次犯错，也不会是最后一次。

果然不出我所料，"安纳康达"真的跌到了301美元，价格一到这个位置我就悄悄地跟营业员说，我要直通纽约总公司的线路，我跟他说："卖掉我账户里所有的"安纳康达"公司的股票，8 000股。"我说话的声音很低，不想让别人知道我在干什么。

他抬头看了看我，眼睛里有些惊恐，我点点头说："全部卖掉，没错。"

"是的，利文斯顿先生，您是否要按市价卖出？"他看起来像是因为办事粗心自己亏了几百万美元一样。我只是跟他说："卖！别多问！"

布莱克兄弟——吉姆和奥利弗，也在公司里，他们离我很远，听不到我跟营业员的说话声。他们是大作手，出生在芝加哥，在芝加哥以炒作小麦而闻名，现在成为纽约证券交易所的大作手，他们很有钱，简直是挥金如土。

我离开了营业员向黑板旁我的位置走过去，这时奥利弗向我走了过来，对我说："利文斯顿先生，你会后悔的。"

我停了下来，问："你说什么？"

"明天你还会买回来的。"

"把什么买回来？"除了营业员，我没跟任何人提起过我要卖股票。

"'安纳康达'，"他说，"你会花320美元再把它买回来的，老兄。你这次干得不漂亮。"他朝我笑着。

"什么不漂亮？"我假装不明白。

"用市价卖出8 000股整股'安纳康达'，实际上，你还在坚持这么做。"奥利弗说。

我知道他非常精明，而且总是靠内部消息赚钱，但他怎么会这么清楚我的交易，我就弄不明白了，我确定公司不会出卖我。

"奥利弗，你怎么知道我卖出的？"我问他。

他哈哈大笑，告诉我说："我从营业员那里知道的。"

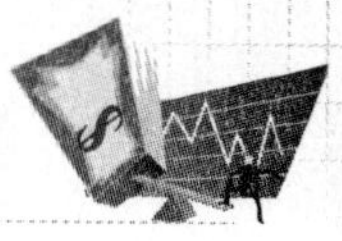

“可是他连动都没动一下呀。”我说。

“我当然听不到你们说的悄悄话，”他笑着说，“但我可以听到发给总公司的电报声。很多年前因为发出的电报有错，发生过严重的争执，过后我学会了发电报。那时候我像你现在这样——口头对操作员下单，我希望营业员能按我说的把消息发送出去，我需要知道他是以我的名义发出去的。你刚卖掉了‘安纳康达’，你会后悔的，它会涨到500美元。”

“但不在这一波，奥利弗。”我说。

他瞪着我说：“你这么自信？”

“不是我自信，是报价纸带告诉我的。”我说。这里没有机器但我知道他明白我指的是什么。

“我听说过一些家伙，”他说，“他们在纸带上看到的不是价格而是列车时刻表，是股票到站和离站的时间，可他们那时已经在四面墙包了软垫的精神病房里，不能伤害到自己。”

还没等我回他的话，一个小伙计拿了一张便条给我，上面写着“299.75卖出‘安纳康达’5 000股”。我知道我的报价落后于纽约证券交易所，我下单时黑板上的报价是301美元，我确定这时候的实价一定要低很多，如果有人愿意用296美元接手我的股票，我会因为可以脱手而欣喜若狂的。这时候证明我不限价操作是明智的，如果我限定以300美元卖出，我可能永远也脱不了手，绝对脱不了！先生，你想脱手时不管怎样都要脱手。

我的成本价大约是300美元，他们用299.75美元替我卖出了500股——当然指的是整股，接下来的1 000股他们是用299.625美元卖出的，100股是用299.50卖出，200股用299.375美元卖出，另外200股以299.25美元卖出，最后一笔用298.75美元卖出。还有一个1 000股的委托花掉了哈定兄弟公司最好的营业员15分钟时间才完成。他们并不希望把股价狠狠地敲下去。

我在得到最后一笔卖出回执单以后开始做我上岸来真正想要做的事情——放空股票。我必须得放空，市场在经过离奇的反弹之后恳求大家放空。大家又开始发出一片叫好声，可盘势告诉我反弹已经走到头了，这时候放空很安全，不用再考虑了。

第二天，“安纳康达”开盘价低于296美元，等着进一步反弹出现的奥利弗一大早就到了交易大厅，等着股票突破320美元。我不清楚他做多这只股票多少股，也不知道他是否做多。但是可以肯定的是他在开盘以后就笑不出来了，而且一整天都没再看到他笑过。这只股票当天又跌了一些，回执单送到我们手里时显示出根本就没了市场。

不管是谁，都需要这样的证明。我的账面利润告诉我，我的操作正确无误，利润每时每刻都在增加，更加证明了我的正确。我当然就又多放空了股票，放空一切股票！因为这是空头市场，是股票就得下跌。我不能再待在佛罗里达了，我放空了相当大笔的空头部分，纽约需要我，我也更需要我自己。棕榈滩离纽约太过遥远，电报的往返耽误了珍贵的时机。

离开了棕榈滩，星期一我必须在圣奥古斯丁停留 3 个小时等火车。那里有一家证券经纪公司，我必须去那里看看盘势。与上一个交易日相比，“安纳康达”又跌了很多，实际上跌势就没停过，一直跌到了当年的秋天。

我回到了纽约，大约用了四个月的时间做空。市场像原来一样，不断有反弹走势出现，我就跟着回补然后再做空。严格地说，我并没有持仓观望。还记得我在旧金山大地震那次的大崩盘中赚了 30 万美元，随后又化为乌有。我决断的正确，但还是破了产，我现在操作很谨慎，因为人经过挫折后会很喜欢身处顺境的感觉，就算还没达到巅峰也是一样的。赚钱的最好方法就是赚钱，而赚大钱的方法就是要在正确的时机做正确的事。在股票投机这一行里，理论和实际必须同时考虑。投机客一定不能只是学生，应该同时是学生和投机客。

我表现得很棒，可现在看来还是能发现很多的不足。夏天来了，市场却变得很沉闷，显然，深秋之前市场是不会有什么大的作为了。我认识的人都去了欧洲或准备要去，这对我来说也是个不错的选择。我把我该出的货都出清了，就搭上了去欧洲的船，这时我大概赚了 75 万多美元。这对我来说是一笔相当大的财富了。

我在埃克斯勒班（Aix-lesBains）逍遥快乐，这个假期是赚来的。这里真是个好地方，前提是得有很多钱，有很多朋友和熟人，而且每个人都想过舒服的日子。在埃克斯勒班要达到这个目的不是很难，我从来没想过这里离华尔街很遥远这个问题，从这一点来看，这里胜过美国所有的度假胜地。我不能和别人谈论股市，我不用交易，还有足够我用很久的钱。此外，我还知道回到华尔街该怎么做，赚很多钱，多到远远超过那年夏天我在欧洲的所有花费。

有一天，我在《巴黎先锋报》上看到一则纽约的电讯，说冶炼公司（Smelters）宣布发送红利。有人炒热了这只股票，而且整个市场反弹得也非常强劲。对于还在欧洲的我来说，这个消息改变了一切。这则消息告诉我：多头集团还在与大势顽强地搏斗，或者说他们在跟常识和诚实搏斗，因为他们知道结果是怎样的，居然用这种方法炒高市场好让他们在暴风雨来临之前

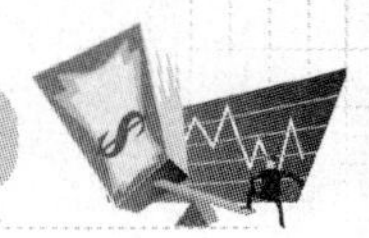

出逃。他们也可能不相信危险会很严重，或者说像我想得这么严重，并且已经迫在眉睫了。华尔街的大户们居然也像政客和普通的傻瓜一样一厢情愿。绝对不应该这样操作，这样操作是致命的。不然，也有可能印股票和销售股票的这些人有足够多的本钱一厢情愿地迷醉在这样的行市里。

总之，我确信在这样的空头市场里所有的多头炒作都会以失败告终。我在报纸上看到这条消息就知道有件令人愉快的事可以做了——放空“冶炼公司”。怎么说呢？他们在面临银根极度紧缩的恐惧中提高配股比率，这些内线这么做就好像跪着求我放空一样。这件事就像小时候有人找我挑战一样，令我非常生气。这可是他们挑战我放空这只股票的。

我发电报给哈定兄弟公司，让他们放空一些冶炼公司的股票，同时还建议我的一些朋友也放空这只股票。我拿到回执单的时候上面的价格比在《巴黎先锋报》上看到的价格要低了6个点，这足以说明问题了。

我原计划打算那个月底回巴黎，再坐三周后的船回纽约。但一看到经纪公司传给我的回执单我就决定改变计划，当天就去了巴黎。到了巴黎之后马上打电话给船务公司，得知隔天就有去纽约的快船。到巴黎后的第二天我就搭上了去纽约的船。

事情就是这样的，我回到了纽约，这比计划提前了一个月，因为纽约是最适合放空股票的地方。我的账户里有50万美元，可以作为保证金，我回到纽约不是单纯为了做空，而是为了证明自己的理论。

我放空了更多的股票，银根越来越紧，短期利率越来越高，股价也越来越低，我已经预测到了这些。我的预见最初让我破了产，现在的我走对了路，赚了大钱。对我来说，作为一个交易者走上了正路才是真正值得高兴的事。我还有很多东西要学习，我知道该做些什么。我不再犯错，不再用半调子的方法来操作股票，解盘在这种交易游戏中占很重要的位置，正确地开始很重要，坚持自己的观念同样重要。我最大的发现就是必须研究和评估整体状况用以预测未来的可能性。简单地讲，就是我必须为自己该赚的钱而工作。我不再盲目地赌博，也不关心怎样精通操作技巧，只把精力放在努力研究和保持清晰的思考上，以便赢得成功。我还发现，没有一个人能免于因愚蠢犯错而陷入危险。如果因愚蠢犯了错，就要为愚蠢付出代价，主管财富的神随时都很警醒，绝对不会忘记把还款单交给你的。

经纪公司在我这里赚了很多钱，我的操作极为成功，大家开始议论我，当然有些话比较夸张。很多只股票的狂跌都是因为我，经常有些我不认识的人走过来向我祝贺。他们对我赚这么多钱都觉得很神奇，可他们一句都不提当初我跟他们说看淡市场时他们说我是疯狂的空头，说我看淡的观点是在股市亏损后的恶意牢骚，那时候他们还认为我预测到银根困难也不是什么了不起的事情。可现在，他们认为，经纪公司的会计用三分之一滴的墨水才能在账簿的贷方写完我名下的获利是惊人的成就。

有朋友告诉我，在很多投机公司里都有人在引用我的话，说我曾经威胁过试图拉抬股价的多头集团。这些集团的情况并不乐观——股市一定会在比较低的底部横盘很久，寻求支撑，以想尽办法拉高很多种股票的价格。一直到现在，他们还常提起我的几次打压行动。

9 月下旬以后，货币市场就像用扩音器一样在向所有人发出警报，可大家都相信奇迹，不愿意卖出手里用作投机的股票。一个熟识的营业员告诉我 10 月的第一周发生的事，让我觉得自己很幼稚，非常惭愧。

你还记得吧，原来的资金借贷都是在交易所的资金调度站进行的。要偿付短期贷款的投机公司收到银行的通知后，大概知道一个借款的数目。就可贷出资金而言，银行当然知道自己还有多少。银行的资金由几家经纪公司处理，这几家公司的主要业务就是做短期贷款。每天快到中午的时候公布当天的新利率，这个数字通常代表到当时为止的平均利率，放款业务通常是用公开竞价的方式进行，每个人都知道基金的行情。从中午到下午 2 点一般没有什么贷款业务，但是一到交割时间——下午 2 点 15 分——经纪商就会知道当天的现金状况，这时就可以到资金调度站，把多余的钱借给别人，也可以借自己需要的钱。这些业务都是公开的。

10 月初的一天，我跟您提到过的那个经纪公司来找到我，告诉我说经纪公司之间的关系很紧张，如果有闲钱也不会放到资金调度站去，因为一些有名的经纪公司虎视眈眈地盯着这些钱，打算瞅准机会一抢而光。而公开的资金调度站没有理由拒绝这些贷款申请，他们的财务流程很健全，信誉度也很好，可是问题在于这些公司一旦借出了活期资金，放款人就没有拿回这些钱的希望了。借方以“无法清偿”为理由，贷款方无计可施，只能延期。所以，证券交易所的会员公司如果有多余的资金可以借给同行，通常会派人到交易大厅而不是调度站。他们会悄声地跟朋友说：“想要 100 吗？”这句话的意思是：“你想借 10 万美元吗？”银行的代理经纪公司马上也改用同样的方法，资金调度站就形同虚设了，你可以想象当时的情形。

他还告诉我，在 10 月，可以由借方自行决定利率，这已经成了证券交易所的惯例。要知道，利率的年利在 100% ～ 150% 之间浮动，我猜，贷方让借方决定利率，从某种意义上说这样做不会让人觉得他们是放高利贷的人。

但可以确定的是，他们得到的利率跟别人一样高。借到钱的人也不会拒付利息，他们用公平的竞争手段获取所需要的钱，也很高兴能拿到这些钱。

情况越来越糟，最可怕的日子终于到了。多头、乐天派、一厢情愿的人以及持有巨量股份的人，他们最初只害怕小额的亏损，现在就像在没有麻醉药的情况下手术一样，得忍受剧痛。这一天我永远都不会忘记——1907 年 10 月 24 日。

很多急于借款的人放出话来，表示愿意以贷款方提出的利率还款。到处都缺钱，那一天借钱的人比平时多很多。那天下午交割时间一到，资金调度站前就围了上百人，他们都想借到他们公司急需的资金。如果没钱的话，他们只能卖出用保证金买进的股票，要不计价格地卖出——这时候在股市上的买主就像资金一样稀少，这个时候看不到任何资金。

我朋友的合伙人跟我一样看淡后市，因此，他们公司不必为了借钱而病急乱投医。但是这个朋友的合伙人来找我，他知道我大量放空整个股市，并且他从来没看到过资金调度站前有这么多憔悴不堪的面孔。

他说："利文斯顿，我不知道现在出了什么问题，我从来没看到过这种情景。一定要做出一些让步，这样是维持不下去的，在我看来，现在每个人都破产了。无法卖出股票，现在市场上半毛钱也没有。"

"我不懂你的意思。"我说。

他答非所问地说："不知道你看到过把老鼠放到玻璃罩里的实验没有？把空气从玻璃罩里抽出来，你能看到老鼠因为缺氧，两侧的肋骨抽动得像风箱一样，呼吸越来越急促也越来越困难，想要从越来越稀薄的空气中吸到足够维生的氧气。老鼠窒息，眼睛几乎从眼眶里爆出来，在不断的喘息中走向死亡。我看到资金调度站前的那些人就想到了这个实验！到处都在寻找资金，没人能卖出股票，也没人打算买。我看，整个华尔街这一刻都破产了！"

他的这些话让我陷入深深地思考，我预测到了大崩盘，但我没预测到美国会陷入到历史上最严重的恐慌之中，这种情形对任何人都没有好处——如果情况再恶化下去的话。

最后情况很明显，在调度站前等待没有半点希望，那里没有一分钱。大灾难发生了。

那天稍晚一点的时候，我听说证券交易所主席托马斯先生在每一家经纪公司都陷入绝境的时候出去寻找援助。他拜访了美国实力最雄厚的城市国民银行（The National City Bank）的总裁詹姆斯·斯蒂尔曼 (James Stillman) 先生，这家银行宣称贷款利率从来没有高过 6%。

斯蒂尔曼与托马斯交谈后说："托马斯先生，我们得去跟摩根谈谈。"

两个人想阻止美国金融史上最大的危机，说一起去摩根信托银行找摩根先生。托马斯把现状告诉了摩根，摩根先生说："去交易所，告诉他们会有钱借给他们的。"

"钱在哪里？"

"在银行里！"

在当年的危难关头，摩根先生让所有人坚定了信心，所以托马斯没有迟疑半刻，连细节都没有问一声就急急地赶回了证券交易所，向被判了"死刑"的经纪公司宣布"缓刑"。

接着在下午2点半之前，摩根派出范恩伯—阿特伯里公司（Van Emburgh Atterbury）的约翰·阿特伯里（John Atterbury）去证券交易所的资金调度站，等钱的人都知道他跟摩根银行的密切关系。我朋友说，这个老经纪人迅速走到资金调度站前，就像信仰复兴大会上的倡导者一样，举起了手。开始大家对托马斯先生的话略感镇定，可现在非常害怕救援计划靠不住，会发生糟糕的惨剧。然而，一看到阿特伯里的那张面孔和他举起的手，每个人都屏住了呼吸。

在一片死寂中，阿特伯里说："我获得了授权，可以借给你们1 000万美元，大家都轻松点，你们每个人都能拿到钱！"

然后，他开始行动了，他没有把放款人的名字告诉大家，只是记下借款人的名字和借款数额，告诉借款人说会有人告诉他在哪里拿钱，他意思是说，稍晚一些借款人就可以去银行里拿钱了。

一两天后，我听说摩根先生只是放话给恐慌之极的纽约银行家，让他们一定得保证证券交易所需要的资金。

"可是我们没有钱了，我们已经到了放款极限了！"纽约银行家们抗议着。

"你们还有储备金！"摩根厉声地说。

"但那些储备金已经低于法定限度了。"银行家们哀声说。

"那也得拿出来！这就是储备金的用途！"银行家们只能奉命行事，这次一共动用了2 000万美元的储备金，股票市场才得到挽救。银行到第二个星期才开始恐慌。摩根是位勇者，这让别的银行家望尘莫及。

这一天是我股票作手生涯里最值得纪念的一天，就在这一天，我赢得了100万美元，这证明了我第一次精心规划的交易计划的成功。我预测的事情发生了，但最重要的是：我那疯狂的梦想实现了。那一天，我当了国王！

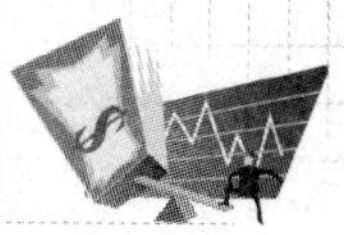

我会解释的。我到纽约的这几年常常动脑筋找原因，为什么我 15 岁在波士顿的投机公司里的方法不能用在证券交易所的会员公司里。我知道，我会找到错误的原因，以后不再犯。那时候我不但有赢得成功的意志，而且还有确保一切正确的知识，这些代表一种权力。

别误会，这不是无边无际的梦想，也不是虚荣心生出来的狂妄，而是一种感觉，那个让我在弗勒顿和哈定兄弟公司备受困扰的股市，有一天会听命于我。我知道这一天终究会到来，这一天就是 1907 年 10 月 24 日。

我之所以这么说，是有原因的。那天早上，一个替我做了大量做空交易的经纪人和华尔街一家最有名银行的合伙人同车。在车上，我的这个经纪人朋友跟银行家说我交易的数量有多大，我在尽最大的力量去赌博。除非可以从这些交易中得到好处，不然就算正确也没任何作用。

可能这个经纪人朋友说话太过于夸张，以便让他的话听起来更动人一些，也许我的信徒比我想象的要多很多，也可能这个银行家对于危急的现状比我了解得更清楚，总之，我的这个朋友对我说："我告诉他，你曾说过，只要再推一两下，市场上的卖压会更严重，那时候情形会更危险，他听得非常认真。我说完这些话后，他对我说，过一会儿可能有些事需要我帮忙。"

证券经纪商发现不管利率开得有多高都贷不到一分钱的时候，我知道时机来了。我派了一些经纪人到各个经纪公司去。"联合太平洋铁路"接不到一张买单，不管价格有多低！想象一下这样的情形，而且其他股票也是一样的，没有资金的支持，没有人会在这个时候买股票。我的账面利润非常可观，如果要打压股票，只要发出卖出委托单，卖出"联合太平洋铁路"和五六家现在发放红利的股票就可以了。如果每种股票卖出 1 万股，一定会引起一片哀鸣。这么做一定会加速恐慌的蔓延，以至于证券交易所的理事会会认为把交易所关了会比较好，就像 1914 年 8 月世界大战爆发时一样。

这样会让我的账面利润增加，可我没法把这些利润变成真实的钞票。但是还得考虑一些别的问题，其中之一就是：情况再严重一些，会让我当初料想的经济复苏后延，会阻挠"大失血"后的体能恢复，这样的恐慌对国家会造成很大的伤害。

经过考虑，我认为既然再大力度放空不是聪明之举，对任何人都没有好处，现在还要做空是不合理的，所以我转放空为买进。

我的经纪人开始替我买进——顺便提一下，我买到了最低价——那个银行家知道后就把我朋友找了去。

"我有事想请你帮忙，"他说，"我想请你立刻去找到你的朋友利文斯顿，告诉他，希望他不要再卖出任何一只股票了，这个市场不能再承受一点压力了。情况就是这样的，要驱散毁灭性的恐慌是件很困难的事，请你的朋友从国家的角度考虑，这么做是牺牲小我成就大我。他说什么话请你马上如实地告诉我。”

我的这个朋友立刻来找我。他是个老练的人，我猜想他认为我既然要打垮股市，他的请求就如同放弃赚 1 000 万美元的机会一样，他也知道我痛恨那些大户，因为他们一直千方百计地要把股票倾倒给大众，而他们和我一样，知道将要发生什么事情。

实际上，大户的损失惨重，我在最低点买的股票都是那些金融界巨子名下的股份。我当时不知道这些，但这也并不重要。我这时候补回了所有的空头仓位，而且在我看来，在廉价买进的同时还可以协助股市出现迫切需要的回升——当然，这得在没人打压的情况下。

我告诉我的朋友：“请您告诉布兰克先生，我非常赞同他的观点，而且在你来找我之前，我已经明白了问题的严重性。今天开始我不会再卖出一只股票，而且会尽我所能地买进股票救市。”我遵守了我的诺言，那天我买进了 10 万股做多，在此后的 9 个月里我没卖出一只股票。

这就是我说的美梦成真，那一刻，我真的成了国王。股市在那天的确任人宰割，我从来没幻想自己很伟大，事实上，我被华尔街的流言夸大其词，我的感受想必你能了解。

我毫发未损地脱身了，报纸上说少年赌客拉瑞·利文斯顿赚了几百万美元。的确，那天收盘后我的身家超过了 100 万美元，对我来说，我赢得的不只是钱，而是别的东西：我做得正确，我向前看，并且遵照明确的计划行事。我学会了赚大钱必须要做的事，我从此脱离了赌客的阶层，终于学会了怎样聪明地做大手笔的交易，这是我一生中非常重要的日子。

投机客的敌人
——希望和恐惧

1. 太阳底下无新事，股市犹然。

2. 探究错误的原因远比研究自己的成功有益得多。人有逃避惩罚的天性，把一些错误和失败联系在一起，你不会希望发生第二次。所以，股市里的所有错误都会伤害你的两个敏感地方——你的口袋和你的虚荣心。

3. 看盘没有想象的那么复杂，当然这需要经验的支持，但是最重要的是记住一些基本准则。盘势不会替你算命，大盘不会告诉你在下星期四下午1点35分时你的身家值多少。看盘的目的是要确定两点：（1）如何交易；（2）何时交易。也就是说，买比卖要重要，不管是股票、棉花、小麦、玉米还是燕麦，道理都是一样的。

4. 进入市场的前提是知道该买进还是卖出。

5. 投机者如果要从市场上赚钱，不能坚持让大盘跟着自己的看法走，永远不要跟大盘争论，问大盘“为什么”或要求其“解释”。事后替股市分析找病因对自己没有任何帮助。

6. 投机客的敌人总是从内心里冒出来，人性跟希望、恐惧同时出现。成功的投机客必须克服这两个顽固的本能，还必须克服人性中称之为冲动的东西。在充满希望的时候应该要害怕，而在害怕的时候应该充满希望。他必须害怕损失越来越大，希望利润变得更大。如果跟普通人一样在股票上赌博，那绝对是错的。

探究错误的原因远比研究自己的成功有益得多。人有逃避惩罚的天性，把一些错误和失败联系在一起，你不会希望发生第二次。所以，股市里的所有错误都会伤害你的两个敏感地方——你的口袋和你的虚荣心。我会告诉你一些奇怪的事：股票投机商有时候也会犯错，而且还是在知道的情况下犯的错。犯了错之后，他还会问自己错在哪里，惩罚的痛苦结束后还会经过很长一段时间的冷静思考，他才会知道自己是如何犯错的，也回忆起是在什么时候犯错的。在交易中的一个特定时点会犯错，但不知道为什么会犯错，然后会痛骂自己，接着就过去了。

如果这是个聪明而又幸福的人，他不会犯相同的错误两次，但是他会犯

跟原来的错误有上万种“兄弟”或“表亲”关系的错——错误家族异常庞大，因此你得明白，总有一个错误在你身边，只要你一做蠢事，它就出现。

我要告诉你关于我的第一个100万美元后犯错误的故事，所以我们必须得回到我成为百万富翁的那个时候，也就是1907年10月大崩盘之后。

对我的交易来说，拥有100万美元只代表一笔数目庞大的备用金。钞票不是生活舒适的必要条件，因为不管是穷还是富，犯错的感觉是不会舒服的。百万富翁在顺风顺水的时候，钱只是他众多仆从中的一员。亏钱是不会让百万富翁困扰的事情，我接受损失之后，亏损就不会再打扰我了，第二天我就会忘掉。但是错误——在不认亏的时候——却对口袋和心灵有杀伤力。

你是否还记得狄克森·华兹的故事，他说他非常紧张不安，他的朋友问他发生了什么事。

“我睡不着。”这个人紧张说。

“为什么会睡不着？”他朋友问道。

“我做多了太多的棉花，所以翻来覆去睡不着，弄得现在筋疲力尽，我该怎么办？”

“卖掉，直到你睡得着为止。”他的朋友对他说。

人能快速适应现状，但因此也会丧失敏锐的洞察力。他还感觉不到有多大的差别，也就是说他不记得自己还不是百万富翁时候的感觉，只是觉得原来很多不可以做的事情现在可以了。年轻、正常、理智的人通常由俭入奢易，由奢入俭难。我想这就是钞票挖掘出来的需求，或者说鼓励了人的消费欲，我的意思是，一个人在股市里赚了很多钱，他马上就会戒掉不花钱的习惯，但他亏钱以后花了很长的时间都没法除去花钱的习惯。

1907年10月，我回补空头仓位后不久，决定要去放松一下，我买了一艘游艇，计划去南部海域航行。我喜欢钓鱼，很久以前就想享受一下这项运动了。我期待这个假期，也想随时出发，但是我没去成，市场不让我去。

我做股票的同时也在做期货。我是从投机公司里发迹的，我研究这些市场很多年，不过对股市关注更多一些。事实上，我宁愿做期货而不愿做股票。期货和股票比起来多一些商业冒险的成分，可以像接触任何商业问题一样去接触期货。你可以用虚假的论证来赞成或反对市场上的某种趋势，只不过这些都是暂时的，因为最后事实会证明一切，交易者靠研究和观察赚得利润，就像做真正的生意一样。期货这一行不用防备内线集团，在棉花、小麦和玉米市场上不会在一夜之间就通过配股配息方案，也不会突然之间就增加配股配息。从长远来看，商品价格只受供需法则主导，期货交易者的工作只是取决于市场上的供需关系，现在的或未来的。不用再像做股票一样忙着猜测十几种情况的原因和目的，所以，期货对我一直深具吸引力。

当然，只要是投机市场都会发生同样的事情，盘势的信息都是一样的，对于肯花精力思考的人来说，这一点十分明确。他会发现，如果他提出一些问题，并以各种状况为参考，答案会直接显示出来，但很多人从来不肯动脑子提问题，就更不用说找答案了。美国人在很多时候都非常多疑，只有在经纪公司里看盘的时候例外，不管是看股票还是期货。在所有的游戏中最值得在玩之前做足研究工作的就是投机游戏，刚好相反，美国人没有利用本性中的警觉和多疑，没有任何准备就投入这种游戏中，他们会拿出一半家产在股市中冒险，其考虑还不及选择一部中等价位的汽车那么多。

看盘没有想象的那么复杂，当然这需要经验的支持，但是最重要的是记住一些基本准则。盘势不会替你算命，大盘不会告诉你在下周四下午 1 点 35 分时你的身家值多少。看盘的目的是要确定两点：（1）如何交易；（2）何时交易。也就是说，买比卖要重要，不管是股票、棉花、小麦、玉米还是燕麦，道理都是一样的。

关注大盘记录下的价格走势，制订一个目标，决定一个方向，也就是判断价格趋势。我们知道，股价会根据遇到的力量上涨或下跌，为了方便解释，我们说股价会像别的事情一样，沿着抵抗力小的路线前进，沿着最容易走的路走，如果上涨阻力比下跌的阻力小，价格一定会上涨，反之亦然。

走势适度展开之后谁都不应该还不清楚后面的走势是向上还是向下。对于拥有正常心智和清晰思路的人来说，趋势会很明显。对于投机的人来说拿事实硬套自己的理论是不明智的，他们应该知道自己所处的市场是多头还是空头，如果知道这个就应该知道是该买进还是卖出。所以，进入市场的前提就是知道该买进还是卖出。

假如我们的市场处在两大波动之间，只在 10 点之间起伏，最高涨到 130 点，最低跌到 120 点。在底部的时候走势看起来是疲软的，或者上升 8 ～ 10 点的过程看起来很强劲，这个时候交易者不该按表象行事，他应该等到大盘走势成熟的时候才开始交易。很多时候，人们是因为价格看起来便宜才买进股票，因为价格贵才卖出，这么做可能会损失千百万美元。投机客不是投资人，他不是靠着高利率让自己的资金得到稳定的报酬，而是靠投机标的价格的上涨或下跌获利。所以，要选择阻力最小的投机路线交易，他要做的是等待这条路线自行确定，这就是行动的信号。

当大盘涨到 130 点时，卖盘比买盘有力，所以这时候回档是理所当然的。

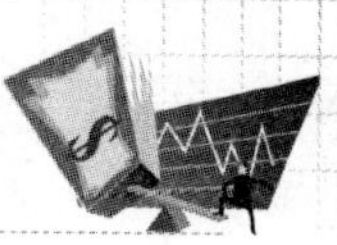

卖盘强过买盘是很明显的，经验不丰富的人却可能会判断价格会在150点前停顿，于是，他们买进。但是一到回档，或卖压造成小跌，他们就不再坚定地抛光所持股份看淡后市。这时大盘跌到120点，跌势遇到支撑点时，买盘力度强过卖盘压力，出现反弹，空头又回补。很多人经常这样两面挨耳光，不得不让人为他们的执迷不悟和不能吸取教训而感叹。

最后发生了一些事，这增加了涨势和跌势的力量，使得阻力点和支撑点相应地移动——也就是说在130点时买盘大过卖盘，在120点时卖盘大过买盘。价格会突破原来的阻力点继续前进。这样使得大盘在120点时市场信心受损，有很多人会放空，而在130点时因为走势强劲，会有很多人做多，等到盘势开始对他们不利，经过一段时间他们不是被迫转向，就是被迫轧平。不管怎样，他们会协助确定阻力最小的价格路线，因此聪明而有耐心的交易者会等待，等待在这些人的帮助下确定交易情势，同时也可以利用原来预测错误而现在全力改错的这些人的力量，把价格推到安全的路线上。

我不会把这个当成数学上的必然性，也不会当成投机的至理名言，我要说的是，每天我判断出阻力最小的路线，决定市场方向时，总有意外的事会顺从我的方向，也就是总有突发事件会协助我完成操作。还记得我说过的在萨拉托加的“联合太平洋事件”吗？那次做多是因为我发现了阻力最小的上涨路线，我应该坚持的，不该听信“内部人士正在抛售”的传言。公司的董事们怎么想并不重要，反正他们所想的并不能让我知道。后来就是提高配股比率，股票大涨了30美元。164美元的股价看起来有点高，可就像我原来说的一样，股价就算再高也不会高到不能买进，再低也不会低到卖不出去。价格跟我确定的路线没有关系。

如果你按我说的做，你就会发现，在实际交易中头一天收盘和第二天开盘中间发布的任何消息通常都可以配合阻力最小的路线。在消息发布之前盘势就已经确定了，在多头市场上，如果发布的消息是利空的，那会被人忽略；如果是利多的，就会被人为地夸大，反之亦然。

世界大战爆发前，股市处在疲软状态中。当德国宣布限制潜艇战政策，我马上放空50万股，不是因为我知道会发布这条消息，而是我正沿着阻力最小的路线操作。从我的角度讲，德国宣布这个政策就像晴天霹雳一样，我当然要利用这个机会当天就回补了所有的空头部位。

看盘，然后确立你的阻力点和支撑点，选择对你来说阻力最小的路线，沿着这条路线交易，听起来好像很简单，但在实际交易中，必须得注意很多事，最值得关注的就是这个人自己——他的人性。这就是我一直说的行动正确的人的两个力量——基本情势和犯错的人——在帮助他。在利多市场中，利空的因素总是会被忽略，这就是人性。可是大家总是会对这个表示震惊，会有人告诉你，说小麦作物完了，因为有一两个地区气候恶劣，还有一些农夫破产了。等到了收获季节，小麦产区的农夫们把小麦送到谷仓时，他们才惊讶地发现，受灾并不如他们想象的那么严重，他们发现自己帮了空头的忙。

在操作商品期货的时候，一定不要被顽固的观念所左右，必须思路清晰，灵活善变。但是不管你对作物的状况或可能的需要有什么看法，而不理会大盘的信息都不是明智之举。我就做过这样的错事，这么重大的失误完全是因为我一直试图等待行情发动的信号。我对当时的情势很有把握，因此我认为不用等到阻力小的路线自行确定下来就可以出手了。甚至，我还以为自己的行动可以帮助这个路线确定下来，因为那时候看起来只要一点点动力就可以。

我看好棉花，那时候的棉花价格在每磅 12 美分上下徘徊，波动的幅度非常小，这是两大波动之间的走势，我能看到这一点。我知道我要做的只是等待，但是我居然认为如果我稍微推动一下，价格应该会突破阻力价位。

于是，我买进了 5 万包棉花，果然，价格涨上去了。我一停止买进，价格也停止上涨，接着又回落到我买进时的价位。我一退出，价格就不再下跌了。我认为我更接近出发点了，于是我认为应该立刻再度行动,. 于是同样的事情又发生了一次。我抬高了价格，一停止买进价格就回跌，我这样做了四五轮，最后愤愤地放弃了，算下来我一共亏了 20 万美元。不久之后，棉花开始上涨，涨势强劲，一直达到了可以让我大赚特赚的一个价位——如果我不那么着急的话。

有过这种经历的人太多了，因此，我可以制订出下面的规则：在窄幅波动的市场里，价格的涨跌微不足道，窄幅盘旋的时候，预测下一个大波动往上还是往下也是没有任何意义的。这时候应该做的事情就是观察市场，解读大盘，判断窄幅波动的价格上限和底限，在价格突破之前坚决不采取任何行动。投机者如果要从市场上赚钱，不能坚持让大盘跟着自己的看法走，永远不要跟大盘争论，问大盘“为什么”或要求其“解释”。事后替股市分析找“病因”对自己没有任何帮助。

不久前跟朋友们在一起聊天，他们都在谈论小麦，有些人看好，有些人看坏，后来他们问我对此的看法。我曾经研究过一段时间的市场，我知道他们想知道统计数字和情势分析。于是，我说：“如果你们谁要想在小麦上赚点钱，我可以告诉你们该怎么做。”

他们都说愿意，我就跟他们说：“如果你想在小麦上赚钱，那你得根据

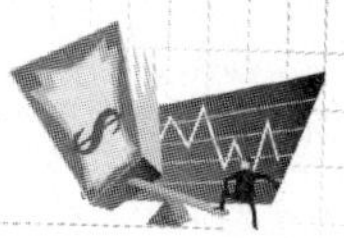

情况等待，小麦突破 1.20 美元每英斗就买进，这样很快就可以得到非常可观的报酬。”

“为什么不在现在的 1.14 美元买进呢？”其中一个人问。

“因为我还不确定小麦是否会涨上去。”

“那为什么要在 1.20 美元处买进呢？那似乎算是一个比较高的价格了。”

“你是想通过盲目地赌博获得庞大的利润呢，还是希望以理性的、数量不多但非常稳定地获得利润呢？”

当然，他们都想获得稳定的利润，于是，我说：“所以，就照我的话做，如果小麦突破 1.20 美元就买进。”

之前我说过，我观察小麦很长一段时间了，这几个月，小麦的价格都在 1.10～1.20 美元之间震荡，没有特定的走势。有一天，小麦收盘价超过了 1.19 美元，我知道，我行动的时候到了。果然，第二天小麦就以 1.205 美元开盘，我马上买进，小麦一路上扬，涨到了 1.21 美元、1.22 美元、1.23 美元，一直涨到 1.25 美元，我一路加码。

在价格窄幅震荡的时候我不能告诉你情况会怎样，我对小麦的这种表现没有任何解释。我不能告诉你是要向上突破还是要向下下探，但我认为应该是要上涨，因世界上没有足够多的小麦让价格大跌。

实际上，欧洲一直在不动声色地买进，很多交易者在 1.19 美元时卖出。由于欧洲人的买进，也许还有别的原因，很多小麦从市场上消失了，这样就引起了大的波动：价格突破了 1.20 美元的阻力位。这是我最重要的观点，也是我所需要做的唯一的一件事。我知道小麦突破 1.20 美元时，一定是因为积蓄了足够的力量，而且一定发生了什么事。也就是说，突破了 1.20 美元关口代表小麦价格阻力最小的路线确定了，后面的情形就不同了。

记得那天是美国的公休日，美国所有的交易市场都休市，但在加拿大的温尼伯格（Winnipeg）小麦以每斗上涨 6 美分的价格开盘，第二天美国市场开盘时，也上涨了 6 美分。价格一定会沿着阻力最小的路线前进。

我在买进做多时，喜欢付高价，我在放空卖出时，一定要卖到低价，否则不会放空。可是让人吃惊的是，很多经验丰富的交易老手听到我这样说都是一副不可置信的样子。如果交易者都是按这个投机守则行事——就是等待阻力最小的路线自行确立，大盘说上涨时买进，大盘说下跌时卖出，并且应该一路加码——要赚钱并不是件难事。比如，先将要投入资金的 1/5 进行买进，如果这部分没有利润，一定不能加码，因为这表示做错了，或者说至少暂时错了。在任何时候犯错都不会赚到钱。大盘说会上涨，不见得就是假的，可能大盘在这时会说“现在还没到时候”。

我在棉花交易上有一些成功的经验，我对棉花的交易有自己的一套理论，而且绝对会遵照这个理念行事。假设我认定我的仓位应该要有4万～5万包棉花，我会研究盘势，观察买进和卖出的时机，如果阻力最小的路线确立并显示为多头，我会先买进1万包，成交之后如果市场比我买入的价格上涨10点，我会再买1万包，同样地，之后如果还能拿到20点利润，也就是每包有1美元的利润我会再买2万包。但是如果我在买入第一个1万包之后出现了下跌走势，我会卖光所有的。我错了，可能只是暂时的，但就像我前面说的那样，任何事情如果开始就是错的，那就不可能会赚到钱。

我坚持自己的这套理念，成果就是每次棉花有真正波动我都建有仓位。在我积累全部仓位的过程中可能会试探性地交易一部分，这样会损失5万～6万美元，这么看起来好像代价很大。其实不然，你知道在真正的走势开始后，我需要多长时间才能赚回我损失掉的，以便确定我在正确时刻开始加码的50 000美元吗？不超过半小时！如果你在正确的时刻做了正确的事，就一定会有回报的。

希望在前面已经清楚地说明了我自己的交易系统。事实上，要证明这一点，也就是你在正确的时候下了大注，为此损失了一点试验性的小赌注是明智的，这需要简单的算术知识。如果有人按照我的描述方式交易，他一定能赚到钱，也能够在大赌注中获利。

专业的投机者会有自己的一些操作系统，这些系统以他们的经验为基础，以他们对投机的态度或自身的欲望为主轴。我想起了在棕榈滩遇到的一位老先生，他叫什么我记不清了。但我知道他在股市里沉浮了几十年，甚至可以追溯到南北战争的时候，有人说他是个聪明的老妖怪，经历过非常多的经济繁荣和恐慌。因此，他常说：“太阳底下没新事，股市之中更是少之又少。”

这个老先生问过我很多问题，我说完我平时的交易方法后他不停地点头，说：“很好！非常好！你这么做非常正确。你的加码方式、思考方式使这个操作系统成为对你很有用处的系统，你很容易按你的设想行事，因为你投下去的钱对你来说不构成心理负担。你让我想起了西恩，哦，你知道这个人吗？嗯，他是很有名的一个投机客，在我们公司开过户。他非常聪明，还很大胆。他在股票上赚了很多钱，因此别人向他求教，他很乐意分享。如果有人直截了当地问他对他们所持股票的看法，他就用常用的赛马格言回答：‘在你下注之前什么都不好说。’他在我们公司交易，他会买一些热门股，一次买100股，如果上涨了1%，他就再买100股，再涨1%，他就再买100股，

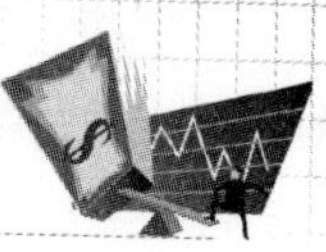

如此这般。他说他玩这个游戏不是要替别人赚钱，所以，他会在最后买进的价格之下 1 点设定止损委托单，如果价格不断上涨，他要做的只是把止损点相应地往上移，遇到 1% 回档，就当即止损出场。他宣称，不管是从他的原始保证金还是账面利润来看，亏损超过 1 点都是没道理的事情。

“你要知道，专业赌徒不做长线，专做短线。当然，如果时机合适，做长线也不错。西恩在操作中不追求内部消息，也不奢望捉住在一周之前上涨 20 点的走势，而是追求用足够的量来赚取稳定的利润，让他过上有品质的生活。我在华尔街遇到过成千上万的投机客，西恩是唯一把股票投机看成是牌九或轮盘赌的人，不过他的头脑总是清醒的，总是能够坚定地使用一套十足健全的赌博方法。

“西恩过世后，在我的顾客中有一个跟西恩交往甚密的人，他用西恩的交易方法在‘拉卡湾纳’（Lackawanna）这只股票上赚了超过 10 万美元。后来他改做别的了，他因为赚了足够多的钱便认为不再需要西恩的理论了，回档出现时他不但没有止损，反而让损失不断扩大，当然，他最后把每一分钱都亏掉了，他退出市场时还欠我们几千美元。

“他这样撑了两三年，在钞票都消失后很久，他还是那么狂热，只要他自制，我还是不反对他在我的公司里交易的。我记得他承认过，说没有遵守西恩的交易规则实在是愚蠢到了极点。有一天，他跑来，神情非常紧张，要我借一些股票给他放空。他是个好人，当年也是个好顾客，于是我告诉他我以个人的名义替他担保，让他放空 100 股。

“他放空 100 股休尔湖（Lake Shore）股票，这时正是 1875 年比尔·特拉维斯打压股市的时候。我的这个叫罗伯兹的朋友在正确的时机放空了正确的股票，并且按西恩的方法，一路加码地卖，后来，他又放弃西恩的方法，改为让希望做主导。

“罗伯兹经过 4 天的加码放空，账户已经有 15 000 美元的利润。我注意到，他没有做止损委托，就提醒他这件事，他对我说，崩盘还没有完全展开呢，他不想被 1 点的回档洗掉。这时是 8 月，9 月中旬之前，他向我借 10 美元买婴儿车——他的第四个孩子出生了。他没有遵从已被证明成功的操作系统，这是大部分人都会犯的错。”说完，这个老头儿就摇了摇头。

他说得对，我也会认为投机是一件违反客观规律的事情，因为投机客对抗的敌人是自己的本性。所有人性的弱点都是投机成功的致命伤。这些弱点通常可以把他变成普通人，在其他行业里，这个弱点不会具有这么可怕的杀伤性，只有在投机市场里是危险的。

投机客的敌人总是从内心里冒出来，人性跟希望、恐惧同时出现。在投机中，如果你做错了，你会希望错误的日子快点结束——如果你不依赖希望的话，你就不会亏那么多——你的这种希望非常强烈，就像可以调遣大大小小的开国元勋和开疆拓土的功臣一样。市场走势对你有利的时候，你会担心明天这些利润都消失了，所以你就退出了，只是退出得太快，非常害怕保不到应该赚的钱。成功的投机客必须克服这两个顽固的本能，还必须克服人性中称之为冲动的东西。在充满希望的时候应该要害怕，而在害怕的时候应该充满希望。他必须害怕损失越来越大，希望利润变得更大。如果按普通人一样在股票上赌博，那绝对是错的。

我从 14 岁开始就从事投机游戏，这是我这么多年唯一做过的事。我知道我现在说的是什么，我经过了三十多年的不间断交易，从只有数目微小的保证金到数百万美元做后盾，我得到一个结论：一个人可以在某段时间里打败一只股票或一类股票，但是不可能打败股市！一个人可以从棉花或谷物的交易中赚钱，但不会有一个人能够打败棉花市场或谷物市场。就像赛马一样，一个人可以赢一场马赛，但不可能次次都赢。

如果我知道可以让这些话听起来更有说服力的方法，我一定会那样做。我知道我的说法是非常正确的，不容置疑。

第十一章

投资应像一个桌球专家

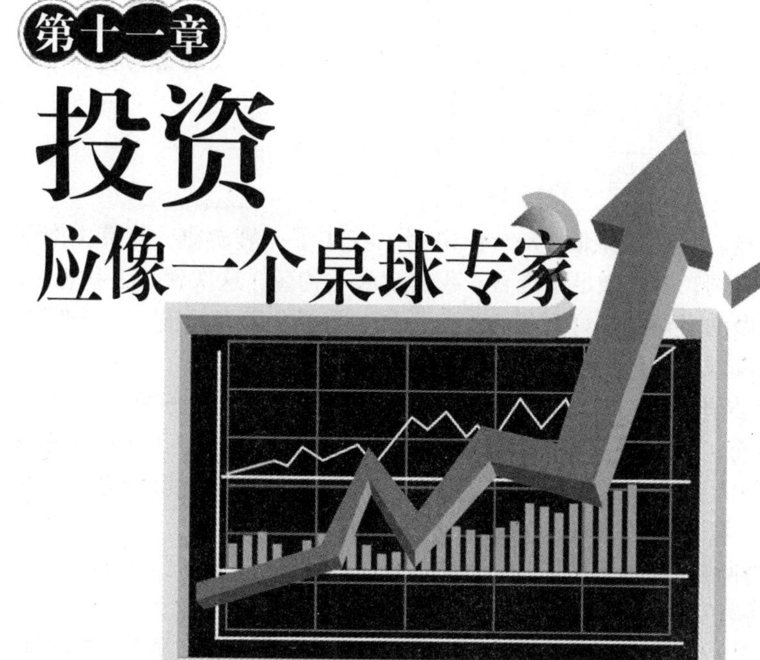

在投机这一行当中，赚钱和亏钱的原因就是看待问题的方法不同。普通人的操作只有业余水平，这种自我主义妨碍了他们，所以他们的思考不深刻也不透彻。专家只想把事情做得正确，而不是关心赚多少钱，他知道他的先期工作都做好了，自然会赚到钱。交易者在投机时要像一个桌球专家——也就是有能力看到下面要发生的很多步。交易者为占得先机而行动——这必须变成直觉。

现在，我们来谈谈 1907 年 10 月。我买了一艘游艇，打算去南部海域航行一段时间，为此做足了准备。我非常喜欢钓鱼，这次就是去我想去的地方、做我想做的事情的最好时机。我在股票上赚了非常多的钱，一切都准备好了。可是，没想到，最后一刻，玉米把我留了下来。

我必须解释一下，在那次金融恐慌中我赚到了人生的第一个 100 万美元，在那之前，我就在芝加哥做谷物的期货交易了。我放空了 1 000 万英斗小麦和 1 000 万英斗玉米，在研究了很长一段时间谷物期货市场之后，我就像看空股市一样看空玉米和小麦的期货市场。

两种谷物开始下跌了，在小麦的下跌过程中，芝加哥最大的作手之一——斯特拉顿（Stratton）突然决定要垄断整个玉米交易。我卖光了所有的股票，准备驾着我的游艇到南方去，这时我发现，我在小麦交易上得到了非常丰厚的利润，但斯特拉顿抬高了玉米的价格，我的亏损相当大。

我知道，美国的国内玉米数量比交易牌上的要多很多，供需法则有它自己的作用，但斯特拉顿就是买方市场，而卖方市场根本就没出现，因为玉米的运输不顺畅。我还在那时候祈祷神的帮助，让道路堵塞的情况得到解决，让农夫可以把玉米运到市场上来，可我的祈祷没起任何作用。

事情就是这样的，出游的计划已久，我期待着让我兴奋的钓鱼之旅，可却被玉米的亏损给拉了回来，我不能在这样的情况下离开。斯特拉顿当然会关注头部仓位，他知道他已经把我逮住了，我跟他一样非常清楚这些。我那时候希望能说服天气，让天气按我的想法忙碌起来，帮我的忙，但天气或那些可以创造奇迹的人都没注意我的需要，于是，我必须得靠自己的努力研究

出脱离这种困境的办法来。

我轧平小麦，得到了非常丰厚的利润。但玉米对我来说就棘手很多了，如果我能以当时的价位补回自己的 1 000 万英斗的玉米，我会高兴地立刻行动，虽然这样损失会很大。当然，如果我一开始就买进玉米，斯特拉顿就会用尽全力地轧空我，我可不能因为自己的买进而抬高我要付出的价格，这样就像是自己拿着刀子割自己的喉咙一样，让我不舒服。

玉米的走势很强劲，我钓鱼的欲望也很强烈，我必须立刻找到脱困的办法。我必须有一次具有战略性的撤退，我得买回我放空的 1 000 万英斗玉米，同时要尽量降低我的损失。

这时斯特拉顿也在操作燕麦，并且也成功地垄断了燕麦市场。我一直在注意谷物市场，包括研究收成和交易厅的小道消息，我听说强大的铁甲集团（Armour）在仓位方面对斯特拉顿有意见。我知道，斯特拉顿绝对不会让我买到我所需要的玉米，除非我以他规定的价格买进。当我知道铁甲集团以斯特拉顿为敌，我想，我也许可以得到芝加哥交易者的帮助。他们帮我的办法只有一个，就是卖给我斯特拉顿不肯卖给我的玉米，别的事就好办了。

首先，我发出一些委托单，以每隔 0.125 美分的价格向下买进，每张单子买进 50 万英斗玉米。发出这些单子之后，我向四家经纪公司同时发一张单子，每家以市价卖出 50 万英斗燕麦，我相信这些单子应该会很快就影响到燕麦的价格。我知道，普通交易者在这时一定会思考，他们一定会认为这是铁甲集团在向斯特拉顿宣战。他们看到有人在打压燕麦的价格，马上就会意识到下一个被打压的对象就是玉米，他们一定立刻开始卖出玉米，如果他们的行动能敲开玉米的垄断状况，我一定可以得到非常惊人的利润。

我对芝加哥的交易者的心理判断非常正确，当他们看到各处的卖单打开了燕麦的价格以后立刻开始打压玉米，并且尽可能地卖出。我在之后的 10 分钟里居然买到了 600 万英斗玉米，我发现他们停止了卖出，于是就以市价买进另外需要补回的 400 万英斗，当然经过这些操作后玉米的价格再次上涨，就算如此，这个价格也仅仅比从芝加哥交易者手中回补到的价格高 0.5 美分。我放空了 20 万英斗燕麦，只亏损了 3 000 美元，却促使别的交易者卖出玉米使我回补到这些燕麦的空单，这可是个非常便宜的空头诱饵。我在小麦上赚到的利润弥补了在玉米上的大部分亏损，这样算下来，我在那一次的谷物交易中总共亏损了 2.5 万美元。这之后，玉米每英斗上涨了 25 美分，不用说，这一次斯特拉顿捉住了我。如果我不考虑价格高低就开始买进 1 000 万英斗玉米，还不知道要付出多高的代价呢！

一个人从事一种职业很多年之后不会再像一个初入行者一样，没有一点专业思考问题的方式，专家和门外汉的差别就在这里。在投机这一行当中，赚钱和亏钱原因就是看待问题的不同方法。普通人的操作只有业余水平，这种自我主义妨碍了他们，所以他们的思考不深刻也不透彻。专家只想把事情做得正确，而不是关心赚多少钱，他知道他的先期工作都做好了，自然会赚到钱。交易者在投机时要像一个桌球专家——也就是有能力看到下面要发生的很多步。交易者为占得先机而行动——这必须变成直觉。

我还记得一个关于爱迪生·坎马克（Addison Cammack）的故事，这个故事可以很明白地表达出我要说的重点。我听到的故事让我认为坎马克是华尔街有史以来最厉害的股票作手，他不是大家想象的那种死空头，但是他有能力利用人类的希望和恐惧这两大本能来帮助他操作，这个吸引力真是太大了。他有一句名言："在元气还在向上时做空是不明智的，这时不能做空。"前辈们告诉我，他的一些最大的利润都是靠做多赚来的，很显然，他不是依靠偏见而是顺应大势来操作的。总之，他是个非常高明的投机客。有一次，离多头市场结束还有一段很长的距离，他在这时看淡后市，财经记者兼评论家亚瑟·约瑟夫知道了这一点。但是在一些多头领袖和报纸乐观报道的引导下市场不但很强劲，而且还在不停地上涨。约瑟夫知道空头的报道对坎马克这样的作手有多大的帮助，有一天，他急急忙忙地来到坎马克的办公室，给他带来了一个好消息。

"坎马克先生，我有一个很可靠的朋友，他在圣保罗公司做交割员，他刚刚告诉我一件事，我觉得我必须让你也知道。"

"什么事？"坎马克的神情很冷淡。

"你已经调转方向了，是吗？你现在已经看空后市了吧？"约瑟夫想要确定这一点，如果坎马克对这类事情没有兴趣，他不会浪费宝贵的唇舌。

"对，有什么好消息吗？"

"我今天到圣保罗公司里转了一下，我一个星期要在那里转两三圈去采访新闻，我在那里的朋友对我说：'老头子正在卖股票呢。'他指的是威廉·洛克菲勒。我问他：'你确定吗？'他说：'非常确定，他每隔 0.375 美分向上卖出 1 500 股，我这几天都在替他交割这些股票。'我没有浪费时间，立刻就来告诉你这个消息。"

坎马克不是一个容易兴奋的人，而且重要的是，他已经很习惯每天有各种各样的人进出他的办公室，这些人通常神情疯狂，他们带来各种各样的消息：耳语、谣言、小道消息和谎言，因此他很习惯不相信这些话了。他那时

只是说："你确定你没有听错吗？约瑟夫。"

"我是否确定？当然确定了，不然你以为我的智商有问题吗？"约瑟夫说。

"你相信你的朋友吗？"

"绝对相信！"约瑟夫大声说，"我认识他很多年了，他从来没对我说过半句谎话，他绝对不会说谎！这个不是问题！我知道他绝对可靠，我敢拿我的生命担保他跟我说的话的真实性。我对他的了解比对世界上任何一个人的了解都深，远比我和你认识这么多年以来你对我的了解深。"

"你确实相信他？"坎马克再一次盯着他看，然后说，"哦，你应该了解的。"他把他的办事员叫了来，约瑟夫以为坎马克要下单交易，至少卖出50 000股圣保罗公司股票。威廉·洛克菲勒正在利用现在的强劲多头倾倒出他持有的圣保罗公司的股票，不管这只股票是投资股还是投机股，这都不是问题。最重要的是，标准石油公司的这些人中最高明的股票作手正在出手圣保罗公司的股票。普通人要是从一个可靠的渠道得到这个消息，他会怎么做？这个想都不用想。

但是当年最厉害的空头作手坎马克——他当时已经看空后市——却对那个办事员说："比利，去大厅，每隔0.375美分就向上挂进1500股圣保罗公司的股票。"当时这只股票的市价在90美元左右。

"你不打算卖出吗？"约瑟夫打断了他问道。他不是股市的门外汉，但他从报纸上以从业人员的角度，也正巧是从大众的观点来看市场。股票在内线人士卖出的消息下应该下跌，而内线人士之中威廉·洛克菲勒的实力无人能比，他要打压的股票没人能敌。标准公司现在出逃，坎马克却要买进，这怎么可能呢？

"不对，我说的是买进。"坎马克说。

"你不相信我？"

"相信，当然相信。"

"你不相信我带给你的消息吗？"

"相信，也相信。"

"你不看空后市吗？

"看空，一样地看空。"

"哦，那为什么？"

"这就是我买进的原因。你听我说，你和你的朋友继续保持联系，向上卖出一旦停止请马上告诉我！你明白吗？"

“明白。”约瑟夫说完就离开了坎马克的办公室。坎马克买进威廉·洛克菲勒的股票，动机在哪里呢？他并不理解。坎马克看空后市使他的操作更加难以理解。但约瑟夫还是听从了坎马克的话，来到了他的那个当交割员的朋友那里，告诉他说：“老头子停止卖出的时候一定要通知我。”约瑟夫一天固定两次去看他的朋友。

有一天，这个交割员告诉他说：“老头子那里没有再传来任何卖出的单子。”约瑟夫向他表示感谢，连忙告别他去找坎马克先生，告诉他这个消息。

坎马克认真地听着约瑟夫的话，然后转头问那个办事员：“我们公司有多少圣保罗公司的股票了？”办事员查了一下，回答说：“前后总共吸入了60 000股。”

坎马克早在买入圣保罗公司之前就已经看淡后市，放空了别的农业股和很多种其他股票，现在已经大量放空了。他立刻命令他的办事员卖出之前他买进的那60 000股圣保罗公司的股票，除此之外还多卖了一些。他把在圣保罗公司的多头仓位当成打压整个股市的武器，使他的空头获利丰厚。

圣保罗公司的股票在跌到44美元之前一直都没停顿一下，坎马克大大地赚了一笔，他用巧妙的技巧操作从中获利。我要说的是他对交易的习惯性的态度，他不用思考，立刻就看出远比个股获利更重要的事情。他看到了这种机会，他不但能在适当的时机开始大规模的放空操作，而且一开始就有一个适当的推动力。圣保罗公司的股票内部消息让他买进而非卖出，因为他立刻看出，对他的做空操作来说，圣保罗公司的股票是最佳的筹码。

回头来讲我的故事。我结束了小麦和玉米的交易后，就驾着游艇去了南部海域。在佛罗里达海域航行，我过了段非常美妙的时光，钓鱼让我非常快乐，一切都是那么的美满，我什么都不用想，也不指望会发生什么事情。

有一天，我在棕榈滩靠了岸，在这里遇到了华尔街的朋友和一些别的人。他们都在谈论当时非常活跃的棉花投机客——从纽约来的报道说，波西·托马斯（Percy Thomas）把每一分钱都亏光了。这不是普通意义上的破产，而是这位世界闻名的作手在棉花市场中第二次遭遇到滑铁卢。

我非常崇拜他。我第一次知道他是在报纸上，当时证券交易所的会员公司希尔顿·托马斯公司（Sheldom & Thomas）倒闭了，那时托马斯斯想要垄断棉花市场。希尔顿没有他的合伙人那么有远见或有勇气，在即将成功之前就害怕了起来。至少这是华尔街当时的说法。总之，最后他们没有赚到钱，反倒因此成了多年来最耸人听闻的倒闭事件，我现在不记得他们欠了几百万美元。公司结束了以后，托马斯开始单独操作，他一心一意地操作棉花，没

多久他就又赚回来了，不仅还清了所有的债务，还有外加利息——法律上规定他不用偿还这些债务的——自己还剩下 100 万美元。他在棉花市场上东山再起的故事与老怀特在股市的著名杰作一样让人惊叹不已，老怀特也在一年里靠在股市上交易赚来的钱偿还了 100 万美元的债务。托马斯的勇气和智慧让我非常仰慕他。

在棕榈滩，每个人都在谈论托马斯在 3 月棉花交易中失手的事情。你知道谣言是怎样传播的，怎样添油加醋的，你听到的已经被夸大得面目全非了。我就听过有关我的谣言，消息极速被夸张，以至于在不到 24 小时的时间里再传回制造谣言的人耳朵里时，制造谣言的人已经辨认不出来了，里面有很多新奇而又多姿多彩的细节。

一听到托马斯新近的失利消息，我的注意力就从钓鱼转到了棉花上。我拿着一大摞的业绩报告详细研读，想了解当时的状况。回到纽约后我潜心研究市场，每个人都在看淡后市，每个人都在卖出 7 月的棉花。你知道这是怎么回事，我想这就是常说的跟风，跟风使一个人做一些事情，这些事情都是他身边的人正在或不久前或将要做的事，也许这就是从众心理在某个阶段的变化。总之，在几百个交易者眼里，卖出 7 月的棉花是明智正确的事情——而且还非常安全！你不能批评大家都在卖出是件鲁莽的事，这个词有些保守，投机客们只看到市场的一个方面和庞大得惊人的利润。他们的的确确预测到价格会崩跌。

我当然也看到了这些，但我想这些做空的人没有什么机会可以回补。我越是研究就越是看得清楚，最后我终于决定买进 7 月棉花，因为有这么多人卖出。我可以悬赏 100 万美元，抓一个没有卖 7 月棉花的人，但不论死活，我敢打赌，不会有人来领赏金的。

我还没说，这是 5 月下旬。我不断地买入，他们则不断地卖给我，一直到我吸入了所有多余的棉花，拥有 12 万包棉花为止。我买进最后一批后没几天，棉花的价格开始上涨，而且上涨的态势很好，每天上涨 40 ～ 50 点。

某个星期六——大约是我这样操作之后的 10 天——价格开始攀升。我不知道市场上是否还有 7 月的棉花可收购。这个需要我自己去发现，我必须等到最后 10 分钟，我知道这个时间经常是一些人放空的时候，如果那天收盘的时候上涨了，他们就会被我牢牢地钓住了。所以我发出四张不同的单子，同时以市价各买进 5 000 包，这些单子把价格炒高了 30 点，空头想尽了一切办法脱身。市场用最高价收盘，我所做的就是买进最后 2 万包棉花。

第二天是星期日，但是到了星期一，利物浦只有高开 20 点才能配合纽约的涨势。结果利物浦高开了 50 点，从这一点来看，利物浦的涨势超过纽约涨势的 100%，可这跟我一点关系都没有，只是显示我的推断很正确，我沿着阻力最小的那条线路出击，同时我也不会忘记，我还有一大笔的棉花要出手。市场可能剧烈上涨或缓慢上涨，却没有足够的能力吸收超过一定数量的卖盘。

利物浦来的电报当然会让纽约的市场疯狂，我也注意到，价格越高，7 月的棉花也就越少，我没有卖出一包手里的棉花。总之，那个星期一对空头力量来说很刺激，但是却并不愉快。尽管如此，我却没有看到空头降临的任何迹象，也没看到空头盲目回补，这时还有 14 万包棉花在我手里找不到接手人。

星期二早上，我去办公室，在大楼的门口遇到了一位朋友。

“那真是个天大的消息，今天早上刊登在《世界报》上的，你看到了吗？”他笑着说。

“什么消息？”我问。

“什么？你连这条消息都没看到吗？”

“我可从来都不看《世界报》的，”我说，“到底是什么消息？”

“哦，都是跟你有关的消息，说你垄断了 7 月棉花。”

“我没看。”我说完就跟他分开了，我不知道他是否相信我，他一定认为我非常没义气，都没告诉他那条消息是真是假。

我到了办公室，叫办事员买了一份《世界报》，那篇文章在头版上刊出，标题字体非常大，很醒目——《七月棉花被拉瑞·利文斯顿垄断》。

我马上就意识到这篇报道对市场的影响有多大。我正在寻找出手这 14 万包棉花的办法，我觉得没有比这个更好的办法了，同时，这也是最好的时机。这篇文章一瞬间在全美国播散开来，不仅刊登在《世界报》上，还被别的报纸引述，而且还通过电报机发送到了欧洲。利物浦的价格已经很清楚了，市场已经非常疯狂了，有这样的消息难怪会这样。

我当然知道纽约会有怎样的行动，也知道我该做什么。美国的市场在上午 10 点开盘，10 点过 10 分我已经没有半包棉花，我把 14 万包棉花全部卖给了他们。事后证明，我卖出的大部分价格都是当时的最高价。交易者替我创造了市场，我所做的仅仅是找到了卖出棉花的良机，并且抓住了这个机会，我不得不这么做，不然，我还有别的办法可想吗？

我知道，这个问题一定会花费我很多精力来解决，没想到居然这么容易

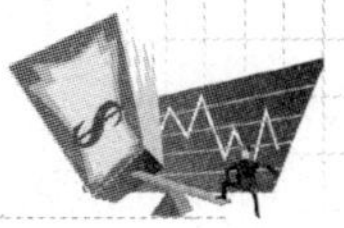

就解决了。要是《世界报》没有刊登这篇文章，我绝对没有办法卖出手中的棉花，而且还是在不损失一分一毫账面利润的情况下。要卖出 14 万包棉花，却又不用压低价格，这可不是我能力范围内的事，但《世界报》帮了我的大忙。

《世界报》为什么要刊登这个消息，我没有办法告诉你，因为我一直都不知道。我想可能是棉花市场中的一个朋友跟记者透露了这个消息，这个记者觉得这是条独家新闻就刊登了出来。我没见过这个记者，也没见过《世界报》的任何一个人。那天早上一直到 9 点之后我才知道他们刊出了这个消息，如果不是我的朋友跟我说，我是绝对不会知道有这条消息的。

如果没有这个消息，我一定找不到大到可以接纳我的 14 万包棉花的市场，这就是大规模交易的问题之一。大规模交易不可能像做小笔交易那样容易脱手，不能在想卖出的时候就卖出，也不能在该卖出的时候就卖出。你只能在有条件的情况下，在有人能够接手的情况下卖出，如果错过了或根本就没有机会的话，损失几百万美元也是很容易的。机会来了你不能迟疑，如果一迟疑你就输了，你也不可能尝试用竞价买进的方法拉高股价轧空，因为这样做会降低买盘的力量。我想说的是，能看到适合你出手的机会不是一件容易的事，你必须保持警觉，如果机会出现在你的面前，一定要毫不犹豫地捉住。

当然不是所有人都知道我的这次幸运经历，在华尔街是这样，在世界上任何地方都是一样的，任何一个可以让人赚大钱的意外都会被人怀疑。如果意外事件没有带来利润，它就不会被人看做意外，而会被看成是贪心或自大的结果；如果获得了利润，他们会把这叫做掠夺财富。一定会有人说厚颜无耻有好报，保守正直没好报！

两天后，世界棉花市场上的巨头之一跟我聊天时说："利文斯顿，这次的交易真是很高明，那时我在想你如果把所有的棉花都卖到市场上不知道得亏损多少呢。我们所处的这个市场不够大，如果卖出超过五六万包棉花那价格一定会被打下来。我站在你的角度一直在想怎样出手这些棉花而不损失一分一毫，就是想不到你会用这个计划。这个计划非常高明！"

"这个计划不是我想出来的。"我非常诚恳地向他保证。

他一直在说："非常高明，非常巧妙，佩服之至，你不用这么谦虚的。"

经过这一次交易，有些报纸开始称呼我为"棉花之王"，可是，我一直都觉得我配不上这顶王冠。你应该了解，《世界报》的专栏就算花掉全美国的钞票也买不到，全美国也没有谁有这样的影响力能够保证这则消息一定会被刊出。这则消息让我得到了一个完全不应该有的名声。

但是，我告诉你这个故事不是想让偶尔强加在某些名不副实的交易者身上的头衔合理化，也不是想强调抓住机会的重要性，不管这种机会在何处出现或以何种方式出现，我只想说明我做了 7 月棉花交易后，报纸上数量大得吓人的报道让我名声大振。如果不是报纸的刊载，我是绝对不会认识棉花奇才波西·托马斯的。

第十二章 股市 不是乐善好施的仙女

1. 你要卖掉让你亏损的，保留已经有利润的，这样才是明智的操作。

2. 在华尔街上凡是想让股市替他支付汽车、首饰、游艇或油画账单的人，没有一个是不亏损的，投机客们想让股市替他们付钱，但股市并不买他们的账。事实上，华尔街的“扫把星”当中，想让市场当一个乐善好施的仙女的想法是最常见的“扫把星”。

3. 一个人想让市场替他支付账单的时候，他又能为市场做什么呢？他只能期望，因为他在赌博。他要承担的风险非常大，远远地超过了通过冷静客观的分析得到合理的信念和意见，再以此为依据的投机。首先，他追求的是既得的利润，他没有耐心，他要市场对他立刻示好，他自以为是，认为自己只是下了一个保险系数很高的赌注。他准备很快就出手——他只要赚两点的时候打算用两点跌幅止损，他认为自己的赌注输赢各半，他一直抱着错误的概念。

7月棉花的交易比我预想的要成功很多，这之后不久我就收到了一封波西·托马斯写给我要求和我见面的信。我马上回信说，我非常想认识他，我会随时在办公室恭候他的到来。第二天，他就来了。

我一直都很崇拜他，对于任何一个做棉花或种植类期货的人来说，波西·托马斯的名字都是如雷贯耳的。不管是在欧洲还是在美国，都能听到有人跟我说起波西·托马斯的名言。有一次在瑞士的度假胜地度假，和开罗的一个银行家聊天，他同已故的欧内斯特·卡塞尔（Ernest Cassel）在埃及种棉花。他一听说我是从美国来的，马上就问我有关波西·托马斯的事情——他一期不落地订阅波西·托马斯的市场研究报告，并且会非常认真地研读。

我一直认为托马斯的交易方法非常科学，他是一个真正高明的投机客，他是个思想家，集梦想家的远见和斗士的勇气于一身，他的消息极为灵通，并且精通棉花交易的理论和实际。他善于倾听，表达能力强，能把自己的观念、理论和抽象的概念表达得非常清楚，他懂得非常多在棉花市场操作实务和棉花交易心理方面的知识。这一切都归因于他从事棉花交易多年，曾经大

起大落过。

曾经与他合作过的纽约证券交易所会员公司的希尔顿·托马斯公司倒闭后，他就开始独立操作了，不到两年，他就东山再起，成绩令人目瞪口呆。《太阳报》曾经报道过，他脚跟站稳了以后做的第一件事就是偿还之前欠下的旧债，做的第二件事就是雇用一个专家，专门研究怎样用 100 万美元投资股票。这个专家考察了房地产业，分析了很多家公司的报告之后建议托马斯购买特拉华·哈德孙公司（Delaware & Hudson）的股票。

托马斯在股市上损失了几百万美元，又带着几百万美元回来，3 月棉花交易的失败使他又变得一文不名。他来到我的办公室，开门见山地建议我与他组成投资同盟。不管他得到任何消息都会在第一时间告诉我，然后才会向公众发布，而我的责任就是负责实际交易，因为他认为我在这方面特别有天分，而这正是他所缺少的。

这件事对我没有任何吸引力，原因有很多。我就坦诚地告诉他，我没有办法同时驾驭两辆马车，也不想对这件事投入过多的热情。但是他非常坚定地认为我和他联盟是最理想的组合，最后，我直言不讳地说："我不想跟任何人合作。"

"如果我做了蠢事，"我说，"那所受的惩罚都由我一个人来承担，不会久拖不还或者让人为难。我认为独立操作是最明智、最经济的交易方式，我在交易中斗智，并且乐在其中。与我斗智的人我一个都不认识，更别说有过交谈了，我也从来没建议过他们买卖，没有期望过与他们相遇，认识他们。我赚钱都是我自己的经验和意志的功劳，我不用出卖内部消息和利用内部消息赚钱。如果我用了别的方法在股市中赚钱，我会觉得我一分都没赚到。你的建议我没有兴趣，我之所以热衷于股票投机完全是因为我可以按自己的意愿操作，为自己操作。"

他说，他对我的拒绝表示遗憾。他尝试着说服我，让我知道我的这个决定是错误的，但我依然坚持己见。不过，后面的谈话就非常愉快了，我告诉他，我坚信他能东山再起，如果他能接受我财务上面的帮助的话，我将深感荣幸，但是我的帮助被他拒绝了。我们又聊起了 7 月棉花的交易始末，我详细地告诉了他我是如何买的，买了多少，以什么价格买进的和一些别的细节。后来我们又交谈了一会儿他就告辞了。

之前他跟我说过，投机客会有很多敌人，其中一些能从内心打败你。我知道自己有很多缺点，我可以有一个人该有的创造性思维和独立思考的习惯，却仍然不能抵抗有说服力的人的游说。我可以坚强地抵御一般的投机弱点，比如贪婪、恐惧和希望，但我是一个凡人，我还是一样容易犯错。

在一些特定的时刻，我一定得特别注意这些，因为不久前我就有过一次这样的经历，这个经历证明了一个人是多么容易被风吹草动所动摇，改变自己的计划，甚至违反自己的意愿做不该做的事。这件事发生在哈定兄弟公司里。我在哈定兄弟公司有一间贵宾室，是公司给我安排的专属房间，在交易时间里没经过我的允许是不会有人来打扰我的。我不希望被任何人打扰，我的交易量非常大，我赚的钱也非常可观，我希望能受到特别的保护。

有一天，收盘之后我还没离开办公室，忽然听到有个人对我说："下午好，利文斯顿先生。"

我回头看到一个陌生人，他大约 35 岁的样子。我不知道他是什么时候进来的，是怎么进来的，但肯定他是跟我的交易有关系的，不然他没法通过公司所设的重重关卡。我没说话，只是看着他，他很快就表明来意，说："我来见您，是想谈谈《沃尔特·司各特作品集》。"说完他就看着我。

他是一个书籍推销员。哦，我想说，他给我的感觉不是很好，他的态度让我不愉快。他不善于言辞，也没有特别的魅力，但他有个性。他一直在说话，我也一直在听，可我没弄明白他都说了些什么。我后来都不明白为什么，就更别提那时候了。他说完他该说的话之后，就塞了支钢笔在我手里，然后拿了一张空白的表格让我在上面签字。这是一份购买价值 500 美元的《沃尔特·司各特作品集》的合约。

我签完了字才醒悟过来，但这时他已经把合约放进了自己的口袋里。我并不需要这套书，我没地方放书，又没什么人可送，可我却用 500 美元买了它。

我经常这样浪费钱，所以我在想，我最先想的绝对不是做错的那一部分，我总是先思考操作本身和原因，我最想知道自己的局限性和思考习惯。还有一个原因，我不希望重蹈覆辙。只有使这个错误被利用，为以后获利服务，我才能原谅自己所犯的错误。

我犯了一个 500 美元的错误，可我却不知道问题出在哪里，我只看着他、评价他。我以生命发誓，他一直在微笑，一种善解人意的微笑，他好像能看透我的心思。总之，我知道我不用解释，我不说他也会知道的，所以我直接问他："一个 500 美元的合约能让你赚到多少钱？"

"我不能那么做，对不起！"他摇着头说。

"你能赚多少？"我追问着。

"1/3，但我不能这么做。"他说。

"500 美元的 1/3 是 166 美元又 66 美分，如果你把那张签了字的合约还

给我，我就给你 200 美元。”为了证明我的诚意，我从钱夹里拿出钱来放在他面前。

“我跟您说过了，我不能这么做。”他说。

“别的顾客都会给你同样的条件吗？”我问他。

“没有。”

“那你为什么之前就会肯定我会出此价钱呢？”我问道。

“因为你这类人会这么做。你是一流的输家，这会使你成为一流的投机客。我非常感谢你，但我还是不能这么做。”

“哦，请告诉我，你为什么不想赚比佣金还多的钱呢？”我问。

“不全是这样，”他说，“我的工作不只是为了赚钱。”

“那你为了什么呢？”

“为了佣金和纪录。”他回答道。

“什么纪录？”

“我自己的纪录。”他答道。

“我还是不懂你的意思。”

“你只为了赚钱而工作吗？”他问我。

“是的。”我说。

“不是的，”他摇头说，“你不是这样的，你的快乐不是从钱中来的，你工作的目的不是为了增加账户上面的数字，你来华尔街也不是因为你喜欢这种轻松的工作，你的快乐是从别的地方找到的。我想，我们是一样的。”

我没反驳他，只是问他：“那么，你是怎么得到快乐的？”

“哦，我想我们都有缺点。”他说。

“你的缺点是什么？”

“虚荣心。”他说。

“哦，”我告诉他说，“你成功地拿到了我的签字，现在我想收回那张纸，我愿意为你刚才的辛苦付你 200 美元，这样还不能满足你的虚荣心吗？”

“不能，”他回答道，“我们有一群人在华尔街努力工作了几个月都赚不到一分钱。他们总结出的理由就是这东西不适合在华尔街销售，所以公司找我来，想让我证明问题出在他们的推销技巧上，不是商品是否合适的问题。他们赚取 1/4 的佣金。我在克里夫兰的时候，在两周的时间里卖出了 82 套，我来这里不仅要卖给原来拒绝图书推销员的人，还打算卖给他们没办法接触到的大人物，这就是他们给我 1/3 佣金的原因。”

“我不知道你是怎么卖给我的，能告诉我吗？”我说。

"哦，"他安慰我说，"我还卖给摩根一套呢。"

"哈哈，真的吗？不可能。"我说。

他并没有生气，只是说："真的，我卖了一套给他。"

"你卖了一套《沃尔特·司各特作品集》给摩根？他不但有最精美的版本，可能还有一些小说的真迹呢。"

"哦，这是他的合约。"他拿出一份有摩根签字的合约，那不可能会是摩根的签字，但我那时候居然信了。他口袋里还有我的合约呢，我只是觉得很好奇，所以我问他："你是怎么通过他秘书那一关的？"

"我没看到任何像秘书一样的人啊，我看到老先生本人在办公室里。"

"这太夸张了！"我说。大家都知道，想进入摩根的办公室比拿着一个装着滴答作响闹钟的包裹进入白宫还难。

但是他信誓旦旦地说这是真的。

"你知道我是怎么进入你的办公室的吗？"他问。

"我不知道，请你告诉我。"我说。

"哦，我走进摩根办公室的办法跟进入你的办公室的办法是一样的，我只是跟那个不让我进入的人商量，我让摩根签字的办法跟让你签字的办法也是一样的。你不是签合约，只是拿起我递给你的钢笔，照着我说的话去做。他的情形跟你的情形一样，没有任何差别。"

"那真的是摩根的签字吗？"三分钟之后，我还是怀疑地问他。

"当然！他从小就知道该怎样签字了。"

"当真都是这样的吗？"

"是这样的，"他回答说，"我知道做了什么，这就是秘密，我非常感谢你，再见，利文斯顿先生。"他准备退出我的办公室。

"等等，"我说，"我应该让你赚到这公平的 200 美元。"我递给他 35 美元。

他摇了摇头，说："不！我不能接受这些钱，但我可以这样做！"

说完，他从口袋里拿出合约，当着我的面撕成了两半，然后交给了我。

我数了 200 美元，放在他的面前，他看了一眼，摇了摇头。

"这不是你要的吗？"我问。

"不是。"

"那你为什么把合约撕了呢？"

"因为你没有抱怨，只是平静地接受，就如同我替你接受了这份合约。"

"但是，这 200 美元是我自愿给你的呀。"我说。

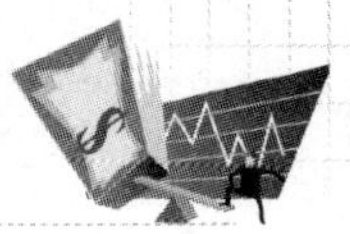

“我知道，但钱对我来说不是一切。”

他的话触动了我：“你说得对，的确如此，那你现在有需要我帮忙的吗？”

他说：“你反应真快。你真的想帮我？”

“请把我引荐给哈定先生，我只需要与他面谈三分钟。单独面谈。”

我摇着头说：“不行，哈定是我的朋友。”

“他快50岁了，而且还是个证券经纪商。”这个图书推销员说。

没错，是这样的，所以我带他去了哈定的办公室。后来，他没有再来找我，我也没有听到一点跟这个图书推销员有关的消息。但几周后的一个晚上，我去城里，在第六街L线的火车上再次遇到了他。他很礼貌地扬了扬帽子，我朝他点头回礼，他走过来问我：“你好，利文斯顿先生，哈定先生好吗？”

“他很好，你为何这么问？”我觉得他话里有话。

“那天你让我见到哈定先生，我与他签了一份2 000美元的购书合约。”

“我没有听到他说起过这件事。”我说。

“是呀，哈定先生这类人是不会跟别人谈起这件事的。”

“哪类人不会谈？”

“那种从来不会因为身处困境就犯错的人，他们总是知道该做些什么，没人能动摇他们。就是他们让我赚到钱付孩子的教育费用、让太太心情愉快。你帮了我的忙，利文斯顿先生。我放弃你一心一意要送给我的200美元时，我就知道会做成这件事了。”

“要是哈定先生没在订单上签字呢？”

“哦，我知道他一定会订购的，我知道他是那类人，我有十足的把握。”他不紧不慢地说。

“但是如果他什么书都不买呢？”我继续追问他。

“我还会来找你，卖给你一些东西的。再见，利文斯顿先生，我要去见市长。”火车快到公园站时，他站起了身。

“我希望你卖给他10套，”我说，“市长大人是民主党人。”

“我也不是共和党人。”他边说边走出了火车，不疾不徐，他知道火车会等他的，不过事实也的确如此。

我这么大费周张地叙述这件事，是因为这跟一个著名的人有关。他让我买了一些我不想买的东西，他是第一个让我这么做的人，我以为不会再有第二个这样的人出现，但是第二个人还是出现了。你不应该认为世界上只有一个杰出的推销员，也永远不能认为你可以免于弱点的控制。

我自信而愉快地拒绝了波西·托马斯，拒绝了和他结盟交易后，他离开了我的办公室，我敢发誓，再也不想和他见面做生意了。我不能肯定是否还会再次见到他，但第二天我就收到他来的信，他感谢我对他的帮助，他邀请我去看望他。我回信说，我会去，他回了信，于是我决定去拜访他。

从那以后我们经常见面。跟他聊天是件很愉快的事，他知识渊博，并且能用有趣的语言表达出来，我觉得他是我遇见过的最有魅力的人。

我们聊了很多东西，因为他的涉猎非常广，对很多事情都有独到的见解，而且有归纳总结的天分。他谈话中的智慧令人动容，在口才方面更是无人能及。我听说过很多指责波西·托马斯的话，包括很多没有根据的，我不免开始怀疑。他口才很棒，所以我有时候在想，他是否先要说服自己，这样才能让别人信服。

我们详细地谈了有关市场方面的事情，我并不看好棉花，但是他很乐观。我看不到利多的一面，但他却坚信这一点。他用事实和数字说服我，按理说我应该动摇我的立场，但我没有，我不能反驳这些资料，因为我不能否认这些资料的正确性，但就算这些资料很权威，我也不能改变我自己判断的信念。如果在他不断的游说下，我不再确定自己从产业报告和日报表上收集到的信息是否正确，这就表示我不能再用自己的眼光来判断市场。你不能让一个人违背自己的理论，但不停地游说可以让人犹豫、优柔寡断，如果变成这样会很糟糕，这样就表示不能轻松自信地交易了。

说实话，还不能说自己被说服了，但我也失去了立场，或者说我失去了自己的思考。我不能详细地、一步一步地说给你听，我是怎样进入这个让我付出昂贵代价的心理状态的。我想这是因为他数字的精确性和他信心十足的样子，还有这些数字是他独有的，与之相对的是，我的数字不精确，我的这些数据也不属于我一个人，而是公众都知道的。他反复地说明，他在美国南方各地的一万多个联络员都非常可靠，而且都是得到过证明的。最后，我和他一起研读各种 市场行情，我们两个人看同一本书的同一页，他拿着书，放在我眼前让我看。他逻辑性强，善于推理。一旦我接受了他的说法，根据他所说的事实得到一个结论，这个结论一定会跟他的结论相同。

我不只做棉花，还做小麦。我的小麦成绩非常优异，让我名利双收，利润丰厚。但是我愚蠢地支撑棉花，我的棉花大约有 15 万包。跟你说，这时候我觉得不对劲，这么说并非是我的借口，只是说明一个事实。我记得那时我去贝修（Bayshore）海岸度假，休息休息。

我认为我这次投机的数目太大了，一般情况下我不会胆怯，但这次我非常紧张，我决定减仓，要这么做，我必须出清棉花或小麦。

令人奇怪的是我熟悉这种游戏，有十三四年的股票和期货投机经验，却做了这么愚蠢的事情。棉花让我大亏，而我对棉花还如此的执著。为了逃避错误，我只能说这其实不是我的交易，是托马斯的交易。在所有的错误操作中没有比摊平亏损更不明智的了，我的这次愚蠢的棉花操作充分证明了这一点。你要卖掉让你亏损的，保留已经有利润的，这样才是明智的操作。对我来说这是非常熟悉的操作准则了，我到现在都不明白当时为什么会做出这么不理智的决定。

就这样，我卖掉了小麦。出手后，小麦的价格一刻都没停留，每英斗涨了 20 美分。如果我没有卖出小麦，我应该会得到 800 万美元的利润，因为要坚守亏钱的部分，我居然买进了更多的棉花。

我印象很深，每天我都在买进棉花，不停地买进。你知道我买进棉花的原因吗？是要防止下跌！如果这样不算是超级笨蛋的做法，那怎样才算超级笨蛋呢？我不断地往里面投钱，我的经纪公司和好朋友们都不明白我的做法，到现在他们也不理解。当然，如果这次交易朝相反的方向走，那我会变成期货市场里的奇才。不停地有人告诉我别太信任托马斯的分析，我都没有在意，只是不停地买进棉花，以免棉花价格下跌，我甚至都去了利物浦买棉花。等我大彻大悟时，我已经有 44 万包棉花了，可为时已晚了。最后我抛光了所有的仓位。

我亏掉了在股票和别的期货上赚的钱，不过这次我没有损失到身无分文的地步，还剩下几十万美元，和我听信托马斯的话之前的几百万美元相比，真是天壤之别。像我这样的人，不按自己的成功经验、违背自己的意愿行事，用愚蠢来形容都不够贴切了。

这次没有任何理由地做出愚蠢至极的操作对我来说是个非常宝贵的教训。我交了几百万美元的学费，认识到交易者的另一个危险的敌人：被心思敏捷、魅力十足的人所吸引，被能言善辩的人打动。不过，如果是以 100 万美元为代价得到这个教训倒也还说得过去。但是命运女神不会让你自己决定要交多少学费，多少你都得支付。知道我做出了怎样愚蠢的事之后，我结束了这次的交易。托马斯与我再没有交集。

事情就是这样的，90% 的财富消失了，这个百万富翁我当了不到一年，在运气的帮助下，用智慧赚来的几百万美元就这样飞走了。我卖掉了两艘游艇，我结束了我的豪华生活。

但是打击还没完，命运之神在跟我作对。我病了，接着又急需 20 万美元现金。几个月前，这个数目对我来说只是小意思，但现在却占我剩余财富的一大半。我必须要拿到这些钱，可问题是我从哪里去拿。我不想动证券经纪公司账户上的钱，那些钱可以留作以后再战的保证金，如果我还想再赚回损失的那几百万美元，那这些保证金就更加重要了。我只有一个办法了，那就是从股市上赚取。

如果你了解证券经纪商的那些顾客，你一定会同意我的说法，希望股市替你支付账单——这是华尔街常见的亏损之一。如果你持这种想法的话，你会把所有的钱都亏掉。

的确，一年冬天，哈定兄弟公司里有一群自命不凡的人，花三四万美元买了一件大衣，可没有一个人能活着穿上它。事情是这样的。有一个有名的场内交易员，这个人就是只象征性地领取一美元年薪，后来因此声名大噪的人——他穿着一件镶海獭皮的皮大衣去证券交易所，当年在皮毛价格暴涨之前这件大衣只值1万美元。哈定兄弟公司有一个叫鲍勃·基翁（Bob Keown）的人，打算买一件镶俄国黑貂皮的大衣，他找了很久，价格大约为1万美元。

“太贵了，不值。”公司中的一个人说。

“哦，便宜！很便宜！”基翁心情很好地说，“一个星期就赚回来了——除非这里有人送给我以示你们的诚意——向公司里最优秀的人致敬。有什么看法吗？没有？太棒了，股市会为这件大衣付账的！”

“你为何要买这件大衣？”哈定先生问他。

“皮大衣适合我这样的人穿着。”基翁挺着胸，一脸认真地说。

“你会以何种方式付这件大衣的钱？”墨菲问，墨菲是这家公司里著名的热衷于打探内部消息的人。

“靠一笔明智投资。”基翁回答说，他知道墨菲只想要点信息。

墨菲于是问：“你要买哪一只股票？”

“还像原来一样吗？你猜错了，老兄。这次不买股票了，我打算放空5 000股‘美国钢铁’，这只股票少说也得下跌10个点，我不贪心，只打算净赚2点半，这样很保守，是吗？”

“你听到过有关这只股票的消息吗？”墨菲热切地问，他个子很高，黑头发，身材很瘦弱，面有菜色，因为他从来都不吃中饭，因为他怕错过大盘中的细微变化。

“在我的购物计划当中，那件大衣是最适合我的。”他转头对哈定先生说，“哈定先生，请以市价替我卖出5 000股‘美国钢铁’普通股。马上就卖，老朋友！”

他是个大赌客，基翁的确是个豪赌型的作手。谈笑风生是他表示自己意

志坚定的一种方式。他放空了 5 000 股“美国钢铁”，可股价立刻就上涨了。他说大话的时候看起来是个十足的傻瓜，其实他很聪明，他在亏损一个半点的时候回补，跟公司里的人说：“现在纽约天气太温暖了，穿皮大衣有些不合时宜，皮大衣代表虚荣、不健康。”别人听他这么说都在嘲笑他。可是没多久，就有人买进了一些“联合太平洋铁路”，想从中赚回一件皮大衣来。他亏了 18 000 美元后又说：“貂皮大衣非常适合女性当外衣穿，不适合谦虚而聪明的人穿在里面当内衣。”

此后，不停有人想让市场听命于他，替他付貂皮大衣的钱。有一天，我说：“我得买下这件貂皮大衣，以免投机公司因此破产。”但他们认为这么做不光彩，说如果我想要这件大衣，应该让市场为我付账。哈定非常赞同我的做法，当天下午，我去了皮草商那里打算把这件大衣买下来，可是我去了才知道，大衣已经被一个芝加哥人买走了。

这只是一个例子。在华尔街上凡是想让股市替他支付汽车、首饰、游艇或油画账单的人，没有一个是不亏损的，投机客们想让股市替他们付钱，但股市并不买他们的账。事实上，华尔街的“扫把星”当中，想让市场当一个乐善好施的仙女的想法是最常见的“扫把星”。

对所有名副其实的“扫把星”来说，这个“扫把星”有存在的理由。一个人想让市场替他支付账单的时候，他又能为市场做什么呢？他只能期望，因为他在赌博。他要承担的风险非常大，远远地超过了通过冷静客观的分析得到合理的信念和意见，再以此为依据的投机。首先，他追求的是既得的利润，他没有耐心，他要市场对他立刻示好，他自以为是，认为自己只是下了一个保险系数很高的赌注。他准备很快就出手——他只要赚两点的时候打算用两点跌幅止损，他认为自己的赌注输赢各半，他一直抱着错误的概念。

我知道在这样的交易中很多人亏掉了数以千计的美元，特别是在多头市场的顶部，在市场要小幅回档时买入的人尤其如此。这绝对不是一个正确的方法。

这是我股票作手生涯里最愚蠢的一次交易，也是我最后的一根稻草，可还是亏掉了。这种行为让我输得很惨。棉花交易后剩下的钱也亏得没有了。这种交易造成了更大的伤害——我继续交易，也继续亏钱！我一直坚信股市一定会让我赚钱的，但是到最后居然是我仅有的财富也化为乌有。我负了债，这次不只欠一家经纪公司的钱，而是欠了很多家经纪公司的钱，他们接受了我的业务，没有要我交足保证金。

这时候，我债台高筑，而且从此债务缠身。

第十三章

自大是投机客的“富贵病”

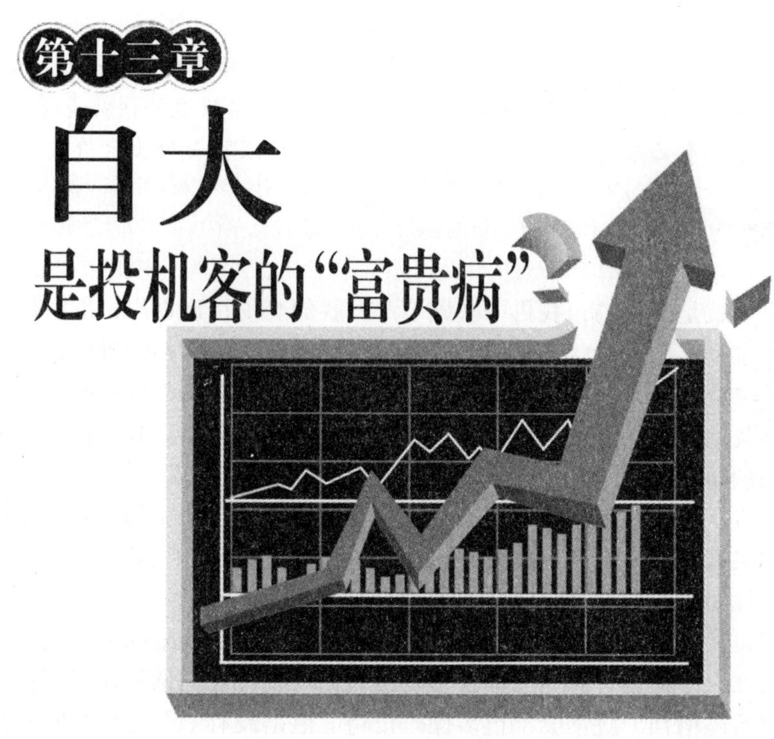

1. 一个人如果要在投机市场中有优异的表现，那他就必须充分了解自己。……如果投机客能学会让自己不自大的方法，为此付出任何代价都不过分。非常多聪明人的严重错误都是因为自大，自大对于所有人来说都是一种“富贵病”，尤其对于华尔街里的投机客们来说。

2. 亏钱并不会让我困扰，我认为我在股市中亏了钱，一定可以学到很多东西，亏钱能让我得到经验，因此这些钱就是学费。一个人必须有一些经验，但也必须为获得经验而付出代价。

事情就是这样的，我再一次破了产，我的交易错误百出，那时候的情形真是非常糟糕。我的状态非常不好，厌烦、困惑，没有办法进行正常地逻辑思考。也就是说，我当时的状态是绝对不合适再交易的，我做的每件事都不对劲，我觉得自己没办法再找回我引以为傲的判断力了。我习惯于大笔的交易，一般每单超过 10 万股，我担心小笔交易让我的判断不精确。如果只交易 100 股，就算判断正确也赚不到钱，我习惯于巨量的交易后赚到巨量的财富，如果都是小笔交易，我不知道什么时候才能赚到令我满意的财富。我没办法让你知道我那时感到多么的无助。

我再次破产，债台高筑，并且不停犯错，我没法恢复强大的战斗力。我经历过那么多错误，积累了非常多的经验，可我现在的情形比当年在投机公司的时候还糟糕。我学会了很多操作技巧，但是没有学会怎样克服人性的弱点。没有人能有一个像机器一样的大脑，时刻都保持工作效率，让人觉得可以依赖。现在我知道自己并非百毒不侵，不可能不受别人给予我的任何影响。

金钱上的损失不会让我有一丝忧虑，可别的问题却可能让我忧虑，而这次是千真万确的。我坐下来认真研究了自己的这次惨剧，当然，我看出了自己所犯的错误。一个人如果要在投机市场中有优异的表现，那他就必须充分了解自己，可我这次认识到自己也是蠢人行列里的一员则是经过了一个漫长的过程。如果投机客能学会让自己不自大的方法，为此付出任何代价都不过分。许多聪明人的严重错误都是因为自大，自大对于所有人来说都是一种“富

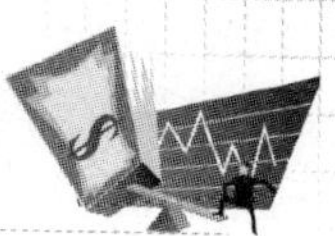

贵病”，尤其对于华尔街里的投机客们来说。

我在纽约一点都不快乐，我不想做任何交易，我的状态非常不好。这次失败的打击非常沉重，我决定离开纽约，去别的地方寻找再战所需要的资本，我寄希望于改变地点让我重拾自信。山穷水尽已不足以形容我那时候的状况，我不只身无分文，而且在多家经纪商处的欠债超过了 10 万美元。

我去了芝加哥，在那里我弄到了一些本钱，但是数量不大，这表明我需要很长的时间才能赢回我失去的财富。一家曾经做过我生意的经纪公司为了证明他们的眼光，表示对我的能力有信心，乐于让我在他们公司进行小笔交易。

我开始了保守的交易，我不知道还会发生什么事。但是，突然有一天发生了一件特别的事，让我提前结束了在芝加哥的行程。这是一件令人难以置信的事情。

这一天，我收到卢休斯·塔科尔（LuciusTucker）的一封电报。他是纽约一家证券交易所的会员公司的经理，我经常在他们公司交易，但后来因为种种原因我们中断了联系。

电报上这样写着：

马上回纽约。

L. 塔科尔

我想他一定是通过我们共同的朋友知道了我的处境，感觉出来他有信心。可是，我的钱不多，不想把钱浪费在不确定是否有结果的纽约之行上，我没去，只是打了个电话给他。

“我收到了你的电报，告诉我，发生了什么事？”我问他。

“纽约的一个银行家想见你。”他说。

“他是谁？”我问，我实在想不出这个银行家是谁。

“你来纽约才行，不然我现在跟你说也白说。”

“他真的想要见我吗？”我不确定地问。

“真的。”他说。

“到底是什么事情呀？”我不死心地问。

“如果你给他机会，他会亲自告诉你的。”塔科尔笑着说。

“那，你可以写信告诉我吗？”

“不可以！”

“那你是否可以说得再详细一些呢？”我继续问。

“我不能这么做。”

“那好吧，塔科尔，我再问一个问题，”我说，“只要告诉我一点，这次回纽约是否会让我后悔？”

“绝对不会，这次见面对你绝对有好处。”

“再多说一点吧。”

“不行，”他坚定地说，“这样对这个银行家不公平，而且他是真的很想帮你，你就来吧，听我的，快点，老兄。”

“你确定他想见的是我吗？”

“是的，他要见的就是你！你马上来，发个电报告诉我你坐哪班火车，我去车站接你。”

“好，我马上去。”说完我就去买火车票。

我不喜欢做事遮遮掩掩，但我知道，塔科尔这次要帮我，也知道他之所以这么做一定有一个好理由。我在芝加哥的生活并不如意，离开这里我没有任何留恋。按我在芝加哥的交易速度一定要很长时间才能赚到对我来说足够多的本钱，让我回到从前的交易规模。

我坐上了回纽约的火车，我不知道将会发生什么事。火车上我还在担心这次纽约之行没有任何结果，白浪费买火车票的钱和时间。我就是没想到，即将迎接我的是人生中最奇妙的一次境遇。

塔科尔到火车站来接我，在路上塔科尔告诉我，说是丹尼尔·威廉姆森（Daniel Williamson）急着找我。威廉姆森是纽约证券交易所的会员公司——威廉姆森—布朗公司的老板。威廉姆森要塔科尔告诉我，他有一个商业计划，他确定我会接受，因为这个计划会给我带来丰厚的利润。塔科尔发誓他一点都不知道这份计划书的内容，但他可以保证这家公司的信誉，保证他们不会让我做任何不合法的事情。

威廉姆森是这个公司的大股东，这家公司早在1870年由埃格博特·威廉姆森成立。其实这家公司里没有一个叫布朗的人，而且这么多年来也没有一个这样的人。埃格博特时代这家公司就已经非常有名了，丹尼尔继承了相当大的一笔财产，不用经受白手起家的辛苦。他们有一个很“值钱”的顾客，这人就是艾文·马昆德——威廉姆森的姐夫，马昆德不仅是十多家银行和信托公司的董事，还是非常庞大的奇撒皮克—太平洋铁路系统（Chesapeakeand Atlantic Railroad System）的总裁。他是继詹姆斯·J. 希尔（James J. Hill）之后铁路业中最有权力的人，又是实力雄厚的银行小集团的发言人和主要成员之一，财产估计有5 000万到5亿美元之巨，这个数字视说话的是什么人而定。他去世的时候财产估计有2.5亿美元，这都是从华尔街赚来的，所以他是当

之无愧的了不起的交易者。

塔科尔告诉我，他刚刚接受了威廉姆森公司的职位，这个职位是为他特设的——流动交易经理，这是这家公司新开发的一种一般性业务。塔科尔说服威廉姆森增开几家分公司，其中一家开在某家大酒店里，另一家开在芝加哥。我猜想他们会建议我担任芝加哥公司的某个职位，也是经理，但是我一定会拒绝。我不会责怪塔科尔，我想再等，等跟威廉姆森面谈过再说。

塔科尔带我走进威廉姆森的办公室，介绍我们认识后就退了出去，避免打扰我们的谈话。而我，准备认真倾听，然后再拒绝。

威廉姆森是个风趣的人，有绅士风度，礼貌周到，总是以微笑对人，能感觉到他是一个很好相处的人，而且如果他跟你建立了朋友关系会保持很久。他很健康，而且心情总是很好，他很富有，但绝对不是那种为富不仁的人。这些特点再加上他的教养和社会经验，使他看起来礼貌而友善，并且乐于助人。

我什么也没讲，也没什么好讲的，我的习惯就是让别人先讲完再开始说话。有人跟我说已故的城市国民银行（花旗银行的前身）总裁詹姆斯·斯蒂尔曼——他是威廉姆森的好朋友——也是这样，总是用一张毫无表情的面孔示人，静静地倾听别人的讲话。跟他说话的人把该讲的话讲完了，但斯蒂尔曼继续看着他一言不发，说话的人觉得好像还应该再说一些话，这个人又继续说。斯蒂尔曼因为他的凝视和倾听经常使来提条件的人的条件比开口时要优惠很多。

我不说一句话的目的不是要引导别人提出更优惠的条件，而是想知道全部的事实。我可以在对方完整地说出来以后马上做决定，这样可以节省时间，不会发生毫无意义的争论。就我参与的商业计划而言，我可以对一件计划说是或否，但前提是我必须要了解事情的全部，否则我不会下定论。

威廉姆森在说，我在听。他对我说，他听说过很多我在股市上的事情，并对于我在不熟悉的棉花交易里受到重挫表示惋惜，是因为我的运气不好，才能让他有机会与我说话。他认为我是股票投机的天才，应该在股市发展而非做期货。

"利文斯顿先生，"他一直面带笑容地说，"这就是我想跟你合作的原因。"

"合作？怎么合作？"我问道。

"当你的经纪商，"他说，"我希望你能在我的公司里交易。"

"我非常高兴能在您的公司里交易，"我说，"可我现在做不到。"

“为什么不能？”他问。

“我没有钱。”我回答他说。

“这不是问题，”他很友善地说，“我出钱！”

这时他拿出支票簿，签了一张 25 000 美元的支票，交给了我。

“这张支票代表什么？”我问。

“你把它存在你的账户里，我希望你在我的公司里交易，不管赢还是输我都不在乎。如果这些钱都亏掉了，我再给你开一张私人支票，所以你不用太小心。”

我知道这家公司实力雄厚，业务非常繁忙，根本不需要我的业务，更没必要给一个人一笔钱当保证金。何况他表现得如此热情，不是以公司的名义给我信贷，而是给我现金，因此只有他知道钱是从哪里来的。唯一的条件就是我必须在他的公司里交易股票。何况如果这些钱亏掉了，他许诺还有更多的钱支援我。不过这里面一定有原因。

于是我问他：“这么做的原因是什么？”

“很简单，我就是希望你在我的公司里交易，这样公司就有一个以大手笔交易而闻名的顾客。每个人都知道你善于大手笔地做空，这也是我特别喜欢你的原因，你以大笔炒作而闻名。”

“我还是不明白。”我说。

“坦白说，利文斯顿先生，我们有两三位经常大手笔买卖股票的顾客，我不希望每次一卖出一两万股股票，华尔街都会怀疑我的顾客在卖出正在做多的股票。如果华尔街知道你在我们公司里交易，他们就不会知道放空的人到底是谁。”

这下我就懂了，他希望以我做空的名声来维护他姐夫的操作！一年半以前，我用做空操作赚到了有史以来最大的一笔财富。所以，每次股票下跌都有人习惯性地归罪于我，直到现在，股市一疲软他们就说是我在打压股价。

不用再考虑，我就肯定了这个可以让我东山再起的机会，而且，这个机会会让我很快得以重返华尔街。我接受了威廉姆森的支票，存在他们公司的账户里，开始了我的交易。这时的股市很活跃，涨势喜人，大部分的股票都飘红，因此不用只做一两只股票。之前还在说，那时我担心自己已经失去了正确的判断力，其实我的担心是多余的，根本就没那回事。在三个星期的时间里，我用威廉姆森借给我的 25 000 美元就赚到了 112 000 美元。

我去找他，说：“我来归还给你那 25 000 美元。”

“不，”他摇着手说，就好像我要给他喝一杯掺着蓖麻油的鸡尾酒一样，

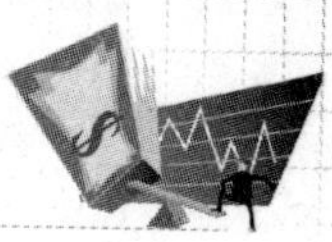

“不，小兄弟，等你的账户里积累了足够多的钱再还我吧，这钱我并不需要，你现在的账户还不够殷实。”

这个时候我犯下自己在华尔街的投机生涯里最让我后悔的错误，这个错误是后来漫长、可怕而痛苦的岁月的起因，我真应该还给他的。我正向着比我亏掉的钱更多的财富前进，而且速度相当快。三个星期来，我每星期的获利幅度都高达150%，从那时起，我逐渐加大交易的规模。但是我没有偿清自己的债务，反而继续让债务存在下去了，没有强迫他接受25 000美元。当然，因为他没有拿回他借给我的25 000美元，这使得我也能够赚取更多的利润。

我非常感谢他，但是我天生不喜欢欠钱或欠人情。金钱的债务可以用金钱来还，但别人给予我的好处和好心，我得用同等的东西报答。你要知道，这种道德的清偿代价会非常高昂，而且没有一个标准规定这种义务的界限。

我把这些钱还放在那里，继续开始了交易，交易进行得非常顺利，我精准的判断力又回来了，我知道要不了多久我失去的又会回来，就可以恢复1907年时那种意气风发的样子。我希望市场走势能够维持更久一些，这样我才能赚到比亏掉的还多的钱。赚不赚钱并不重要，让我高兴的是，我已经丢掉了犯错的习惯，丢掉了不受控制的习惯，这种习惯在这段时间里一直困扰着我，但现在我已经摆脱了这些困扰。

大约在那个时候，我开始看空股市，于是放空了好几种铁路股票，其中之一就是“奇撒皮克大西洋铁路”，我那时候大约抛掉了8 000股。

一天早上，我去了经纪公司，威廉姆森在开盘前叫我去他的办公室，对我说：“利文斯顿，请暂时不要放空‘奇撒皮克大西洋铁路’。你这次的操作不太好，我指的是你刚才放空8000股的事。今天早上，我会替你回补，并且转为做多。”

我确定“奇撒皮克大西洋铁路”会下跌，这是大盘告诉我的。我看空整个股市，不是臆测，而是确定会下跌。我适量地放空了一部分股票，直到觉得安全为止，我跟威廉姆森说：“你为什么这么做？我看空整个股市，我认为所有的股票都会下跌。”

他摇了摇头说：“我这么做是因为我正好知道一些奇撒皮克公司的内部消息，而这些事是你所不知道的，建议你在我给你提示之前不要放空这只股票。”

我还能怎么办？这不是空穴来风，而是董事长的姐夫的建议。威廉姆森不但是马昆德最亲密的朋友，而且他对我有恩，他表明对我的信任，也表明对我的话有信心。为了感谢他，我不能为所欲为。因此，我的感情再次胜过了理智，我屈服了。让我的判断臣服于他，这正是我毁灭的开始。感激是有修养的人必须具有的一种情感，但是，应该避免被感激绊住手脚。我为此亏掉了所有赚来的利润还欠公司15万美元，我觉得非常难过，但威廉姆森告诉我不用担心。

“我会帮助你摆脱困境的，”他承诺说，“我确定我可以做得到，但是，除非你允许我才可以这么做。你必须得停止你的风险交易，我不可能为了帮助你而破坏我的计划，你暂时可以不用理会股市，给我一个替你赚钱的机会，好吗？”

你说，我还能怎么办呢？我想到他的好心，我不能做任何可能会是忘恩负义的事情。我渐渐喜欢上了和他交往，他让人觉得轻松，而且非常友善。我记得我在他那里得到的都是鼓励的话，他一直安慰我，对我说一切都会好起来的。有一天，大约是六个月以后，他高兴地来找我给我一些信贷票据。

“我告诉过你，我肯定可以帮助你摆脱困境的。”他说，“现在我做到了。”我发现他不但帮我还清了所有债务，而且还剩下一笔小小的资金。

我知道，不用多久我就可以让钱变得越来越多，因为股市的行情很合适做空，但他对我说：“我替你买了10 000股南大西洋的股票。”这是他姐夫马昆德控制的另外一家公司的股票，马昆德主宰这只股票在市场上的命运。

如果有人对待你就像威廉姆森对待我一样，不管你怎么看后市，你都不能有所表示，只能说谢谢。你可能非常肯定自己的正确性，但是只能像西恩说的那样“你下注之前什么都不知道”。威廉姆森以我的名义下注，而用他自己的钱。

“南大西洋”下跌了，而且一直在低位徘徊，我又亏了，我不记得那10 000股让我亏了多少钱，最后威廉姆森替我卖光了这些股票。我欠他的钱更多了，但是你肯定从来没见过这么和蔼可亲而又不烦人的债主，他从没有说过任何抱怨的话，反而经常鼓励我。最后，他又不知道用了什么办法替我弥补了亏损。

他从来不告诉我操作的细节，我知道的也只是账户里的一些数字。威廉姆森只对我说：“用了另外一只股票的利润弥补了你的亏损。”他会告诉你他是怎么替你卖出7 500股别的股票，并且在上面赚了很多钱。我实话实说，在我欠他的债务消失之前，我始终不知道我的交易细节。

这种事发生了很多次之后，我开始思考。我从不同的角度看自己的情形，我发现我被威廉姆森利用了，一想起这个我就非常生气，但让我更生气的是自己居然没早一点发现。我完整地想过一遍以后马上去找威廉姆森，告诉他

我们的合作关系结束了，然后我就离开了威廉姆森—布朗公司。我从来没有埋怨过他或他的合伙人，这么做没任何好处，但我得承认我很痛心，对自己痛心也对威廉姆森—布朗公司痛心。

亏钱并不会让我困扰，我认为我在股市中亏了钱，一定可以学到很多东西，认为亏钱能让我得到经验，因此这些钱就是学费。一个人必须得有一些经验，但也必须为获得经验而付出代价。但是，我在威廉姆森公司的经历让我非常痛苦的地方就是丧失了大好的时机，亏钱不算什么，钱亏掉了可以再赚回来，可像我这样，失去了大好的时机，这时机可不是每天都会出现的。

你看，市场是很适合交易的市场，我的预测又很正确，我的意思是，我可以很精确地解读大盘。赚几百万美元的机会就在眼前，可我为了报恩而干预了自己的操作计划，我绑住了自己的双手。我必须按照威廉姆森善良的要求去做，总之，这样比跟亲戚做生意还让人郁闷，差劲！

这还不是最糟糕的事情，最糟糕的是经过这件事，我几乎找不到赚大钱的机会。股市非常平淡，情势继续恶化下去，我不但把钱又亏了个精光，而且再一次债台高筑，欠的钱比以前更多。那几年我非常贫困，1911 年至 1914 年，这四年没有钱可以赚，没有机会，所以我的情况比以前更加糟糕。

亏损的同时还伴随着对往事的惨痛回忆，这会让人非常不舒服，这是我心里无法摆脱的纠缠。当然，这种心态让我进一步毁灭，做投机交易的人有很多人性上的弱点，有很多犯错的机会。像我这样的人在威廉姆森—布朗公司的所作所为是很正常的事，但作为一个投机者不明智而且不应该的是让任何事影响自己的思考，做出有违自己意愿的事。知恩图报在股票上行不通，因为股市就那么大，大盘也不会给忠诚的人以额外的回报。我没有别的办法，我不会为了只图在股市中交易而忘记自己的本性。但事业终归是事业，身为投机客，我的事业一直在支持自己的判断。

这次的经验很不一般，我会告诉你这到底是怎么一回事。威廉姆森第一次看到我时说的话非常诚恳，之前每次他的公司交易几千股，华尔街就会断定是马昆德的手笔，他是这家公司的大作手，事实上也的确如此。他把所有的委托单都交给了这家公司，而且他是华尔街屈指可数的作手，他们让我做烟幕弹，掩护马昆德卖出股票。

我加入这家公司后不久马昆德就病了，他很早就被诊断出患了不治之症，威廉姆森在马昆德知道自己病情之前就知道了，这就是威廉姆森替我回补“奇撒皮克大西洋铁路” 股票的原因了。他那时已经开始卖出马昆德持有的投机股了，其中包括那只“奇撒皮克大西洋铁路”的股票。

马昆德去世后，财产管理人理所当然地要把他持有的股票变卖掉，那个时候市场已经进入了空头，控制住我对卖出马昆德的遗产有好处。我是个交易量大的作手，而且我对股市的看法通常都非常正确，这并不是我在吹牛。威廉姆森知道我1907年在空头市场中的交易很成功，他不能冒险让我自由交易。如果按我自己的方式操作，我会赚到很多钱，等他卖掉马昆德名下的投机股票时，我已经有能力操作几十万股了。如果我大力做空，我会让马昆德的继承人损失几千几百万美元，而马昆德这时的财产有一两亿美元。

对他们来说，控制我交易的成本比让我做空的成本要低很多。大力做空是我那时最应该做的事情，但因为我怀着感恩之情，我是不会拒绝威廉姆森的好意的。

我一直认为在我的作手生涯中这段经历是最有意思，也是最不幸的。如果把这个当教训，那这个教训的代价真是高得惊人，使元气回复的时间又拖后了很久。因为年轻，我还有机会等待几千几百万美元的再次到来，但是穷困潦倒的生活持续了五年，这实在是有点太长了，不管是否年轻，这都不是件令人愉快的事。没有游艇日子照样过，但没有市场，东山再起可就难了。一生中难得一见的大机会拿着我丢掉的钱包站在我面前，我却不能伸手拿回来。丹尼尔·威廉姆森真是个狠角色，他精明大胆，深具远见，还心思缜密，行动力和执行力都是一流的。他是个思想家，想象力丰富，能一眼看出对方的弱点并能根据这个弱点制订计划用以打击对方，他做了评估，很快就想出对付我的办法，不让我妨碍他的计划和方案，他全过程中并没有骗我半毛钱，相反，在账面上他表现得非常慷慨。他爱他的姐姐马昆德夫人，并且对她尽了他的责任。

第十四章

唯一要效忠的是正确

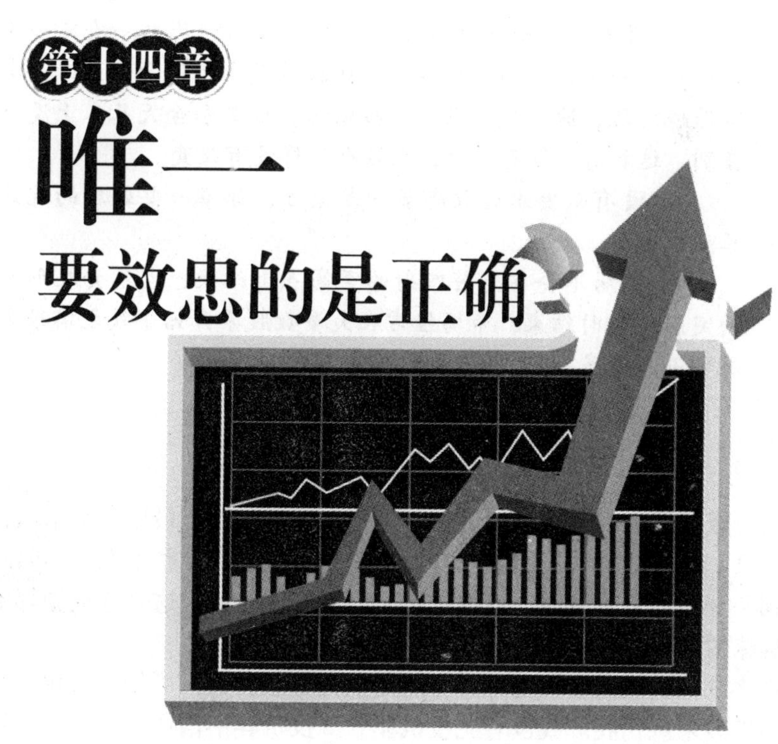

1. 交易者不仅要研究大盘形势、参考市场先例、了解普通交易者的心理以及知道自己所属经纪商的交易规则，还要认清自己，时刻克服自己的人性弱点。了解自己和研判大盘一样重要。

2. 没有一个地方像华尔街一样，可以让历史一次又一次放肆而又一致地重演，你在研究比较景气和恐慌的纪录时，会震惊地发现，股票投机或股票投机客，过去和今天基本上没有差别。这种游戏没有改变，人性也一样没有改变。

3. 没有必要永远效忠多方或空方，你唯一要效忠的就是正确！

4. 市场不会在光芒四射的至高点上结束，也不会在形态的突然反转时结束，市场经常在大多数股票开始下跌之前很久就已不再是多头了。

离开威廉姆森—布朗公司后，一想到失去了股市里最珍贵的东西，我就心痛不已。我正式进入长时间没有钱可赚的时期了，在整整四年的时间里我赚不到一分钱，极为贫困。就像比利·亨利杰说的："这是连臭鼬都不屑于放出臭味的市场。"

看来好像我注定应该受穷，可能是上帝想考验我，可是其实我并没自大到要用失败来惩罚我。我没有犯投机罪——投机客不偿还借方的债，我也没有像傻瓜一样犯过操作错误。我所做的或者说我还没做到的事就是在纽约42街以北的金融区获得别人的称赞而非责骂。在华尔街为了这些要花费高昂的代价，可是这样做很可笑。从威廉姆森这件事上看出，在投机市场上的投机者应该想办法让自己的人情味减少一些。

我离开了威廉姆森公司，去了别的经纪公司交易，每到一家我都亏钱。这是我活该，因为我在要求市场给我一些市场拿不出来的东西——投机的机会。我想融资是很简单的事情，因为我认识的人对我都很有信心。我告诉你一点，你就知道他们有多信任我了，我最后停止信贷交易时，欠下的债务远远超过了100万美元。

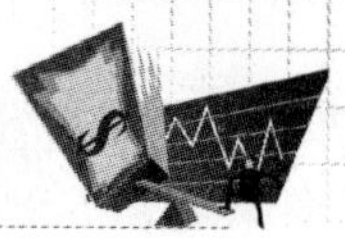

不是我没有了赚钱的能力，而是在这漫长的四年里市场根本就没有赚钱的机会。我不停地努力想赚到本钱，结果就是越输越多，欠了更多的债。我不想再欠朋友们的钱，所以我停止了交易，以替别人操盘维生。他们认为我精通股票这种投机游戏，就算在如此沉闷的市场里也一定会游刃有余地赚到利润，我就在这些利润中得到一定比率的酬劳——这时哪怕是半点利润都是好的。这就是我那时候的生活方式，应该说生存方式更恰当一些。

当然，我不是一直都亏钱的，但赚到的钱总是不够让我大幅减少欠债，情况越来越糟，我有生以来第一次感觉沮丧。

我觉得每件事都是错的。我没有为丧失上千万美元和游艇、自己债台高筑、生活非常简朴等而哀叹，我不喜欢那样，我根本就没有时间自怨自艾。我不打算再等下去，等上帝的救助，所以我还是得研究自己的问题出在哪里。事情明摆着，要想摆脱困境唯一的办法就是赚钱，要想赚钱，我得让自己每次必赢。以前我有过这样的战绩，这次必须得再接再厉。过去，我有不只一次从微小本钱积累到几十万美元的经历，我知道市场迟早会给我机会的。

我总是对自己说，不管情况怎样都是自己做错了，错不在市场。那么我现在有什么问题呢？寻找这个问题答案的态度就如同我研究股票不同时期的交易问题一样，需要冷静地思考，我可以确定，我的问题出在过于担心自己欠下的债务上，我没法摆脱沉重的精神压力。必须说，这不是单纯的欠钱问题，任何商业交易都会产生债务，我的大部分债务不是钱，而是非常不利的经济状况，就像商人遇到罕见而时间漫长的恶劣天气，相比之下，我的情形还没那么严重。

一天又一天，我还是无法清偿我的债务，我不再那么胸有成竹。我欠的债超过 100 万美元——全部都是亏在了市场上。我的大部分债主都很体谅我，没有找我的麻烦，只有两个人例外，他们一直在骚扰我。他们关注我的一举一动，每次我赚了钱他们都会出现在我面前，想要知道我会怎么处置这些钱，并且坚持要拿走一部分。我欠其中一个人 800 美元，他威胁我要送我上法庭，要扣压我的财产等。我不明白他为什么认定我藏匿钱财，除非我看起来不像是个穷困潦倒的无业游民。

我研究这个问题，发现症结不在市场而在于自己。我冷静地得出一个结论：如果我一直焦虑下去，我就没法赚到钱，可是反过来，只要我还有债务，我就得一直焦虑下去。也就是说，如果不停有债主在我还没赚到足够的本钱之前来讨债，干扰我东山再起的准备工作，我就会一直是这样的状态。这问题确实存在，所以我跟自己说：“你得让自己在法律上破产！”除此之外我没办法放松我的心态。

说起来很简单，也很合理，但是这样做不只是痛苦那么简单，我痛恨这么做，这样会使我陷入误解和偏见之中。我不在乎钱，也不会对钱很重视，不至于为了钱而骗人，但我不能左右别人对我的看法，我不知道别人怎么看待我。我会在再次站稳脚跟以后还清我欠下的每一笔债务，就算我破产了，但我还债的义务仍然存在。除非我还能像以前一样交易，不然还清100万美元的债务比登天还难。

鼓起勇气去见我的债主们，对我来说，这很困难，他们大多数都是我的老朋友。

我很明白地跟他们讲述了我的状况，我说："我并不是想逃避还债的责任，而是为了给自己和你们一个机会，我必须把自己放在一个能赚到钱的位置。两年前我就在考虑这个问题，但一直没有勇气面对，向你们坦陈，如果我早这么做了，对我们所有人都好太多了。简单地讲，就是我在受到责备困扰和债权人骚扰的情况下是没法恢复到以前的样子的。我现在决定要做早该做的事情，这就是我的全部理由，没有其他的了。"

第一个人说的话不仅代表他的公司，基本上还能代表其他所有人的想法。

"利文斯顿，"他说，"我们了解你现在的情形，我会告诉你我们的做法，我们会帮你摆脱困境的。你让你的律师准备一些必需的文件，我们可以在上面签字。"

这些就是我所有大债主说的话，这是华尔街好的一面。不只是简单的善心或公正的风度，而是非常明智的决定，因为这显然是生财之道。我非常感激他们的帮助和做事业积极进取的态度。

这些债主为我卸下超过100万美元的巨额债务，但有两个债权人不肯签字。一个是前面提到的那个我欠他800美元的人，还有一个是一家已经倒闭的经纪商，我欠他6万美元，而且破产管理人都认识我，从早到晚盯着我。即使有那几位大债权人签字的先例，法院也不会让他们签字了结的。总之，通过破产程序，我的债务从100万美元减到了10万美元。

看到报上刊登了我破产的启事，那感觉糟透了。我一直是全额清偿自己的债务的，这次的事情让我羞愧至极。我知道，只要我还活着，我会还清我欠的每一分钱的债务。但是看到这则消息的人都不了解我的想法，我每次出门都怕见到以前的熟人，很惭愧。没多久，这种感觉就消失了，我没法告诉你这种解脱的感觉有多轻松，也没法说清楚再也不受困扰或骚扰地出击再战是何等的解脱。

我已经解脱出来，没有了欠债引起的精神压力，可以放心大胆地交易了，这离成功又近了一步，下一步要做的就是筹集本钱。纽约证券交易所在1914年7月31日到12月中旬这段时间里关闭了，华尔街陷入大萧条之中，很长一段时间完全没有生意可做。那些我还欠着钱的朋友们，他们对我那么好，那么宽容，我很难再开口请求他们的帮助，我知道这已是他们的极限了。

能找到一笔钱作为本钱不是一件容易的事，纽约的证券交易所关闭了，我想找证券经纪商帮我的忙，但试过几次，都以失败告终。

最后，我决定去找丹尼尔·威廉姆森，这是1915年2月。我告诉他我已经摆脱了债务带给我的心理压力，现在可以像原来一样交易了。在他需要我的时候不等我要求，就借给我25 000美元让我交易。现在我需要他的帮助了，他对我说："如果你看到认为不错的股票想买，想要500股，你就去买，没问题的。"

我对他表示了感谢后就离开了。他曾经阻止我赚大钱，而且还在我的交易中赚取了丰厚的手续费，我承认，威廉姆森没有借给我一笔适当的钱让我相当难过。我打算从保守的交易开始，如果能交易比500股更多的股票的话能让我更快地恢复元气。但是，情况只能如此，这也是我东山再起的唯一机会。

得到威廉姆森的许诺，我开始研究整体的情势，而且把自己的问题着重拿出来思考。这时是多头市场，我和几千几万个交易者都清楚这一点，但我的本钱只是别人许诺给我的500股，这样，我的交易受到了限制，没有多少转寰的余地。这使我连最小的损失都承受不起，我必须得靠这500股累积起我所需要的钱，也就是说，我的第一次交易必须要赚钱，赚到货真价实的钞票。除非我拥有足够的资本，否则我没法运用我良好的判断力。没有充足的资金做后盾，我没办法用冷酷而冷静的态度来面对，也没有办法像原来一样先用小部分亏损来试探市场，然后再投大笔的赌注。

我当时处在作为一个投机客最重要的一个时机，如果失败了，即使还有机会也不知道从哪里或从什么时候开始，也不知道从哪里才能弄到一笔资金再次尝试。形式我已经很清楚了，我一定要等到适当的时刻再行动。

我再没有去过威廉姆森—布朗公司一次。我是说我在特意避开，避开他们有六个星期，这段时间我一直在研究大盘。我不靠近这家公司是怕在知道自己可以在他们公司交易500股后，会受不了诱惑而贸然行动，在错误的时间里选错股票。

交易者不仅要研究大盘形势、参考市场先例、了解普通交易者的心理以及要知道自己所属经纪商的交易规则，还要认清自己，时刻克服自己人性的弱点。倒是不用去痛恨自己的人性弱点，慢慢我知道了，了解自己和研判大盘一样重要。我研究过自己对冲动或市场活跃形成的诱惑会有什么样的反应，这时候的研究态度和精神跟我考虑收入或分析盈余报告时一样。

所以，这样过了一天又一天。我一样的分文皆无，还是急着想恢复交易，这时我却坐在另一家我连一股都不能交易的证券经纪公司里，坐在报价黑板前研究市场，不错过每一笔交易，等待重要时刻的来临好以全速冲刺。

1915 年初，在这段最重要的时期中我看好“伯力恒钢铁”，我几乎可以确定这只股票会大幅上涨。但是，为了确保我第一次交易就能赚到钱，而且必须如此，我决定等这只股票涨到突破 100 美元面值之后再操作。

我想我之前说过，我的经验告诉我，一只股票第一次突破 100 美元、200 美元或 300 美元时，几乎总是会再涨 30 ～ 50 点，并且在突破 300 美元之后会比突破 100 美元或 200 美元时涨得更快。在我先前的成功交易中有一只股票是“安纳康达”，我在它突破 200 美元时买进，一天后我在 260 美元时卖出。我在股票突破面值时的操作方法是在投机公司里操作时就有了的，这是一个很老的交易规则。

你可以想象到我渴望恢复到过去的交易规模的那种迫切的心情。我非常急切地想开始交易，这时脑子里已经装不下别的事情了，但我尽量地克制自己。我每天看着“伯利恒钢铁”上涨，越涨越高，跟自己的预测是一样的，可我还是得克制自己的冲动，不让自己跑到威廉姆森—布朗公司买进 500 股。这一次，我一定要尽我的全力安全地完成这第一笔交易。

这只股票每上涨 1 美元就表示我少赚 500 美元。开始上涨的 10 点表示我可以加码，使自己不光持有 500 股，而是已经操作 1 000 股了，这样每上涨 1 美元，我就应该多赚 1 000 美元。虽然如此，我还是坐在那里一动不动，不听自己心里发出来的催促，不听信念发出来的喧闹声，只听从经验发出的冷静的声音，以及常识给我的建议。只有拥有适度的本钱我才有资格冒险，在没有本钱时，冒险——即使是冒很小的险也是我无法承受的奢侈行为。耐心等待了六个星期的时间，我的冷静战胜了贪婪和希望。

这只股票突破 90 美元时，我动摇了，我冷汗直流、心里滴血。要知道，从开始我就看好这只股票，却没有买进，我少赚了多少钱呀。这只股票涨到 98 美元时，我对自己说：“它一定会突破 100 美元的，等它突破了，前面的障碍会被冲刷得干干净净的！”大盘也告诉了我这一点，实际大盘是用扩音器告诉我的。股价记录器显示 98 美元时，我在大盘上已经看到 100 美元了，这不是我臆测的结果，也不是心愿强烈让我看到的，而是看盘直觉所确定的。

所以，我对自己说："我不能再等它突破 100 美元了，我必须现在就买进，这时股票已经突破面值了。"

我急忙跑去了威廉姆森—布朗公司，买进 500 股"伯利恒钢铁"，当时的市价是 98 美元，我以 98 ～ 99 美元的价格买入的。买到之后，这只股票立刻飞一样地上涨，那天晚上的收盘价是 114 美元或 115 美元，我又买进了 500 股。

第二天，"伯利恒钢铁"涨到了 145 美元，这下我有本钱了。这是我的辛苦所得，为了等待这一刻，我用了六个星期的时间，这六个星期是我最耗神费力的六个星期。这样做是值得的，这一次使我赚到了足够的资本，可以用相当大的数目交易了。如果只靠 500 股，我不会有任何作为。

开门红很重要，这在任何行业里都是一样的。在"伯利恒钢铁"交易之后，我的操作很顺利——事实上是非常顺利，顺利到你不会觉得这是同一个人的交易成果。实际上，也的确是不同了，原来我被债务压得喘不过气来，致使操作错误百出，现在很轻松，可以确保每次都正确无误。没有债主，资金充足，这使得我可以思考，也没有妨碍我正确思考的杂音，所以我一直赚钱。

在我向确定的巨大财富前进的途中，突然出现了"露西塔妮亚号"被击沉而引起的股市下跌。一段顺利的日子之后，偶尔会被刺痛心窝，令人正视一个事实——没有人能对市场的判断百分之百正确，能不受不利事件的影响。我听别人说起过"露西塔妮亚号"被鱼雷击沉的事件，我觉得这个消息没理由会对股市造成影响。他们还说，早在华尔街知道这件事之前他们就知道了。我不够聪明，也没有灵通地预先得知这件事而采取行动，只能说，由于"露西塔尼亚号"被击沉使得股市下跌和我的不够聪明，没有预测到一两次的价格反转，所以亏损严重。因此，1915 年底，我在经纪公司的账户中只剩下大约 14 万美元，这是我的全部资金。不过，这一年的大部分时间里，我对股市的预测都是正确的。

1916年，我的表现就好了很多。我非常幸运，对疯狂的多头市场极为看好。市况同我预测的情形一样，所以我除了赚钱之外没任何事可做。这让我想起了标准石油公司已故的罗杰斯说过的话，大意是："一个人赚钱的时机到了，钞票是挡不住的，就像没有打伞在暴雨中行走一样，想不被打湿是不可能的。"这是我见过的最明确的多头市场，每个人都知道，协约国从美国购买各种物资，使美国成为世界上经济最活跃的国家。我们拥有别的国家所没有的商品，这使我们赚取世界上所有的现金，也就是说，全世界的黄金像洪水一样流进了美国。通货膨胀是难免的，也就是说，每样东西都在涨价。

从一开始情况就非常明显，股价的上涨几乎或完全不需要炒作，这就是准备工作比之前的多头市场少很多的原因。这就是“战争新娘”景气，这种景气比别的景气发展得更为自然，让大众所获的利润也是空前的。1915年股市利润的分配比华尔街往年的利润分配更为频繁。大家没有把全部的账面利润变成现金，也没有保留已落袋的利润，这只是历史的重演而已。没有一个地方像华尔街一样，可以让历史一次又一次放肆而又一致地重演，你在研究比较景气和恐慌的纪录时，会震惊地发现，股票投机或股票投机客，过去和今天基本上没有差别。这种游戏没有改变，人性也一样没有改变。

1916年，我顺从多头操作股票。我跟所有人一样看好后市，但同时我也警觉地看着这一切，我知道不管现在怎样，总有一天会结束，我想其他人也一样清楚这一点，我在这时候警醒着等待警讯的出现。我对消息从何而来不感兴趣，我并不只关注一点。我当时不认为，而且从来也不认为我该永远地只做一种市场。在我得到警讯之后，不管多头让我账户金额增加了多少或空头市场对我多慷慨，我都会义无反顾地做出反应，我不会坚守多方或空方。没有必要永远效忠多方或空方，你唯一要效忠的就是正确！

还有一件事要记住，那就是，市场不会在光芒四射的至高点上结束，也不会在形态的突然反转时结束，市场经常在大多数股票开始下跌之前很久就已不再是多头了。我等待的警讯终于来了，我发现，领涨股一只接一只地从高点上回档，回档之后没有迅速地回升，这是这几个月以来第一次出现的情形。显然，涨势结束了，多头结束了，我也该改变我的交易方式了。

很简单，在多头市场里大势是可以确定的，一定会往上走，所以，有哪只股票的走势与大盘相背，有经验的交易者一定会知道是哪里出了问题。你不能让大盘像个老师一样，明确地告诉你何时该出场，也不能等着大盘发一份标准的批准文件，而是要细心地倾听“弦外之音”。

我发现在惊人的涨势中的龙头股不再上涨，这些股票下跌了六七点后就停住不动了，同时，大盘在新的领导股带领下继续创新高。这些上市公司没有出任何问题，原因一定在别处。这些股票在最近的几个月以来都随势上涨，它们不再上涨了，多头走势并不为它们所停留，继续前进，这表示这些股票的多头结束了，但其他股票的多头仍然确定无疑。

你没有必要觉得困惑而举步不前，因为这当中没有逆流。我当时还没有看淡后市，因为大盘还没有告诉我这一点，离多头结束的日子还有段距离，但已不远了。在空头来临之前，多头还有钱可赚。事情就是这样的，我看空停止不涨的股票，看多还有力量上涨的其他股票，所以我一面买，一面抛。

我卖出停止上涨的龙头股，每只股票卖出 5 000 股，然后我再做多新的龙头股。做空的股票表现很差，而做多的股票走势强劲，最后，这些股票也不涨了，我反手做空，每只股票各放空 5 000 股。这时我的重点放在了放空上面，也就是说，再一次的赚钱机会将来自于大力做空。我可以确定在多头还没有结束前，空头已经开始了，但我并没有马上行动，我知道时机还不成熟。比国王本人还像保王党没有什么道理，太快这么做尤其没有道理。大盘只告诉我空方主力部队的先遣队已经全力推进了，时机正在成熟中。

我继续买进和卖出，大约一个月后，我一共放空了 60 000 股——12 只股票每只放空 5 000 股。这些股票都是一年前大众眼中的宠儿，是多头市场的领导者。这 60 000 股并不是很多的空头仓位，但这时市场也没有确定走空。

后来的某一天，整个股市的走势都非常疲软，所有的股票都开始下跌。这时，我放空的 12 只股票中每只股票我都赚到了至少 4 点的利润，我知道我做得非常正确。大盘告诉我，现在是放空的好机会，于是我马上把股票放空的数量增加了一倍。

我建立了自己的空头仓位，我在明显是空头的市场中放空股票。我没有必要下力气去打压，市场自己就照我的方式走了，我早早就看到了这一点，所以我能够耐心地等待。在我加码一倍之后，我有很长一段时间没有交易任何股票。大约在我建立好空头仓位后的第七个星期，发生了著名的“消息泄露事件”，股价大幅下挫。听说有人事先从华盛顿得到消息，威尔逊总统即将发表声明，很快会让欧洲重拾和平。美国的“战争新娘”经济繁荣全靠战争，所以和平是利空的消息。一个场内交易员遭到指责，说他靠这则事先得到的消息获利，但遭到他的否认。他说他卖出股票不是因为什么内部消息，而是因为他看出空头市场已经来临。我自己则在七个星期之前就已经把空头市场加码一倍了。

市场在这条消息出现以后严重下跌，我当然要回补空头部位，这是我那时唯一要做的事。突发事件是不会出现在你的计划之中的，这时你应该利用命运赐给你的大好时机。在严重的跌势里你会拥有庞大的市场，大到能让你在其中回旋，也是把账面利润变成现金的机会。就算在空头市场中，也不是经常会有不必自行拉抬价格以便回补 12 万股的机会，你要做的就是等待市场给你买这么多股票而又不会损害账面已有利润的机会。

我并没有指望大盘在那个特定的时刻因为特定的原因出现那么严重的崩跌。我前面已经说过了，凭我 30 年的交易经验，这样的突发事件通常会符合阻力最小的路线，我就是顺从这条路线，决定我在市场上的仓位的。必须要记住：绝对不要尝试在顶部放空，这不聪明，在回档之后如果没有反弹的机会就要放空。

1916年，我净赚大约300万美元，靠的是在多头市场延续时做多、在空头市场开始时放空。就像我前面说的，没有必要死守市场任何一方，不管是多头，还是空头。

那年冬天，我像原来一样，到美国南部的度假胜地棕榈滩度假，因为我非常喜欢在大海里钓鱼。我同时放空股票和小麦，两种交易都给我带来了可观的利润，没有什么事困扰我了，心情愉快至极。当然，除非我去欧洲，不然我不可能从股票和期货市场里脱离出来。比如，我在纽约州北部的埃迪隆达克（Adirondacks）家里就有直通纽约证券交易所会员公司的线路。

在棕榈滩时，我会定时到经纪公司的分公司去，我注意到我一直没再碰过的棉花在强劲上涨。就在这个时候——1917年——我听到威尔逊总统谋求和平的消息。这条华盛顿的消息从两条途径来，一条是新闻界的电报，一条是朋友私下传来的。这就是有一天我想到的，很多市场的走势反映出威尔逊总统会成功。和平马上就要实现了，也就是说股票和小麦都要下跌了，而棉花应该上涨。在股票和小麦上面我已经准备就绪了，很久以来我都没有在小麦上做过任何操作了。

那天下午2点20分时，我卖得没有半包小麦，在2点25分时，我相信和平立刻就要来了，于是我买进了15 000包棉花作为起步。我打算用旧有的交易方式操作这些棉花，这种方式我在前面已经说过了。

就在那天下午，市场收盘后，我们得到德国的“无限战争”的声明。谁都没有想到会这样，要做的就是等待第二天开盘。那天晚上在葛丽莱俱乐部里，美国最有势力的工业巨头建议用比那天的收盘价低5点的价格卖出所有的美国钢铁股，在场有几个从钢铁之都匹兹堡来的百万富翁，没有人接受他的建议。他们知道，股市一旦开盘，必将会大跌。

果不其然，第二天早上，股票和期货一片混乱，这是可以想象得到的。这些股票的开盘价比前一天的收盘价低了8个点，对我来说，这可是上天赐给我的回补所有空头部分的良机。之前提到过，在空头市场中有突发事件发生，最好的处理办法就是回补，这总是最明智的举动。如果你操作的仓位很重，这通常是快速而又安全的方式，是不用担心账面利润会缩水和把账面利润变成现金的唯一方法。比如，光是美国钢铁公司我就放空了5万股，当然我也放空了其他股票，只是有机会我就会回补。我的利润大约有150万美元，这是一个不容错过的机会。

在前一天交易的最后半小时我买进了15 000包棉花，一开盘就下跌了500点。这个下跌的幅度真是惊人，也就是说，一夜之间我就亏损了37.5万美元。虽然我对股票、小麦的很清楚，只要加补就可以了，可遇到棉花就不知道该怎么处理了。虽然我总是在自己犯错的时候认输，但那天早上我却不想认输低头，可是一想到我来棕榈滩是度假的，是想过上一段轻松愉快的日子，而不是被棉花的走势所困，此外，我在小麦和股票上已经大赚一笔了，于是，我决定在棉花上认输。我会把利润想成100万美元，而不是原来的150万美元，这一切也只记录在账面上，对我没有实际的影响。

要是我没在收盘前半小时买进棉花，我会节省40万美元，从这件事上看出来，哪怕只是小幅交易也能导致亏掉大钱。要知道，对交易来说，沿着阻力最小的路线行事再一次表现了它的价值。走势真的像我预想的那样，虽然德国人的声明给市场带了波动。如果情形按我预测的那样，股票和小麦一定会下跌，而棉花一定会上涨，我可以在三种市场上都赚一笔钱。不管是战争还是和平，我的仓位都完全正确，这就是意外事件帮助我的原因。在棉花市场上，我赌威尔逊总统的和平计划会成功，但德国领袖的宣言让我在棉花交易上亏损。

1917年初，我回到了纽约，偿还之前欠下的超过100万美元的巨额债务，对我来说，还债是件高兴事。本来可以提前几个月来还债的，但我没这样做，原因很简单，我那时正在如火如荼地交易，我需要这笔钱。为了我，也为了我的所有债主，我有必要利用1915～1916年绝佳的市场机会赚更多的钱。我知道我会赚更多的钱，所以我让他们等了我几个月才拿到他们本已不指望拿回去的钱。我不想零散地还清这些债务或者一次只还一个人的，而想一次性还清这一百多万美元。只要市场能协助我，只要我财力充足，我会继续大规模地交易。

我想支付利息，但所有签字答应我破产的债权人都坚决地拒绝接受。我最后还的是那个我欠800美元的家伙，他使我生活在压力之中，还频繁地骚扰我，让我没法正常交易。我让他听说我还清了别人的债务以后才拿到他的800美元，我想让他知道，如果以后还有人欠他几百美元，希望他能体谅一下别人。

这就是我东山再起的经过。

我清偿了所有债务之后拨出了相当大的一笔资金建立了年金。我下决心不会让身无分文、穷困潦倒、蚀本欠债的事情再次发生。我结婚之后，也拨出一部分钱给妻子建立了年金，儿子出生后，我也拨出一部分钱，替他建立了年金。

我这么做不全是害怕股市再一次从我手里抢走这些钱，而是我知道一个人会花掉他手里所有的钱，这样做可以让妻子和儿子免于受困。

我认识的人当然不止一个这样做，但他们大都在需要钱的时候哄妻子签字再拿出来，到最后还是都亏得干干净净。为了杜绝这样的事发生在我们身上，我已安排妥当，不管是我还是妻子做了什么，这些钱都会安然无恙，绝对安全，不用担心我们当中任何一个遭受打击，也不会受股市的影响，甚至不会因为妻子体谅我而有一丝一毫的损失。我绝对不冒险！

第十五章

投机交易

无绝对确定之事

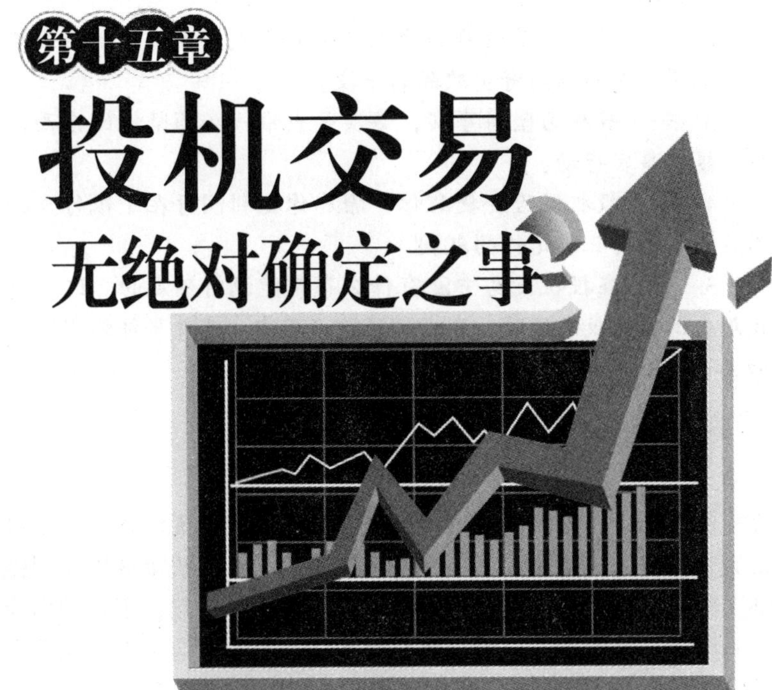

1. 在投机的风险中，发生意外事件的风险或者说发生无法预料的事件的风险概率最大。投机的风险很大，一个谨慎行事的人在投机市场里不想做一只“软脚虾”的话，他必须经受这些商业风险的考验。当然，正常的商业风险比上街过马路和长途旅行的危险系数要小很多。

2. ……诚实仍是最好的为人处世的方式。我认为赚大钱要正大光明，而非利用野蛮欺骗的手段。

3. ……我尽力坚持事实，事实是我唯一必须坚持的东西，我只根据事实行动。

4. ……投机风险会提醒你：除非你把利润存在了银行里，不然还不能真正算是你的利润。

5. ……在投机交易中没有什么事是能绝对确定的。这就是我想告诉你的我的经验，在我的风险名单中，意外事件的前边又加上了一条——“无法预测的事情”。

在投机的风险中，发生意外事件的风险或者说发生无法预料的事件的风险概率最大。投机的风险很大，一个谨慎行事的人在投机市场里不想做一只“软脚虾”的话，他必须经受这些商业风险的考验。当然，正常的商业风险比上街过马路和长途旅行的危险系数要小很多。我非常讨厌因为这些没人能预料到的意外而亏钱，比遇到不合时宜的暴风雨还厌恶。从出生到死亡这一漫长的过程里，生命就是一场赌博，我们没有预知未来的能力，但我能承受这些意外带给我的困扰。在我的投机生涯里，有许多次判断正确、操作正确，却因为一些阴险卑鄙的对手使用了不正当的手段而让我失去了应得的财富。

眼光长远而有洞察力的企业家能做到不被骗子、懦夫和流氓算计，不过我的运气还算好，只在一两家投机公司里遇到过卑鄙恶劣的欺骗，就算如此，诚实仍是最好的为人处世的方式。我认为赚大钱要正大光明，而非利用野蛮欺骗的手段。要是我在一家经纪公司里交易，还要担心有人在我不注意的时候做手脚，这可不是件令人愉快的事。公平竞争就是公平竞争，我可以告诉你十多个被陷害的例子，都是因为我信奉诚实守信、季布一诺的行为准则而

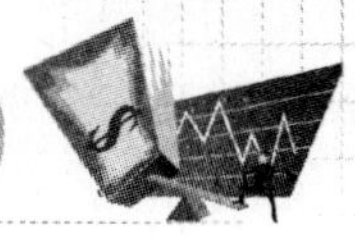

蒙受损失，但我并不会因此而对自己的行为准则产生怀疑，我也不会把这些事说出来，这样不具有任何意义。

小说家、宗教界人士或是妇女们总是喜欢把投机市场比喻成战场，喜欢暗示在证券交易大厅里总有贿赂在进行，这种说法有些夸张，还会误导大家。我的工作决不是争斗和竞争，我从来不跟别人或集团争斗，只是我们的看法——对基本形势的看法——略有不同。小说家、戏剧家们所说的商战其实就是大家对事实看法不同而已。“我尽力坚持事实，事实是我唯一必须坚持的东西，我只根据事实行动。”——这是伯纳德·M.巴鲁奇（Bernard M. Baruch）的成功秘密。我亏钱有一些原因，比如，或没弄清全盘形势，或没看清事实，或看出事实但晚了一步，或我没有根据事实做正确的推理……这些错误让我亏钱。

每一个有理智的人都会认为自己该为犯错而付出代价。一个人犯了错毫无例外地要受到惩罚，没有豁免权，而做得正确就不该亏钱，当然交易所规则突然改变而导致亏钱除外。我想起一些投机风险会提醒你：除非你把利润存在了银行里，不然还不能真正算是你的利润。

世界大战（第一次世界大战）在欧洲爆发，可以肯定的是商品价格开始上涨。这种预见就像预见战争会引起通货膨胀一样自然，战争延续得越久，物价上涨的时间就会越长。也许你还记得我在1915年忙着积累资金打算东山再起吧，那时候股票热潮出现了，我不想错过大好机会。我最稳妥、最轻松、最快速的几个大手笔操作都是股票，我想你还记得，我的运气非常好。

一直到1917年7月，我不但偿还了所有的债务，还积累了一笔财富，也就是说，我有时间、有钱，不仅想在股市赚钱，还打算涉足期货。我已经养成了研究所有市场的习惯，这时候的商品价格是战前的1～4倍，只有咖啡例外。这其中的原因很简单，战争爆发，欧洲市场关闭了，数量甚巨的咖啡运到了美国，积累下来导致美国生咖啡豆过剩，价格滑落。这时候咖啡的市价已低于战前，我开始考虑投机咖啡是否可行。咖啡价格暴跌的原因显而易见，还有一件事是可以预见的，德国和奥地利的潜艇战打得如火如荼，一定会导致用于商业运输的船舶数量大为减少，也会让进入美国的咖啡数量慢慢减少，进口减少，而消费数量不变，现在过剩的库存一定会被消化掉，到时候咖啡价格一定会像别的商品一样一飞冲天的。

不需要福尔摩斯的推理也可以预料得到这些，可咖啡还是没有人买，我也不知道原因。我在决定囤积咖啡的时候把这看成是投资而非投机，我有耐心等待获利，我坚信咖啡一定会给我带来丰厚的利润。时间的原因，使买进咖啡变成银行家的投资方式——保守，反而不像我这种赌徒的所作所为。

我在 1917 年冬天开始买进咖啡，囤积了一定的数量，可这时的市场平淡无奇，没任何动静。当然，价格也没像我当初所预料一样上涨，结果就是我握着我的咖啡长达九个月，没一点收获。

合约到期，我只能出清所有期权仓位，不用说，我的损失非常惊人，但我依然坚持自己的看法，只是时机拿捏得不准。我还是坚信咖啡会像其他商品一样上涨，所以我出清了所有咖啡之后没多久又买进了。第一次持有了九个月，让我亏得很惨，这一次我买进的数量是第一次的 3 倍，只要我买到手，我也买进延后到期的期权。

这次我终于做对了，第二次买进之后行情开始上涨，一夜之间，似乎每个地方的人都了解了咖啡的价值，看来我的投资一定会带给我非常可观的回报。

我的合约卖方是烘烤业主，他们大部分是德国人或者和德国有关系的商人，他们信心十足地在巴西购进咖啡，希望运到美国后大赚一笔，可没有船舶可以运输。没多久，他们就发现他们所处的境地有些尴尬，在遥远的南美洲有应有尽有的咖啡可供购进，而在美国却大量放空给我。

还记得我最初看好咖啡的时候价格还处于战前水准，而我买进后持有将近一年的时间，令我损失惨重。错误的惩罚就是亏钱，正确的报酬就是赚钱。这次我不仅正确，而且还持有重仓，我有信心会大赚一笔——咖啡价格的上涨幅度不用多大我就能赚到令人满意的利润，因为我有几十万包的仓位。我不喜欢用数字来形容我的操作，因为那数字非常庞大，以至于大家会以为我在吹牛。实际上我一直量力而为，我总是为自己留下宽松的余地。在这次的交易中我已经很保守了，我如此的任意买入是因为我找不到亏损的理由。事情对我有利，这个时刻我已经等了一年了，耐心和正确会让我获得丰厚的报酬的，我可以看到利润向我“汹涌”而来。其实这当中没有任何机关，只是因为我不盲目而已。

这几百万的利润安稳而快速地到手了吗？不，钞票并没有如约而至，他们没飞到我的口袋里！不是因为情势突然变化，让账面利润化为乌有，也不是美国突然咖啡泛滥，让价格飞速贬值，这到底是为什么？出了没法预料的意外！出了之前没经历过的事情，所以我没办法为此做出任何预防，我在经常复习的投机风险名单中又增加了一条。这都是那些卖空咖啡的人造成的，他们知道自己的命运将会怎样，于是要想尽一切办法脱困，不惜用欺骗的手段。他们赶去了华盛顿，想得到帮助。

如果还记得当年政府制订出很多种计划，用于防止日常必需品被囤积抬高价格,你一定知道其中的厉害。这些慈善的咖啡空头们找到战争工业局(War Industries Board) 的价格管理委员会 (Price Fixing Committee) ——我猜这可能是他们的官方名称——以爱国为名义呼吁这个组织保护所有吃早餐的美国人的利益，他们检举一个叫利文斯顿的人恶意囤积咖啡，如果不阻止这个人的投机行为，他就会从战争中牟取暴利，表示美国人民要被迫以昂贵的价格购买这些每天都要喝的咖啡。他们是爱国者——卖给我大量咖啡却找不到船装运的人，不能想象一亿美国人都要付钱并且还要向没良心的投机客致敬。他们是咖啡贸易者而非投机赌徒，他们很乐于帮助政府打击真实和假想的囤积抬价者。

现在有一群人在抱怨我，我并非指责价格管理委员会工作不力，没有抑制囤积抬价和浪费。就算如此也不能阻止我表达自己的看法，我认为委员会并没有深入研究咖啡市场的根源问题，他们制订了生咖啡豆的价格上限，也制订出现行合同的结束时间上限。这些规则一实行就表示咖啡交易所 (Coffee Exchange) 必须停止营业，我也只有一件事可以做，就是卖光所有的合约，我也只能这样做了。我原以为这次和原来的交易一样，可以确定拿到几百万美元的利润，可并没有如我所愿。我当时和现在一样，强烈反对任何人在日常必需品上获得暴利，可价格管理委员会任由其他商品的售价比战前上涨 2.5 ～ 4 倍之多，而这时生咖啡豆的售价实际上远远低于战前好几年的平均价格。看不出咖啡豆由不同的人持有会有何差别，任谁持有价格都会上涨。原因不是投机客操作的时候把良心丢掉了，而是过剩情况在慢慢消失，过剩情况的结束是因为进口减少，这完全是因为德国潜水艇对世界各国船舶的破坏。价格管理委员会还没等咖啡形成行情就踩了刹车。

就当时情况来说，强迫关闭咖啡交易所是错误的做法。如果没有价格管理委员会的干预，咖啡的价格会毫不迟疑地上涨起来，原因我已经说过了，这跟传说中的囤积抬价没关系。但是价格上涨——不见得会涨得离谱——会成为诱因。巴鲁奇先生说过，战争工业局在规定价格时考虑过供货源是否充足这个问题，因此，对一些商品制订上限的抱怨就不公平了。没多久咖啡交易所又恢复了交易，那时的咖啡售价高达每磅 23 美分，美国人民之所以付出如此高的价格是因为供应很少，供应少是因为价格在好心的空头们的建议下订得太低，低到不足以支付高昂的海运费用，使得咖啡不能继续进口。

在所有的期货交易中，这次的咖啡交易是我最合法最问心无愧的一次，这次更像是投资而非投机。我做咖啡的期货交易已有一年了，就算有赌博的成分，那也是那些拥有德国人姓氏和祖先并且爱国的烘焙商造成的——他们在巴西买入咖啡再卖给我。而价格管理委员会管制了唯一没有涨价的咖啡价格，他们未卜先知地在咖啡价格上涨前暂时保护了美国人民的钱包不受咖啡的伤害，可是没法一直保护下去，咖啡势必会涨价。生咖啡豆的价格一直在每磅 9 美分，可烘烤咖啡的价格却跟其他商品一样上涨两三美分，只有咖啡烘烤商得到了甜头。如果生咖啡豆每磅上涨两三美分，我就可以获得几百万美元的利润，如果事情这样发展的话，在后来的上涨大潮中普通美国人也不至于付出这么大的代价。

“事后诸葛亮”只会浪费时间，对事情不会有一点帮助，但是我在这次的交易中可以学到一些东西。这次的交易跟原来的交易一样顺利，可以预期的、非常合理的涨势让我觉得赚个几百万美元是手到擒来的事情，可我偏偏没有赚到钱。

还有两次相似的经历，我的损失是因为交易所管理委员会在没有事先预告的情况下改变交易规则，在这两次的交易中我的操作技术是正确的，只是在商业意义上，没有这次的咖啡豆交易这么完美。这让我知道了一点：你在投机交易中没有什么事是能绝对确定的。这就是我想告诉你的我的经验，在我的风险名单中，意外事件的前边又加上了一条——“无法预测的事情”。

除了咖啡豆事件之外，我的其他期货交易和股票交易一直在保持空头操作，都极为成功，因此我开始被无耻荒谬的流言蜚语所困扰。每次华尔街出现没法阻止的价格崩溃，那些专家和财经专栏作者都指责或暗示是我在打压。他们很多次指责我的卖出行为不爱国，却并不想知道卖出的真正原因是不是在我身上。我猜他们每次夸大我的交易规模和影响是为了满足大众的一种补偿心理，想为每一次价格波动找理由，他们的工作就是满足普通交易者的这种心理需要。

我说过几千遍了，任何炒作都不可能打压股票的走势，把价格压低。这一点都不神秘，只要花半分钟就可以思考出极为明显的原因。假设有一个作手打击股票，把股价压到低出本身价值的地步，想想，后来的事情会是怎样的？对，最精明的内线交易员会用很少的钱大量买进。因为知道股票价值的人看到如此动人的价格肯定会买进的，如果没有像预期那样买进，那一定是大势对他们不利使他们没法自由地调遣自己的资金，这样就不算是多头的状况了。

所有人在谈到空头打压时，总是认为打压股票等同于犯罪。但是把股票打压到低于它本身的价值的操作是十分危险的。要记住，遭到打压却不反弹

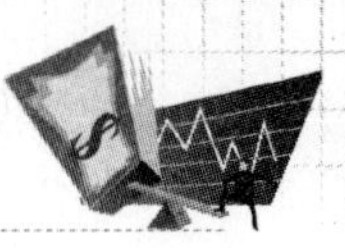

的股票一定是没有内线支持。如果有人打压——不合理地放空，通常会有内线在暗暗买进，这样就使得股价在底部区域不会停留很久。我想说，99% 的所谓打压其实都是应该的，而且还会加速股价的下跌。但是，如果这种情况是交易新手造成的，不用多大的数量就可以达到这样的效果。

“突然下跌和特别严重的暴跌大部分是作手造成的”，这种理论是编出来的，以这种简单而弱智的理由来骗那些盲目赌博、没有主见却又不肯动脑筋的投机客。一些可怜的投机客从经纪商和目的可疑的谣言制造者口中听到下跌是作手们打压的结果，他们不知道，其实这时应该把话反着来听。其中的不同是这样的：正确的空头消息是积极放空的明确建议，但是，反面消息——没有原因的——只能使你不明智地放空。一只股票因为暴跌而卖出是再正常不过的事了，但其中一定有原因，有些还不确定原因是什么，但一定会有一个的，这时应该坚决退场。如果下跌是作手的杰作，那出场就不明智了，因为他们一旦停止打压，价格马上就会反弹，这就是反面消息。

第十六章 靠小道消息交易极为愚蠢

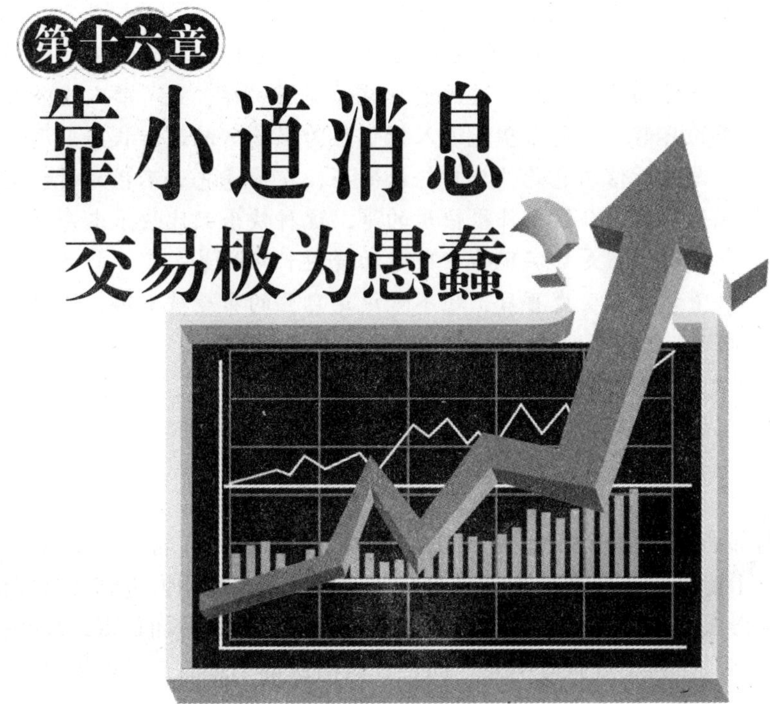

1. 内部消息！交易者都想得到的内部消息！大家不仅希望获得内部消息，还热衷于传播，都跟贪婪和虚荣心有关。……传播消息成为一种散布很广的连锁广告。这些小道消息的发源地就是炒家，他们非常努力，因为说到底这些消息都是假象，没有一个活人能禁得住假象的诱惑。

2. 靠小道消息交易是极为愚蠢的行为，我非常不屑于听信和传播这些消息。追逐消息就像酗酒一样，是一些人没法抗拒的喜好，总是希望能进入他们认为很陶醉的迷醉状态。没有主见地听信消息是件非常轻松的事，在你意志力不强的时候别人告诉你怎么做是件很快乐的事，这种快乐只比快乐本身差一点点而已，是你实现心中理想的漫漫长路的第一步。与其说是欲望让贪心变成盲目，还不如说是自己的希望被束缚，不愿意思考。

内部消息！交易者都想得到的内部消息！大家不仅希望获得内部消息，还热衷于传播，都跟贪婪和虚荣心有关。看到那些聪明人也到处打探消息，让人觉得很有趣。传播小道消息的人不用为消息的真假而负责，那些打探消息的人不只是为了寻找好消息，而是什么消息都不想放过。如果这次的消息准确，那很棒；如果不准确，那就是运气不好，期待下一次会变好。说到小道消息我自然地就想到了散户，不过还有一种炒手和作手，他们从来都是以消息为准则来操作的。他们认为适当散布些小道消息可以起到宣传的作用，是世界上最管用的“销售手段”，因为听信消息和传播消息的人都是一样的，都会起到散布的作用，传播消息成为一种散布很广的连锁广告。这些小道消息的发源地就是炒家，他们非常努力，因为说到底这些消息都是假象，没有一个活人能禁得住假象的诱惑，所以精心研究如何散布小道消息是门艺术。

我每天都会收到成百上千的小道消息。我跟你讲一个与婆罗洲锡业公司有关的故事，不知道你是否还记得这只股票上市时的情况？当时是大盘的最高点，这家公司接受一个银行家的建议，立刻在公开市场上销售公司的新上

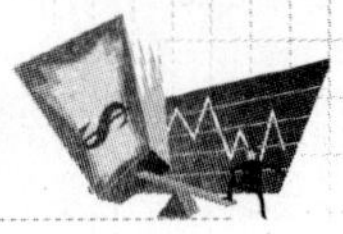

市股票，抛弃了由经销商销售的模式。这是个好主意，但因公司成员没有经验而犯了一个错。他们不知道在市道极度繁荣的时候股市会狂热到什么地步，他们不够明智也不够大方。他们认定以高定价销售股票是明智之举，但他们的挂牌价格高得吓人，那些买进的交易者和投机商满口怨言。

按理说，这种情况下公司应该会骑虎难下，可正好相反，在如此疯狂的多头市场里他们的贪婪显得相当保守。只要发布小道消息，什么样的股票都能卖得出去。这时候没人打算投资，所有人都想既轻松又快捷地赚钱，想要靠赌博赚一大笔。因为战争，各国都在大量购买各种物资，黄金大量流进美国。他们告诉我说，这家公司在制订上市开盘价时把价格提高了三次，第一笔交易成交后大家才开始买卖。

他们希望我加入集合基金，我研究了一下觉得没必要，还是自己干自己的好些，因为我会依据自己的方式交易，遵循自己的规则行事。婆罗洲锡业公司上市之前我就知道他们的实力，也知道他们上市前后的一系列做法，还知道当时普通交易的疯狂程度，就在挂牌上市那一天的第一个小时我就买进了 1 万股，至少在那个时候看来，挂牌上市的计划十分成功。公司很快就发现买入需求非常大，所以认为短时间内卖出这么多股票是不明智的。他们发现我买进了 1 万股，同时也发现就算他们把股价拉高二三十点，也一样可以卖掉手中的股票。他们也断定，我手中持有的 1 万股，将会从他们认为已经稳如泰山的千百万美元的利润中抢走一大块。因此他们稳住了股价，并且想尽一切办法要把我清理出局，但我一直坚如磐石，没有办法他们只好当做运气欠佳，不再理我，他们不想因此而失去对市场的控制权。接下来，他们开始大力度拉抬股价，就算如此，放掉的股票也不会影响他们的掌控力。

他们看到股价高得离谱就开始梦想赚进几十亿美元的利润。当婆罗洲锡业的股价涨到 120 美元时，我打算卖出我手中的 1 万股。我的这笔卖单压制了上涨的势头，公司让负责炒作拉升股价的人暂时放一放。在此后的反弹中，他们再一次大肆炒作，制造这只股票的繁荣景象，调动了相当大一部分所持有的股票，事后证明如此拉抬的成本非常高昂，最后他们让这只股票涨到了 150 美元。可这时多头市场已经完全消失，最后股价一路下跌，这家公司不得不抛出手里的股票，卖给了那些喜欢在回档时买进的人，这些人根据错误的假设认为原来 150 美元的股票现在只要 130 美元就可以买到，等再跌到 120 美元时认为捡了一个大便宜。这家公司不仅放出小道消息给场内交易员，这些交易员可以制造出一些短暂但活跃的气氛，还放出消息给投机公司。这家公司使用了他们知道的每种小手段，这些小手段都会收到一些对他们有益的效果，傻瓜们就这样掉入了他们设下的陷阱。问题是多头已经消失，婆罗洲锡业公司的人没有看出来，当然就算看出来了也不会承认。

我那时候正跟妻子在棕榈滩度假，我在格里得利俱乐部赢了点钱，回来给了妻子 500 美元分红。无巧不成书的是，她在那天的晚宴上遇到了婆罗洲锡业公司的总裁维森斯坦（Wisentein）先生，维森斯坦这时候已经是公司股票炒作集团的领导者了。很久以后我才知道，在维森斯坦刻意的安排下他和我妻子在餐桌上成为邻居。

他对我的妻子大献殷勤，一直谈笑风生，忽然很神秘地对她说："利文斯顿太太，我要做一件我从来都没做过的事，我非常高兴，我想您应该了解的。"他停了下来，用殷切的目光看着我妻子，确定她不但聪明还很小心。当然，他如此清楚的眼神，让我妻子看不出来也难，她只是淡淡地说："是呀。"

"利文斯顿太太，能认识您和您先生真是鄙人的荣幸。我刚才说的话非常诚恳，我想您能感觉得到，因此我非常想跟你们多多交流。我想我不用说你也知道我要说的话是很机密的。"接着他悄悄地说，"如果你们买婆罗洲锡业的股票的话，我相信你们会赚很多钱的。"

"真的吗？"她问道。

"就在我刚刚从旅馆里出来的时候我收到了一封电报，上面写的消息可能要几天后才会对外公布。知道这消息后我打算尽我最大的可能买进这只股票，如果你明天早上一开盘就买入的话我们的买入价一定会一样的。我保证，这只股票一定会上涨，这件事我只告诉了你，绝对只告诉了你，我保证！"

我妻子礼貌地感谢他，并告诉他自己对股票一窍不通，但是他仍然向我妻子保证只要她机械地买卖就行了，其他的不必了解。为了确定我妻子听懂了他的话，他重复了好几遍。

"我向你保证，你只要买了婆罗洲锡业的股票，你绝对不会亏损半毛钱。我到现在为止从来没有向别人透露过任何有关股票的内部消息。我可以很确定地说，这只股票绝对不会低于 200 美元，所以我特别希望你们能赚到钱。我自己当然不可能买进所有的股票，所以我想除了我之外还让别人也赚到钱，我首先想到的是你们，而不是一些陌生人。这是真的，我悄悄地告诉你是因为我知道你不会把这些话说出去，相信我，利文斯顿先生一定要买进婆罗洲锡业公司的股票。"

他如此热心，成功地说服了我妻子，她开始想利用我给她的 500 美元做点什么了。这些钱来得容易，又不在她的日常家用里。也就是说，如果她运气不好，这笔钱亏了对她也没有任何损失。她相信自己一定可以赚到钱，而

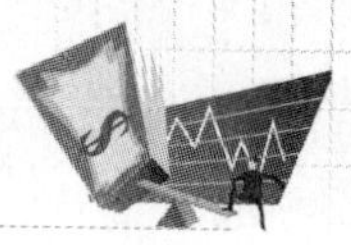

且是靠她自己的力量赚到钱，并且事后告诉我真相那感觉一定让她很有成就感。

第二天早上股市开盘前她就去了哈定兄弟公司的交易大厅，对经理说：“哈利先生，我想买一些股票，但我不想放在我的账户里，因为赚钱之前我不想让我丈夫知道，您能帮我的忙吗？”

哈利说：“当然可以，利文斯顿夫人，可以在特别账户里进行交易，您能告诉我是哪只股票，要买多少股吗？”

她拿出那500美元交给了哈利，并对他说：“请您听我说，我希望这次的交易就算亏损了也不要超过500美元，如果真的亏损了，也不要让我欠您半毛钱，当然，还请您保密，我不想让我丈夫知道这件事。请您在开盘的时候替我买进‘婆罗洲锡业’。”

哈利接过钱向她保证不会告诉任何人，然后在开盘时替她买入了100股。我猜她买入时是108美元，这只股票当时的交易很活跃，收盘时上涨了3点。我妻子对她的这次行动满意至极，她可是费了好大劲才忍住没跟我透露半个字。

那时我看空整个股市，“婆罗洲锡业”的巨量交易使我注意到这只股票。我觉得这时候任何股票都不该上涨，这只股票更不该如此。就在那天，我决定放空婆罗洲锡业公司的股票，并且以放空1万股“婆罗洲锡业”为起点。现在回想，如果那天我没有放空，“婆罗洲锡业”至少会上涨五六点，而不仅仅是三点。

第二天一开盘我又放空了2 000股，将要收盘的时候再次放空2 000股，这样一来，这只股票已经跌到了102美元。

哈定兄弟公司棕榈滩分公司的经理哈利在第三天的早上焦急地等待着我太太的到来。她通常会在上午11点的时候去看看股市行情，也看看我有没有在忙。

哈利一看到她就把她拉到了一边，说：“利文斯顿太太，如果您还打算持有那100股‘婆罗洲锡业’，您还得再给我一些保证金。”

“可是，我没有钱了。”她说。

“我可以把股票转到您的账户里。”哈利说。

“不行，那样我丈夫就知道这件事了。”她摇着头说。

“但这笔交易已经亏损了。”他面露难色地说。

“之前我跟您明确地讲过，我不希望亏损额度超过这500美元，我甚至不希望把这笔钱通通亏光。”

“我当然知道，利文斯顿太太，但是在没有确定您的决定之前，我不能随意地卖出这些股票，除非您现在授权我继续持有，不然我只能卖掉了。”

“可是这只股票在我买进的时候表现还那么好，这才两天时间呀。”她说，“它的表现这么差，我真的不相信。”

“是的，我也不相信会这样。”哈利顺着她的话回答。在证券经纪公司里工作的人都是八面玲珑的。

“为什么会这样？哈利先生。”

哈利当然知道是怎么回事，但是他不能告诉她真相，不然她就会知道是我的原因，这时候像我这样的顾客的利益才是至高无上的。所以他说：“我也没听到有关这只股票的事。天哪，又开始下跌了！已经跌到这一轮的底了。”他边说边指给我妻子看。

我妻子瞪着这只股票的报价，紧张地问：“那哈利先生，我不想让这500美元化为乌有，我该怎么办呀？”

“我也不知道，但如果我是您的话，我就去问利文斯顿先生。”

“不行！我可不希望他知道我买了股票，因为他之前说过他不希望我投机。如果我想买股票了，他会替我买好，我的交易他了如指掌，这样的事从来没发生过，我不敢告诉他。”

“没关系的。”哈利安慰着她说，“他是股市的专家，他知道这时候该怎么做的。”

我妻子还是不停地摇着头，这时哈利换了副非常严肃的表情对她说：“不然你就得拿出一两千美元来填平这个窟窿，保护你的‘婆罗洲’。”

这下难住了她，焦虑地徘徊在交易大厅里，行情越来越弱。这时候她才忐忑不安地走到我面前，面有难色地对我说想跟我单独谈谈。我们就去了私人办公室，她狠了狠心把事情和盘托出，我安慰她说：“小傻瓜，你不要管了，交给我好了。”

我还了她500美元，她不再为这件事担心了。这只股票当时的票面价格刚好是100美元。

我知道了这其中的机关，维森斯坦是个非常有心计的人，他以为我妻子会把话传给我，我就会听他的话关注这只股票。他知道大手笔的交易肯定会吸引我，因为我以大手笔操作而闻名，我猜他会以为我一下就买进一两成股。

我听过的所有小道消息中，这次是安排最精心、策划最缜密的一次。但这次的计划失败了，必败无疑。首先我妻子刚巧在那一天得了一笔意外的500美元，这给冒险精神以物质基础；其次她希望靠自己的能力赚一些钱，

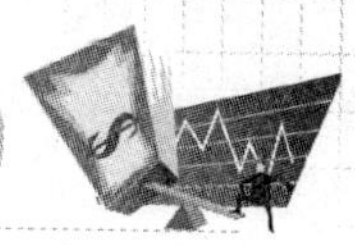

这时她女人的天性让她无法抗拒这种诱惑，她知道我对投机有自己的看法，所以不敢跟我说，可维森斯坦并不知道这里面的缘故。

他还不了解我，他并不知道我属于哪种交易者——我从来不听内部消息，而且那时已经看空后市了。他以为巨量加三点的涨势这种战术可以诱骗我买入婆罗洲锡业公司的股票，他万万没有想到，婆罗洲锡业公司就是我放空市场的起点。

知道了我妻子的小秘密以后，我就更大力地放空婆罗洲锡业的股票了。每天开盘后和收盘前我都要固定放空一笔让他们收手，直到出现让我回补的机会，赚到丰厚的利润为止。

靠小道消息交易是极为愚蠢的行为，我非常不屑于听信和传播这些消息。我认为追逐消息就像酗酒一样，是一些人没法抗拒的喜好，他们总是希望能进入他们认为很陶醉的迷醉状态。没有主见地听信消息是件非常轻松的事，在你意志力不强的时候别人告诉你怎么做是件很快乐的事，这种快乐只比快乐本身差一点点而已，是你实现心中理想的漫漫长路的第一步。与其说是欲望让贪心变成盲目，还不如说是自己希望被束缚，不愿意思考。

投机市场的门外汉最有可能成为沉迷内部消息的一群人，纽约证券交易所的营业大厅里的那些人也一样的糟糕。他们当中有很多人对我不向任何人透露消息而感到非常不满，这一点我非常清楚。如果我对一个人说让他马上卖出 5 000 股“美国钢铁”，他一定会立刻照做的。但我如果跟他说我看空后市并且非常悲观，我详细跟他解释他一定心不在焉，我说完以后他会很生气，怪我跟他说了一堆没用的话而耽误了他的时间，并且还会怪我不给他一个明确的买卖股票的消息，他还会怪我不像华尔街的那些没有心机的好心人一样，没有把几百万美元放在朋友、熟人或陌生人的口袋里。

所有人都相信奇迹，这是对未来不切实际的幻想。很多人经常会陷入对希望的无穷幻想之中，这些醉汉都是典型的乐观主义者，他们都是盲目追求消息的人。

我认识一个人，他是纽约证券交易所的会员，他就是这样，觉得我是个非常自私冷酷的人，因为我从来没跟他说过我的打算，也没告诉他该怎么做。那是很多年前的事了，有一天，他跟一个记者闲聊，记者随口说他从一个很有权威的人那里听说，G.O.H 股要上涨了。这个朋友第二天就买入了 1 000 股，可是成交后很快就开始下跌，还没等到他止损就亏掉了 35 000 美元。两天后，他又遇到了这个记者，心里老大不高兴，对记者抱怨道：“太糟糕了，你给我的那个消息太糟糕了。”

“什么消息？”记者一脸茫然地问道，看来他已经不记得这件事了。

“就是G.O.H股票的内部消息呀，你说你从权威的人那里听来的。”

“哦，的确是很权威的人物，他是身兼公司财务委员会委员的董事。”

“这人叫什么名字？”我的这个朋友愤愤地问道。

“你一定知道的，就是您的岳父威斯莱。”记者笑着说。

“上帝，你怎么没告诉我是他呢！”我的这个朋友哀叫道，“你害我亏掉了35 000美元！”显然，他不相信自己家人传过来的消息。离开消息源越远，消息就越有含金量。

威斯莱先生是一个富有的成功银行家兼作手。有一天他遇到约翰·盖茨，约翰·盖茨问他都知道些什么消息，他回答：“如果你会相信我说的消息我就告诉你一个，如果你不相信，我才不会浪费力气来告诉你呢。”

“我当然会相信啊。”盖茨一脸高兴地向他保证说。

“那就放空‘里丁公司’！少说可以赚25点，而且还可能不只25点。可以保证至少赚25点。”老头儿很认真地说。

“非常感谢你，威斯莱先生！”盖茨表示了感谢又热情地跟老头儿握了握手。这个总是说“跟你赌100万”的盖茨就回他的经纪公司去了。

威斯莱专炒里丁公司的股票，他对这家公司了如指掌，经常跟他们的内线人士打交道，所以里丁公司的股票对他来说没有任何秘密，这是每个人都知道的。现在他让这个有“西部炒手”之称的盖茨放空这只股票，你想想吧。

结果，里丁公司这只股票一直不停地上涨，在几个星期内大概涨了100点。有一天盖茨在街上遇到了威斯莱，威斯莱假装没看到他，打算就这么走过去，盖茨可不这么想，他走到了威斯莱面前，一脸的笑容，把手伸给了威斯莱，老头儿莫名其妙地回握了他一下。

“我得感谢你给我里丁公司的内部消息。”盖茨说。

“我什么时候给你的消息？”威斯莱皱着眉拼命回忆着。

“你说过，而且我还根据这条消息赚了6万美元。”

“赚了6万美元？”

“是呀，你真的不记得了？你前段时间让我放空里丁公司的股票，于是我就买进！只要反着操作你给我的消息，我就一定会赚钱，威斯莱先生，而且屡试不爽。”约翰·盖茨愉快地说。

威斯莱看着兴高采烈的盖茨佩服道：“盖茨，如果我有你这么聪明，我现在一定富可敌国了。”

有一天，我遇到了华尔街的交易员们非常喜欢的漫画家罗杰斯先生

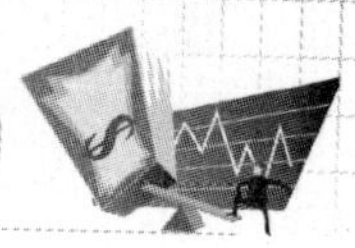

（W.A.Rogers）。他画的漫画在纽约的《先驱报》上连载了很多年，让很多人在其中得到快乐。交谈中他告诉我一个故事，这个故事发生在美国和西班牙开战之前。

一天晚上，他和一个做经纪的朋友一起吃饭聊天，分手时他从衣帽架上拿取自己原来放在那儿的圆礼帽，至少他认为那是他的，因为款式相同，而且戴起来很合适。

当然整个华尔街都在谈论着跟西班牙宣战的事情，所有人都猜测大战是否会打响。一旦开战，整个股票市场都会下跌，不光美国人会抛出，连持有美国股票的欧洲人也会大量抛出；如果战争不会发生，铁定应该买进股票，因为在报纸对实事的夸张渲染下股市已经跌了很长一段时间了。罗杰斯继续讲后面发生的事：

"前一天晚上，我在这个做经纪的朋友家里过的夜，第二天一早他就去了交易大厅。他站在那儿心里七上八下的，不知道该从何入手，不知道该信哪一方的话，因为他觉得哪一方的理由都很有说服力，他也分辨不出那些话的真假，没有任何一个可坚信的消息出现给他指明方向。他一会儿认为战争没法避免，一会儿又觉得和平也不是办不到。他一直处于焦虑当中，这使得他的体温上升，不时地脱下圆礼帽擦拭额头上的汗。他正处在两难的卖出或买进的较量之中。

"在两难之间，突然看到手里的帽子的衬里上绣着'W.A.R'（战争，此时为罗杰斯先生的名字的缩写），这正是他需要的指示。难道这是上帝给我的指引？于是他大手笔地放空股票。没多久战争开始了，他在大跌中回补，狠狠地赚了一笔。当然我的那顶帽子是拿不回来了。"

这就是罗杰斯的故事。

我还听过一个故事，这个故事比罗杰斯的故事更有意思，这故事发生在纽约证券交易所著名的会员胡德（J. T. Hood）身上。一天，一个叫伯特·沃克（Bert Walker）的交易员对他说，因为他曾经帮过大西洋南方铁路公司一个董事的忙，为了表示感谢，这个董事告诉了他一个内部消息，说是公司的董事即将采取一些行动，会让这只股票上涨至少25点，建议他尽可能地买进这只股票。所有的董事都没有参与这件事，但大部分董事都会保证投赞成票。

沃克断定这家公司会有很高的配股率，他告诉了胡德这件事，他们各自买了好几千股大西洋南方铁路的股票。他们买入之前这只股票的走势就很弱，买入之后也不见任何起色，但胡德说，这显然很方便内线低吸股票，而这个内线炒作集团就是由向沃克表示感谢的那个董事主持的。

一个星期就这样过去了，下一个星期的星期四那天收盘后，大西洋南方铁路公司召开董事会议，通过了配股决议，星期五早上开盘后仅六分钟，这只股票就跌了六个点。

沃克非常生气，他去找那个知恩图报的董事，董事知道这件事后觉得很难过，非常后悔，因为他忘记了给沃克的买入建议。他同样忘记了告诉沃克董事会的全体决议改变了计划。他为了补偿沃克，又告诉了他另一个内部消息，他解释说，他的几个同事想要趁机买进这只股票，这当然破坏了他事先的计划，但他必须对这件事做出让步，这样才能赢得这几个同事的赞同票。现在他的这几个同事已经吃饱了，再没有什么可以阻挡股票的上涨了。现在买进大西洋南方铁路的股票无疑获得了双倍的保证，十拿九稳地会上涨。

沃克不仅原谅了他，还对他表示了感谢，告别了这个好心的董事，就兴冲冲地跑去找胡德，告诉胡德这个喜讯。他们马上就要大赚一笔了。先前听从内部消息的指引股票结果下跌了 15 点，现在根据董事的话觉得情势很明显，所以他们又合起来买入了 5 000 股。

买入就像是按了下跌启动铃一样，一买入就大跌，其实很明显，这是内线卖压。两个场内交易员很高兴地证实了自己的猜测，也很高兴地卖出了手中的 5 000 股。卖完之后沃克火冒三丈地说："要不是这个混蛋去了佛罗里达，我一定要给他一些颜色看看，真的，我一定会这样做。现在，跟我来！"

"去哪儿？"胡德问。

"我们去电报公司，我要发一封让这个混蛋永远也没法忘记的电报。"

胡德跟着他去了电报公司，沃克已经气得没了理智——5 000 股让他损失惨重——骂了很多骂人的经典词句，边写边念给胡德听，写完了说："这样写就非常接近我对他的看法了。"

他正要把写好的电报递给柜台里的营业员，胡德拦住了他，说："等等，沃克！"

"怎么了？"

"我不想发这封电报。"胡德认真地说。

"为什么？"沃克不理解地问。

"这样会激怒他的。"

"这不就是我们的目的吗？"沃克狐疑地看着胡德。

胡德还是摇着头，说："这封电报发出去，那我们永远也别想在他那儿拿到内部消息了。"

这件事是一个职业交易者告诉我的。在这里谈论追捧内部消息的傻瓜有什么用吗？当然，这件事只是告诉我们，大家接受内部消息不是因为他们愚蠢，而是因为他们迷恋用希望做成的鸡尾酒。罗斯柴尔德男爵的致富秘籍比投机管用多了。

有人问他："在股市赚钱难吗？"

他回答道："不难，正好相反，非常容易。"

"那是否因为你本来就这么富有？"这人反驳道。

"当然不是，我找到一个简单易行的方法，照此实行，想不赚钱都难。如果你想知道，我就告诉你，那就是我从来不在底部买进，而且很快就再抛掉。"

交易者有很多种类型，五花八门的，大部分人都喜欢存货、统计盈余和阅读各类数字资料，以为这样就跟事实离得更近并且千真万确了，这时候人性的影响就降到了最低。很少人喜欢独立操作，但在我认识的人中，最聪明的一个人是靠脚踏实地和勤俭起家的，他到华尔街后俭朴的本性一直没变，这一点跟拉塞尔·赛吉很像。

他精于调查研究，不屈不挠，一定要把问题弄个水落石出。他相信自己的判断，用自己的眼睛观察，别人的眼睛对他不起任何作用。那可是很多年前的事了，他那时候好像持有大量的爱奇森铁路公司（Atchison,Topeka & Santa Fe Railroad）的股票。后来他听说了这家公司让人不安的有关管理层的报道，这家公司的总裁雷恩哈特先生不是个令人称赞的管理人，他非常奢侈，他的昏庸令这家公司一团糟，任其如此发展下去，后果一定不可收拾。

对于这种实干型的投资者来说，这样的消息就如同晴天霹雳，于是他急急忙忙地去了波士顿，拜访了这位雷恩哈特先生。他问了很多问题，其中就包括他听到的那些指责的话，他想知道那些是不是真的。

雷恩哈特当然会断然否认那些指责，还用数字证明那些指责他的人都是骗子，他拿出了很多数字报表和资料，让这个拜访者知道他们公司的业绩是多么好，这个总裁还事无巨细地说明公司的财务体系是多么健全，简直到了锱铢必较的地步。

这个实干型的投资人谢过了雷恩哈特，回到纽约立刻卖光了所有爱奇森铁路公司的股票。一星期后，他用这些钱又买了很多特拉华西部铁路公司（Delaware,Lackawana & Western）的股票。

多年之后，我们谈起了这次换股的事情，他解释了他为什么这么做。

他说："雷恩哈特总裁要写一些数字给我看，以此证明他们公司的一些部门有多赚钱，他就从他桃花心木的办公桌上的文件格里拿了几张信纸出来，是那种高级的重磅亚麻纸，上面还有精致浮雕效果的变色函头。这种纸很贵，而且贵得没有必要。他就在这样的几张纸上写了几行数字，证明他们用什么方法减少了费用、降低了营业成本，写完了就揉成一团丢进了字纸篓里。一会儿，他又要向我说明他们正在推行某些有经济效益的项目，就又拿出一张这样的纸，再写几组数字，然后，啪的一声又丢进了废纸篓！不必要的钱就这样在无形中浪费了，这足以说明这个总裁是什么样的人，他不太可能会任用有才干的人，也不会打算报答这些得力的手下。所以，我相信了那些说经营管理层奢侈浪费的传言，那个总裁的话明显是想蒙骗我，于是，我卖掉了我所持有爱奇森铁路公司的股票。

“几天后，我有事去了特拉华西部铁路公司。公司的总裁是萨姆·斯隆（Sam Sloan），总裁办公室就在大门边上，而且大门经常是开着的，出来进去的人都可以看到总裁的身影。不管是谁都可以走进去跟总裁谈生意，财经记者们也对我说，他们跟萨姆·斯隆先生从来不拐弯抹角地说话，都是直来直往地问问题，都会得到斯隆先生的回答。不管公司其他董事在股市中的情形多么危险，他一直都是这样的。

“我走了进去，老先生正忙得不可开交。我以为他在拆信，但我靠近他才知道他在干什么。后来我才知道他有个习惯，就是拆过的信封从不丢掉，他让公司的人定期把从各部门收集来的空信封送到他办公室，在他没事的时候就把这些信封裁开，那空白的一面可以当便笺用，这样就得到了两摞纸，积累到一定数量，他再让人分发到各个部门去。空白的信封不浪费，总裁的空闲时间也不浪费，每一样东西都利用上了，这跟雷恩哈特拿精美浮雕信纸写几个字相比真是天壤之别。

“我知道，如果特拉华西部铁路公司由这样的人领导，公司的所有部门都会得到有效的管理，斯隆总裁可以做得很好。由此可以知道这家公司可以有稳定的利润分配，拥有充裕的资产，所以我尽我可能地大量买入这家公司的股票。从买进起，我的股票翻了一倍后又翻了两倍。我每年的股利就已经跟我当初的投资金额一样多了，我现在仍然持有这家公司的股票。爱奇森铁路公司这时却已经到了破产清算的地步了，那只是我看到总裁把一张张有变色浮雕的亚麻信纸丢进字纸篓后的几个月而已。”

这故事是真的，而且事实证明，这个投资人买的别的股票都没有像特拉华西部铁路公司那样表现优异。

第十七章

观察会让你得到值钱的“内部消息”

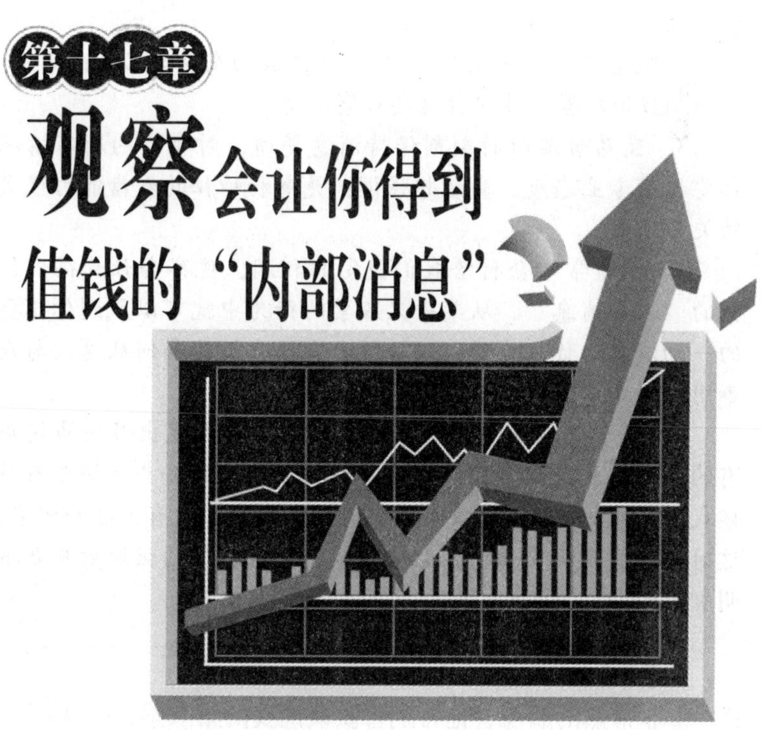

1. 当一个人拥有庞大的持股数量的时候，必须时刻关注可以卖出的时机，好把账面利润变成货真价实的金钱。在这个过程中应该尽量减少利润的损失。经验告诉我，利润变成金钱的机会是可以找到的，这种时机经常在主要走势的尾部出现，这个经验可不是第六感得来的。

2. 观察、经验、记忆和数学，这就是成功交易者必备的素质。精确细致地观察后要记住这些观察所得。

3. 交易者要时时刻刻保持消息灵通，对市场的所有情况都要抱有专业态度，我还想强调：灵感和神秘的看盘能力跟成功关系不大。

4. 经验常常会付给我们稳定的利润，观察会让你得到值钱的“内部消息”，从某一只股票的行为中就可以找到你想要的一切消息。你观察了，经验就会直接告诉你如何从这次与众不同的形式中赚钱。

5. 在多头市场中，如果这只股票没有表现出多头市场应有的表现，我是不会碰这只股票的。在明确的多头市场中有时候我会买入一只股票，买入后发现同类股票都没有上涨的迹象，这时候我肯定会卖出。经验告诉我，违背明显的板块效应是不明智的。

我有一个非常熟的朋友，他特别喜欢谈论我的第六感，他认定我有一种力量，能够蔑视分析，他还说我只要遵从了这种神秘冲动的指引，就能够在最适当的时候退出来。他在早餐桌上最喜欢说的一个故事就是那个黑猫告诉我卖掉所有股票的故事。那次，黑猫向我预示了一些信息后我就坐立不安，一直到我卖掉了所持有的之前做多的最后一只股票为止，我才松了一口气。那一次我居然卖出了那轮行情的最高价，更加强化了他对我第六感的信任理论。

那时我去华盛顿，向一些国会议员说明，给我们制定繁重的课税并不明智，此时我没太关注股市，卖光所持股票是突然之间决定的，所以才有了我朋友编出来的故事。

我承认，我会听从偶尔冒出来的不可抗拒的冲动在市场上做一些事，这跟我买卖股票没任何关系。我必须要卖掉股票，不卖掉我就不舒服，就会焦虑，我自己想过，那次的卖光行动是因为我得到了一些警讯。也许没有哪一个警讯是明确的或是有足够的说服力和坚定的理由让我突然做那样的决定。这可能就是大家说的“灵感”。我承认，这种警讯最后不但证明极为正确，而且时机也恰到好处。但这次是个特例，并不是第六感的原因，黑猫当然跟这件事毫无关系。他对大家说，我那天早上起了床就坐立不安，非常焦躁，我觉得用坐立不安形容还不如用失望来形容更贴切一些。我没有说服那些国会议员，国会对股市征税的看法和我的不同。我并不想逃避税收，而是以我有经验的股市作手的身份建议美国政府不要杀掉正在不停下金蛋的鹅。也许是因为进言的不成功，我不仅焦躁，而且为受到不公正课税感觉到不满，并对未来悲观迷茫。我告诉你到底发生了什么事。

这次多头市场一启动我就看好钢铁和铜矿市场，我看好这两类股票，于是打算买进一些。我买进了 5 000 股犹他铜矿公司的股票后便没有再买，因为我发现这只股票的波动不正常，也就是说没有出现上涨股票应有的一些走势特点，不能让我觉得买入是明智的做法。我记得我买进的价格大约是 114 美元，我也以同样的价格买进美国钢铁公司的股票，因为那时美国钢铁公司的表现非常令人信赖，第一天我就按前面说过的方法买进了 20 000 股。

“美国钢铁”的走势一直很正常，因此我打算再买进一些，最后一共持有了 72 000 股。这时我持有的铜矿还是原来那些，一直没有超过 5 000 股，因为这只股票的走势令我没有安全感。

每个人都知道当时是大多头市场，我知道股市会上涨，国家的经济对大势有利。股价大幅上涨，我的账面利润已经不小了，这时大盘还在继续一路狂奔地喊着：“时机未到！时机未到！”我在华盛顿时大盘状态还是保持没变。当然，在多头市场晚期就算我还没有开始看空后市，我也无意再增加持股。市场显然按我的预期往前走，我没有必要整天坐在报价板前关注价格，紧张地找寻空头的迹象。在退场前，除非发生无法预测的灾难，否则市场一定会迟疑不前，或者用别的方式提醒我让我在突然反转的形势下做好准备。这也就是我选这个时候轻松愉快地去华盛顿跟议员讨论课税问题的原因了。

价格还在不断地上涨，这表示离多头市场结束已经不远了，我从来没希望多头市场在某一天结束，这一天具体是哪天并不是我能力范围内的事。就算我不说你也一定知道，我一直在留意退场的信号。我一直都是这么做的，这已经是我的职业习惯了。

在卖光所有股票的前一天，我感觉我看到了股价一直在高位徘徊，还有我的账户里可观的利润和庞大的持股数量。第二天游说国会议员希望他们能明智地对华尔街征税一事无功而返——这两件事在我心里留下了阴影，思考一直潜伏在大脑的深处。隔天早上不知道股市走势如何，我就去了经纪公司，看到的不是上涨的价格，而是大笔的账面利润和异常活跃的交易市场，这时市场的吸纳能力异乎寻常的大，我想卖出多少就可以卖出多少。

当一个人拥有庞大的持股数量的时候，必须时刻关注可以卖出的时机，好把账面利润变成货真价实的金钱。在这个过程中应该尽量减少利润的损失。经验告诉我，利润变成金钱的机会是可以找到的，这种时机经常在主要走势的尾部出现，这个经验可不是第六感得来的。

那个早上，我找到了清仓的机会，我当然要义无反顾地那样做了。在抛出股票时，抛 50 股不表示比一次性抛 50 000 股聪明勇敢，在最清淡的市场里卖 50 股不会把股价打下来，可一次卖出 50 000 股，情况就不一样了。我有 72 000 股“美国钢铁”，也许这个数目不算太大，但就算不多，一次性出清也不可能让股价保持原样纹丝不动。虽然这还只是账面利润，但损失起来也会像安稳存在银行里的钱变少了一样令人心痛。

这次我一共赚了 150 万美元，我利用适当的时机实现了利润。可这并不是我当时清仓的主要原因，市场会证明我是否正确。事情就是这样的，我成功地卖出了全部 72 000 股“美国钢铁”，平均的卖出价跟那轮行情的最高价相比，差距在 1 点之内，这证明了我选择时机的正确性。可我在同一天的同一时间清仓 5 000 股“犹他铜矿”却使价格下跌了 5 个点。

我同时买进这两只股票，而且明智地增加了“美国钢铁”的仓位——从 20 000 股增加到 72 000 股，我也同样明智地让“犹他铜矿”保持在 5 000 股而没有加仓。之前没有抛掉铜矿股票的原因是我看好多头市场中的铜业股票，就算走势形态不好不能让我大赚一笔，也不会有何伤害的。这样操作确实没有第六感因素在里面。

股票交易者接受的教育就像医学教育一样，做一个合格的医生必须花很长时间学习解剖学、生理学、药理学和其他几十个学科的知识，只有学会了这些理论以后才能有资格行医治病。他们根据所观察到的病理现象分类、诊断，如果他诊断正确——是否正确要看观察精确与否——那后面的治疗工作就很容易展开。当然，人的身体不坚强，并且完全没有办法预测会发生什么状况，这使得医生不能达到百分之百的正确。在医生经验丰富了以后他不但

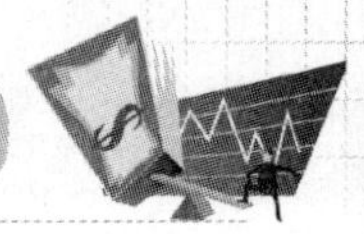

知道遇到问题该如何做，而且经常会有灵光乍现，因此会有人认为医生靠直觉行事。其实这不是单纯的臆测，而是根据多年的临床观察得到的处理经验来诊断的，并且在诊断出病症以后，他只能用经验告诉他的方法来治疗。你可以传承知识——也就是说写在纸上的事实——而不能传承经验。要是一个人动作不够快的话，就算他知道该怎么操作也一样会亏钱。

观察、经验、记忆和数学，这就是成功交易者必备的素质。精确细致地观察后要记住这些观察所得。一个人他不能赌不合理或不可预期的事情——不管他对人性有多深的了解，多么坚信自己能够掌控人性，或他多么确定他的洞察力可以明察秋毫、可以发现不能预期的事情——他必须根据可能性来下赌注。在投机市场里待久了，多年的操作经验、持续的研究、深刻的记忆使交易者在无法预料事情发生时或在可预料的事情来临时可以立刻行动。

一个人可能具有优秀的数学天分，也有精确的洞察力，可在投机上却一直是失败的，除非他也有丰富的经验和记忆。就像紧跟科技发展步伐的医生一样，聪明的交易者不会停止研究整个市场，发现可能影响市场走势的蛛丝马迹。多年的操作经验让他养成保持消息灵通的习惯，这几乎是自动的反应。他也需要有非常珍贵的专业态度，这种态度能够让他在交易市场上获得胜利，专业交易者与业余交易者、偶尔交易者是有很大区别的，强调这种差别一点都不过分。比如，我超强的记忆力和数学天分就帮了我的大忙，在华尔街赚钱的基础就是数学，换句话说，在华尔街靠处理事实和数字赚钱。

我想说，交易者要时时刻刻保持消息灵通，对市场的所有情况都要抱有专业态度，我还想强调：灵感和神秘的看盘能力跟成功关系不大。经验丰富的交易者经常快速地交易，以至于他根本没有时间说明这么做的理由，但这些理由绝对都是毋庸置疑的理由。这些理由都是根据当时的事实得来的，从他们专业的角度并依靠多年交易中思考和观察所得来的经验，可以把每件事都弄得清清楚楚。

下面我会解释一下我刚才所指的专业态度是什么。

我一直关注着期货市场，这是多年来养成的习惯。你会看到政府的报告，上面说：冬小麦栽种数量跟去年相同，春小麦比 1921 年的栽种面积要大，并且生长状况也比去年好很多，我们今年的收割期可能会早于去年。在我得到这样的种植状况报告时，从收成方面可以预期到种种状况——这就是数学。同时，我也会立刻想到煤矿工人和铁路货栈工人大罢工，这样的罢工势必会造成各地的运输中断，一定会对小麦的价格造成不利的影响。我是这样想的：罢工让运输瘫痪了，冬小麦运到市场上一定比预期要晚很长时间，等这些情况得到改善后，春小麦也该上市运过来了。这就表示当铁路可以正常运转时一定会同时把两种小麦一起运过来，也就是说，到时会有巨量的小麦涌进市场。这就是事实，非常浅显的道理，交易者会像我一样能看出这种情势，所以暂时不会有人买进小麦。除非价格跌到了谷底，把买入小麦当成一种投资，否则他们不会入场操作小麦。越是没有人买，价格就会跌得越多，像我这样考虑的话就得判断这样做是否正确。就像西恩常说的一句话“你下注前什么都说不准”。是看空还是抛出，没必要在这上面浪费时间。

经验告诉我，作手应该顺应市场的运动方式，就像医生量病人的体温、观察病人眼睛和舌苔的颜色一样。

正常情况下，买进或卖出 100 万英斗小麦的价格差距不超过 0.25 美分。那天我卖出了 25 万英斗小麦以测试市场，了解操作时机，结果因为我的卖出价格下跌了 0.25 美分。市场的反应不够明确，没有把我想知道的东西告诉我，于是我又卖出了 25 万英斗。我注意了承接的力道很散，多是由 10 000 或 5 000 英斗的买单凑成的，而不是像往常由两三笔买单承接的。当然，25 万英斗的卖压让价格又下跌了 1.25 美分。现在我不用再多想了，就我这两笔卖单的接单形势和下跌比例就知道市场上根本就没有买盘。在这种情况下，你能做的事情是什么呢？当然是大量卖出小麦了！遵从经验的指引，你可能会出一两次错，但不遵照指引操作会让你看起来跟傻瓜没什么区别。因此我又卖出了 200 万英斗，价格又下跌了，没过几天，市场上的小麦形式又迫使我再卖出 200 万英斗。当然，没有例外，价格又下跌了。又过了几天，小麦的价格出现了严重的下跌，每英斗下跌了 6 美分，就算这么暴跌，跌势也不能止住，就这样一直下挫，中间只出现了极为短暂的反弹。

这次我的第六感没有给我一点预示，也没有什么内部消息，完全是我对期货市场的判断和专业心态让我获利的，这种态度来自这么多年的交易经验。我研究这些是因为我的工作就是交易，大盘一旦告诉我做对了，我的责任就是加仓，我照着做了。事情就是这样的。

我发现，在这些投机游戏中，经验常常会付给我们稳定的利润，观察会让你得到值钱的“内部消息”，从某一只股票的行为中就可以找到你想要的一切消息。你观察了，经验就会直接告诉你如何从这次与众不同的形势中赚钱。比如，我们都知道所有股票的发展趋势不可能是相同的，但同类的股票会一起在多头市场中上涨，在空头市场中下跌，这是世人皆知的规律。在所有的消息中，这个是最常见的一种，投机公司当然经常用到这一点，把这个消息告诉还没有发现这一点的顾客——建议他们的顾客买入这类股票中还没

开始上涨的那只。假如美国钢铁公司的股票上涨了，就可以合理地假设要不了多久“熔炉钢铁”、“共和钢铁”和“伯利恒钢铁”等钢铁股也会跟着上涨。产业状况和向好预期应该作用于同一类型的所有股票，并且所有的股票都应该分享市场的繁荣。每一只股票在理论上都会有表现的机会，这是经过无数次证明的，大家都会去买 D 钢铁股，因为这只钢铁股还没涨过，不买 G 钢铁股，因为 G 钢铁已经涨得很高了。

就算是在多头市场中，如果这只股票没有表现出在多头市场应有的表现，我是不会碰这只股票的。在明确的多头市场中有时候我会买入一只股票，买入后发现同类股票都没有上涨的迹象，这时候我肯定会卖出。经验告诉我，违背明显的板块效应是不明智的。我不能只依靠确定性，我必须依靠并寄希望于可能性，一个经验丰富的交易员曾经跟我说过：“如果我在铁轨上散步，看到一列火车以 60 英里的速度朝我驰来，我还会继续在铁轨上走吗？当然我得闪到一边去，而且我肯定不会炫耀自己有多么聪明，多么谨慎。”

去年的多头市场开始有一段时间了，我注意到一个板块中有一只股票没有跟同类股票一起上涨，别的股都紧随大盘的走势节节上涨。我买进大量的“布莱克·伍德汽车”（Blackwood Motors）并做多，所有人都知道这家公司的生意做得很成功，这只股票每天涨 1 到 3 点，这时候进入股市的投机者越来越多，使得汽车板块备受关注，各种各样的汽车股开始大幅上涨，可有一只汽车股却没有丝毫起色。这只股票就是“切斯特汽车”，这时它的走势远远落后于大盘，交易者对此有很多看法。“切斯特汽车”与“布莱克伍德汽车”相比差距悬殊，这时候就有充分的理由去打听小道消息，相信“聪明人”的解释，听从“老师”的指引，开始大量买入“切斯特汽车”，坚持地认为不久以后这只股票一定会大幅上涨，追赶上其他的股票。

奇怪的是，虽然大家都在买入“切斯特汽车”，股价居然不升反跌。其实在这样的多头市场上要想让这只股票大涨真是易如反掌。在这次的涨势中同一板块中的“布莱克伍德汽车”是这个板块的龙头股之一，那段时间我听到的都是汽车的需求量大增、产量创纪录之类的新闻。

在多头市场，内线集团一直都毫无例外地扮演着不可缺少的拉抬价格的角色，“切斯特汽车”的内线集团显然没有这么做。没这么做的原因可能有两个：第一，他们可能是希望吸进更多的股票然后再拉抬股价，但是从成交量和交易性质你会发现，这种推论不能成立；第二种可能就是内线集团害怕一旦要拉抬股价就得被迫买入。

该买这只股票的人都不买，那我还有什么理由要买进呢？不管汽车板块的其他股票有多么强势我都要放空“切斯特汽车”，经验告诉我，不要买拒绝跟板块龙头股共舞的股票。

我很容易就确定了这一点——切斯汽车特股票没有内线买盘，不仅没有买盘，内线的卖压还十分强大，还有一些讯息告诉我不要沾惹“切斯特汽车”，不过我需要知道的只是这只股票与大势相背的原因而已。这只股票的走势与大盘相反，这就是我做空这只股票的原因。这之后的一天，这只股票暴跌，后来我知道了暴跌的原因，就是内线集团在大量做空，他们十分清楚这家公司的经营状况非常糟糕。这一次也不例外，原因在暴跌之后才公之于众，但是警讯在这之前就出现了，普通交易者没有发现而已。我从来不寻找跌势，我只是在寻找跌势预警信号。我那时候并不知道切斯特汽车公司有什么问题，我的第六感也没有反应，我就是知道这里面一定有问题。

几天前，我在报纸上看到有关“圭亚那金矿”惊人走势的报道，这只股票以每股 50 美元的价格在场外交易了一段时间后在证券交易所挂牌上市。挂牌上市的价格是 35 美元，然后就是一路下跌，最后跌破了 20 美元。

这样的跌势绝对称不上耸人听闻，因为这完全在人们的意料之中。如果你去调查就会发现这家公司的历史不是很光彩。不知道有多少人了解其内幕，我听到的情形是这样的：这家公司为此组成了一个炒作集团，由六个非常著名的资本家和一家著名银行组成。其中一个成员是贝尔岛勘探公司（Belle Isle Exploration Company）的总裁，这家公司借给圭亚那公司超过 1 000 万美元的现金，圭亚那公司以一些债券和 25 万股圭亚那金矿股票为交换，使贝尔岛勘探公司拥有其 100 万股权中的 1/4。这只股票后来配股了，并且在配股时做了一番炒作。贝尔岛勘探公司觉得要落袋为安，于是委托炒作集团成员之一的银行代售其 25 万股，银行接受了委托，做了些安排，想办法销售这 25 万股和自己的一些持股。他们找到一个专门从事股市炒作的专家来做这件事，这个专家要求以 36 美元一股的价格来销售这些股票，如果售价超过 36 美元，那超出部分的 1/3 归他所有。已经准备签合约了，贝尔岛勘探公司的总裁舍不得那笔报酬，改了主意，他们决定自己卖这 25 万股股票。所以这个炒作集团就诞生了，他们决定以 36 美元的价格从贝尔岛勘探公司拿到交易权，然后准备以每股 41 美元的价位推出市场。也就是说，银行代售股票就可以在圭亚那公司取得每股 5 美元的利润。我不知道他们是否了解这一点。

对银行来说，这项业务是十拿九稳的无本生意，何乐而不为呢？在多头市场中，“圭亚那金矿”是所属板块的领头羊，这家公司的高获利和固定配

股派息，再加上银行的良好声誉，使大众认为买入“圭亚那金矿”是明智的投资行为，而非投机。我听说他们把这只股票炒到了 47 美元，一共售出了 40 万股给交易者。

黄金板块整体走强，但这种状况维持时间并不久，“圭亚那金矿”就开始下跌，一共下跌了 10 点。如果内线集团继续销售这只股票，也不会受到阻碍，可很快，华尔街就传出负面消息，而且公司的资产不足以支持承销商的期望，这样下跌的原因就变得清晰了。在我知道原因之前就得到了市场给我的警讯了，于是我测试了一下“圭亚那金矿”的市场，这只股票的表现与切斯特汽车公司非常相似，我一卖出，“圭亚那金矿”就下跌，我卖得越多，价格下跌得越快。“圭亚那金矿”的走势跟“切斯特汽车”的走势如出一辙，同我经验中十多只有相似“病历”的股票一样，我记得很清楚。我知道，这只股票连内线人士都不愿意买进，这其中一定大有文章，内线人士当然知道自己不买入这只股票的原因。可是，外人并不知情，他们看到前段时间价格还在 45 美元以上，现在还不到 35 美元，并且还配股派息，真是捡到一个天大的便宜，这时不买进更待何时？

不久，消息就来了，就跟平常一样，重点的市场消息我先得到，然后大众才知道。公司证实了没有挖到蕴藏量丰富的金矿，只挖出了一堆乱石的消息，这只是印证了先前内线大量做空的原因。当然，我并不是因为听到这样的消息才开始卖出的，很久以前，我就根据这只股票的走势决定放空。我所关心的东西跟哲学没有一点关系，我只是一个交易者，只寻找一种迹象：内线买盘。很明显，这只股票没有内线买盘，我并不知道内线为什么不看重它，不在下跌时回补，只知道他们的销售计划中并不包括继续炒高股价，这个理由就有足够的说服力了。就凭这一点，就可以让放空操作十拿九稳，将近 50 万股都卖给了普通交易者。股价唯一的变化可能就来自于股票从一群止损卖出的人手中转到另一群希望赚大钱而买进的不知情人手中。

我给你讲这个故事并不是告诉你普通交易者因为买了“圭亚那金矿”而亏损严重，也不是想夸耀我靠放空这只股票获利丰厚，而是要强调研究板块行为非常重要，还有就是各种各样能力不足的交易者是怎样忽视这个教训的。不只在股票市场里会得到盘势的警告，在商品期货市场中也一样。

在棉花市场上我有一次很有意思的经验。那时我已经开始看空后市了，并且也适度地放空了一部分，其中包括 5 万包棉花。在股票上我得到了可观的利润，结果我忽略了棉花期货，等我注意的时候，我已经亏损了 25 万美元。就像我说过的那样，我在股票上的战绩令我非常自豪，我不希望被分心，每次看棉花的时候我都会跟自己说："我得等到回档时候回补一些。"棉花价格回档的幅度非常小，但我决定赔一些，这样回补时价格一定就回升了，不只回升还涨得更高。我决定再等一阵子，继续关注我的股票交易，我的精力全在股票上。我在股票上获得丰厚利润后，就去了温泉市度假。

这是我第一次能够静下心来一心一意地处理棉花交易，这才发现棉花交易中存在的问题。有很多次我都可以获利退出，我注意到每次有大量的卖盘出现价格就会适度下跌，但是没有做任何停留，就反弹上去了，并且还创了新高。

后来我估算了一下，在温泉市度假的那几天我在棉花上亏了100万美元，而价格的涨势还没有停下来的意思。这时我才彻底地思考我的所作所为，以及我没有做的事，然后对自己说："我一定是哪里做错了！"对我来说，去发现自己的错误就摆脱困境，实际上是一个过程，所以我回补了棉花，亏损了100万美元。

第二天的早上，我专心地打高尔夫球，什么都不想，我承认我做错了，我了结了棉花交易。我为自己的错误交了高昂的学费，学费的收据就放在我的口袋里。那时我跟现在一样，不关心棉花市场。回旅馆吃饭的时候要先去经纪公司看看行情，我发现棉花下跌了50点，这并不能说明什么，但我发现棉花的走势不如前几个星期那样强劲了，没有再像原来那样打压价格的卖压一消失，价格就立刻反弹，而且是沿着阻力最小的路线上行，我对此视而不见，所以我亏损了100万美元。

当初让我承受巨额亏损的棉花回补的动力已经不存在了，因为棉花遇到卖压不会像原来那样反弹，这时我卖出了1万包，看看动静。市场很快就下跌了50点。又等了一会儿没见任何反弹的迹象。这时我饿得都要晕倒了，所以去餐厅吃午餐。菜还没上我就蹦起来了，跑到经纪公司那里没看到任何反弹行情我又卖出了1万包。不多会儿就高兴地看到价格又下跌了40美分。这表示我的交易正确了，我安心地回到餐厅吃午餐。吃完了再次去经纪公司看卖出后的反应，发现那天棉花再没有反弹出现，当天晚上我就离开了。

打高尔夫球很快乐，之前卖出棉花是错误的，这让人很懊恼，回补棉花也是错的，我一定得恢复工作，回到能让我安心交易的地方去。我第一个1万包棉花的卖出情形鼓励我卖出第二个1万包，第二个1万包的出货情形让我确信反转已经来了，这一点表现在不高的市场气氛上。

抵达华盛顿后，我去了我所在的经纪公司，这家公司由我的老朋友塔科尔负责。那时棉花的价格又下跌了一些，我知道自己前一次错得离谱，这次

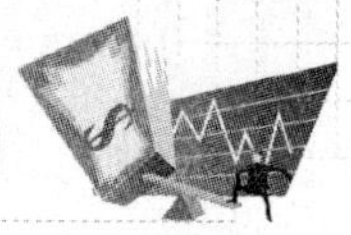

的正确让我更加有信心了。再接再厉，我又卖出了 4 万包，一下子就让棉花的价格下跌了 75 点。这就表示在这个价位，市场没有任何支撑力。那天到了收盘时，棉花价格跌得更低了。原来的买盘消失得无影无踪，不知道要跌到什么样子新的买盘才会再次形成，这时我对自己的仓位信心十足。第二天早上我就离开了华盛顿，开车回了纽约，这时我心里有了底，不用急急忙忙的了。

车开到了费城，我去了一家经纪公司，看到棉花市场不知道为何跌得很惨，出现了小范围的恐慌。我立刻打电话给我的经纪公司，要他们替我回补空头仓位，一拿到回执单，我知道我第一次的亏损在这几次交易中都补回来了。继续开车向纽约进发，中途再没有下车看过报价。

那次温泉市跟我在一起的朋友到现在还记得我从餐桌边上蹦起来的样子和跑去出售第二个 1 万包棉花的情形。这显然并不是因为第六感，而是因为我不理会之前的错误有多严重，我确定放空棉花的时机已经出现，这才是我如此冲动的原因。我必须得利用这个难得的时机，这很可能是我下意识给出的结论。华盛顿的卖出证明我观察的结果是正确的，经验告诉我，阻力最小的路线已经由上升变为了下行。

棉花期货拿走了我 100 万美元，我对此没有任何怨言，我也不会因为犯了这样的错误而自责不已，同样，我在费城的回补也并没有让我觉得骄傲。我只关心交易问题，有充足的理由证明我是因为丰富的经验和记忆才弥补了最初的亏损。

第十八章 投机客要做到泰然自若

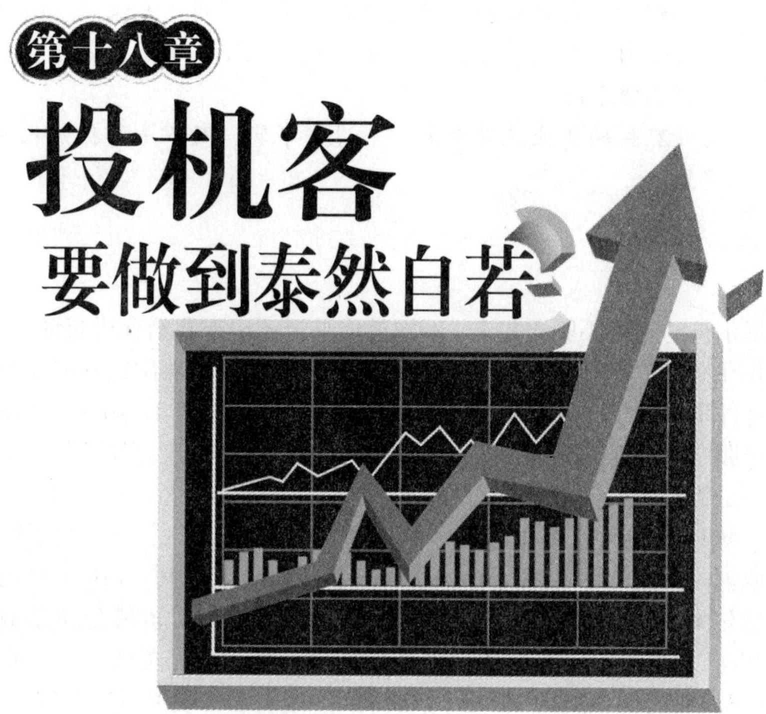

1. 要做到泰然自若并不困难，投资者必须要相信自己，对自己的判断有信心。纽约棉花期货交易所前任主席，著有著名的《投机——精妙的艺术》（*Speculation as a Fine Art*）的狄克森·华兹（Dickson G. Watts）说过："投机客的勇气就是信心十足地根据自己的决定行事。"对于我来说，我并不害怕自己犯错，除非事实证明我做错了，不然我是不会承认自己错了的。

2. 我的职业就是交易——遵循事实，而不是遵循别人的意见。

华尔街的历史不断重复着，不知道你是否还记得我给你讲过的一个故事，就是我在斯特拉顿轧空玉米又回补了我的空头仓位的那次，在股票市场上我又让这件事重演了一遍。这只股票就是热带贸易公司（Tropical Trading），在这只股票上我赚过很多钱，不管是放空还是做多。这只股票的交易一直很活跃，是投机客们的最爱。财经报纸的评论文章指责这只股票的内线炒作集团只一味地赚钱而忽略了长期投资的价值。我认识一个非常有手段的操盘手，他就是丹尼尔·祖鲁（Daniel Drew），他对于伊利（Erie）公司股票或哈夫梅尔对于美国糖业股票的炒作技巧，都不及热带贸易公司总裁马利根（Mulligan）和他的内线集团，他们发展出一套非常完美的方法，在热带贸易公司这只股票上赚取了不可计数的利润。他们经常吸引空头做空这只股票，再快速而彻底地把空头轧得死死的，空头对这种突然被轧空的恐惧不会比被水压机压住的恐惧要少，他们说的都是实话。

当然，不只有一个人说，在热带贸易公司的过往炒作中经常会有一些见不得光的事情发生。但我觉得，这些批评者一定都被痛苦地轧空过。既然场内交易员知道这么多的内线交易黑幕，那为什么不揭发反而继续玩下去呢？我猜想，至少有一个原因是可以肯定的，那就是他们希望市场保持活跃。尤其在热带贸易公司这只股票上表现特别明显，永远也不会看到这只股票久盘不动的情形。不用打探或说明理由，不用浪费时间，也不用焦虑不安，耐心地等待那些内部消息引起的价格波动，这就是行情的开始。除非空头重仓持

有使流通的股票变成抢手货，不然市场上就有足够数量的股票在周转，这是一只每一分钟都有机会涅槃重生的股票。

这件事发生在不久前，我像往年一样，冬天就去佛罗里达州避寒。每天都出海钓鱼，日子过得悠闲舒适，除了每星期两次收到邮寄过来的一些报纸外，我已经把市场抛到九霄云外去了。有一天早上，我收到了定期寄来的报纸，看到报上说，热带贸易公司的股票已经涨到155美元了，我还记得上次看到的报价是140美元，我知道这只股票的多头行市将要走到尽头了，这是我一直等待的时机，我已经做好放空的准备了。我不会心急火燎的，这也是我来南部钓鱼而不每天泡在市场里的原因，只要时机一成熟我立刻就可以回去，我的任何行为都不能干预到走势而使其加速发展。

从那天早上收到的报纸来看，热带贸易公司这只股票真是市场上的异数。这使我看空后市的观点得到了印证，因为在大盘举步维艰时，内线炒手去拉抬热带贸易公司的股价，实在是愚蠢之极的举动。要知道，获取财富也需要有张有弛。在大部分交易者的预期中，不按牌理出牌的事情并不被大家所喜欢，在我眼里，拉抬这只股票是非常严重的错误。这世上没有一个人能避免为错误付出代价，尤其是在股票市场中。

放下报纸继续钓我的鱼，手里握着鱼竿，脑子里一直不停地想着热带贸易公司这只股票的内线炒作集团到底在干什么。我知道他们一定会失败，而且是非常惨烈的失败，就如同一个没有带降落伞的人从20层楼的楼顶上跳下来一样，没有理由不粉身碎骨。这时我心里只想着这一件事，以至于鱼都不能钓了，于是我跑去给我的经纪公司发了一封电报，要他们以市价替我卖出2 000股热带贸易公司的股票。电报发送出去了，我才松了一口气，这下才能静下心来钓鱼，并且我的战绩不错。

那天下午，我拿到了这笔交易的回执单，上面告诉我，我的经纪公司以153美元的价格替我卖出了2 000股热带贸易公司的股票。一切顺利。在下跌的市场中放空是每个人都应该做的事，这时我没法再钓鱼了，因为我离市场太远了。我开始思考“热带贸易公司”没有跟大盘一起下跌，而是在内线炒作集团的操作下上涨的原因。于是我离开了钓鱼营地，去了棕榈滩与纽约有直通线路的经纪公司。

到了棕榈滩的经纪公司我就看到了热带贸易公司的内线炒手们还在尝试着不可能的任务，所以我就让他们买进了我的第二笔2 000股。回执单一到我又卖出了2 000股，这时的走势形态非常完美，也就是说，在我的卖单压迫之下，股价开始下跌了。这太让我满意了，于是出去庆祝了一下。可这不能让我高兴起来，因为我没有更大力度地做空这只股票，所以我回到经纪公司再放空 2 000 股。

卖出时的感觉非常好，没多久，我就抛出了 1 万股，于是我决定回纽约去。现在正是我大显身手的时候，钓鱼的事以后再说。

到纽约我做的第一件事就是了解这家公司的业绩和预期，这下更加坚定了我做空的决心，因为这不是内线炒作集团的一时鲁莽，比鲁莽还要糟糕千万倍，他们居然不顾及公司的现状，在大势转向时还一味地拉抬股价，这使得公司盈余快支撑不住了。

这种上涨是不应该的，而且所处时机也不对，就算这样还是得到了很多普通交易者的追捧，这无疑鼓励了内线炒作集团，让他们离深渊越来越近。我放空了大量的股票，内线炒作集团终于停止了拉抬股价，这时我根据自己的方法已经不停地卖出了 3 万股热带贸易公司的股票，这时的市价是 133 美元。

有人提醒我说，热带贸易公司的内线炒作集团知道每一股股票的动向，可以精确地知道放空的数量也知道是谁在放空，同时也知道一切影响他们行动的事实。他们的确是精明有手段的交易者，也就是说跟这样的集团作对很危险。可事实上，我有一个非常强大的盟友，那就是大盘！

从 153 美元一直跌到 133 美元，做空的人多了，但在回档时继续买进的人还像平常一样认为，这只股票在 153 美元就是一个很好的入场价位，那现在下跌了 20 点，133 美元无疑是更好的进货点。同样的一只股票，同样的股息，同样的经营者，同样的业务，133 美元真是划算的价位。

大众买盘减少了可流通股的数量，内线炒家知道已经有很多的场内交易员在放空这只股票，内线们也知道做空的时机来了，就再一次把股价拉升到了 150 美元。这时还是有很多人在回补，但我还是按兵不动，我没有不安心的理由呀。这些内线炒家们还知道有 3 万股没有回补，但这也不是让我害怕的理由。让我从 153 美元一路放空到 133 美元的原因仍然存在，还没消失，而且到这里变得更加有力，内线炒家们想尽办法逼迫我回补，但他们没有给我一个这样做的充分理由，大盘走势在帮我的忙。要做到泰然自若并不困难，投机者必须要相信自己，对自己的判断有信心。纽约棉花期货交易所前任主席，著有著名的《投机——精妙的艺术》（*Speculation as a Fine Art*）的狄克森·华兹（Dickson G. Watts）说过：“投机客的勇气就是信心十足地根据自己的决定行事。”对于我来说，我并不害怕自己犯错，除非事实证明我做错了，不然我是不会承认自己错了的。如果不根据自己的经验行事，我心里是

不会踏实的。市场有时候并不能及时地证明我正确与否，只有涨跌才能判断我的仓位是否正确。这时，我只能靠我的知识和经验获胜，如果我失败了，那一定是我自己的错。

从 133 美元涨到了 153 美元，这样的上涨不能让我慌忙地买进回补，我还是一样的坚定。不久，这只股票跟我判断的一模一样，再一次开始下跌。当股价跌破 140 美元时，内线炒作集团才出手支撑，他们放出很多对他们有利的消息以配合他们的买盘：听说这一次的行情让这家公司赚足了钱，赚到的利润足以让公司提高固定的股息；空头的仓位也很重，他们打算用“世纪轧空”来打击一般的空头，一个不停放空的作手得到沉重的打击。在他们再一次把股价拉抬了 10 点以后，我听到的小道消息数也数不清。

对我来说，这次的举动很安全。但是在股票触及 149 美元时，我感觉到华尔街已经把那些小道消息当真了，并且还在到处传播，这对我来说并不是好事。当然，不管是我还是别的什么人所说的话都不会起任何作用，没法让那些惊慌失措的空头安心，也没法说服靠小道消息买卖股票容易上当受骗的普通大众。事实只能由强有力的大盘说出来，而且这个任务也只有大盘能完成。所有人都会相信大盘而不相信任何一个人的说辞，更加不会相信一个放空 3 万股的空头的话。所以我利用斯崔克轧空玉米的方法——卖出燕麦让交易者看空玉米——这是经验和记忆在发挥作用。

内线炒作集团拼命拉抬热带贸易公司的股价，以此来吓晕那些空头，这时我不打算以卖出这只股票的方式阻止涨势。我已经放空 3 万股，已经占据流通盘很大比例了，如果再放空就不明智了。他们精心设好陷阱，满心期待地等我跳进去——第二次反弹是个很明显的假象，我不打算自投罗网。热带贸易公司的股票在上触 149 美元时，我就放空了 1 万股“赤道商业”，这家公司拥有热带贸易公司的大部分股权。

“赤道商业”没有“热带贸易”那么坚挺，如我所愿，这只股票果然被我的卖压打了下来，我的目的达成了。交易者们，还有那些信奉小道消息的普通大众看到“热带贸易”上涨的同时“赤道商业”因为大笔的卖压而一路狂跌，很自然地就联想到这次“热带贸易”的上涨是内线炒作集团做出的假象，目的是要出手赤道商业的股票，因为“赤道商业”是“热带贸易”的最大股东。这样的大手笔抛单一定是“赤道商业”内线人士所持有的股票，因为普通交易者不可能在“热带贸易”强势上涨的时候大笔卖出“赤道商业”的股票。于是，他们纷纷卖出“热带贸易”，阻止了这只股票的涨势，内线炒作集团根本不愿意承接如此多的卖盘，所以支撑一旦消失，股价就会下跌。

交易者和一些有实力的经纪公司也开始卖出“赤道商业”，这时我回补了一部分“赤道商业”，赚了笔小钱。我做空“赤道商业”意不在赚钱，而是要阻止“热带贸易”的上涨。

“热带贸易”的内线炒作集团在华尔街上努力地散布着各种各样的利多传闻，想尽办法拉抬股价。只要他们一拉抬股价，我就放空“赤道商业”，并且在“赤道商业”回档拉下“热带贸易”的股价时，就回补“赤道商业”的空头仓位。我的一系列操作成功地阻击了“热带贸易”的涨势，其股价一直跌到了 125 美元。放空的部位非常大了，使得内线炒家抓到了把股价拉升 20 ～ 25 点的机会，因为空头过于庞大，所以这样的反弹是非常合理的，我知道会反弹，但是我没打算要回补，我可不想改变立场。在“赤道商业”和“热带贸易”一同上涨时，我又放空了“赤道商业”，不用说跟原来一样，拆穿了所有与“热带贸易”有关的利多谎言，要知道为了配合这只股票的涨势，市场上的利多消息又一次横行了起来。

这时的大盘已经非常疲软。我在佛罗里达州的钓鱼营地就已经确认进入空头市场了，这也是我放空“热带贸易”的原因。最后，大盘跌势渐深，内线炒作集团也无力抵抗，“热带贸易”暴跌！这么多年来“热带贸易”第一次跌破了 120 美元，接着又跌破了 110 美元，再接着跌破了面值，最后跌破了 90 美元。我根据经验在混乱中回补。交易量非常大、卖盘远比买盘大、市场极度萧条，这表示我的机会来了。也许我有自我吹嘘的成分，但我还是想告诉你，我几乎是以最低价回补了 3 万股“热带贸易”。我从来没想过要在底部回补，我只是想把账面利润变成现金，在转换的过程中不至于让自己损失太多。

这件事的整个过程中我一直心平气和，因为我知道自己的立场非常正确，我没有与大盘走势作对，而是顺应大盘，因此，那些自信过度的内线炒作集团会一败涂地。他们想完成曾经有人尝试而未果的事，这么做总是以失败告终。正常的反弹吓不倒我，我只要坚持住，最后的结果肯定会比回补后逢高放空要好很多。我坚持自己正确的立场，这次赚了一百多万美元。这不能归功于我的第六感，也不能归功于高明的解盘技巧和盲目的勇气，这是我对自己判断有信心的功劳，而不是靠小聪明和虚荣心赚钱。知识就是力量，这种力量没必要屈服于谎言，就算这个谎言明晃晃地印在报价纸带上，也有被戳破的一天。

一年后，“热带贸易”的股价再次跃上了 150 美元，而且在这个价位上盘整了几个星期，但整个股市因为大幅上涨已经到了要回档的时候，那时已

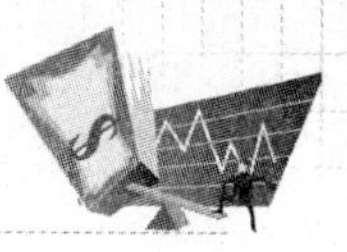

经进入了空头市场。我看出了这一点，也测试过了。这时“热带贸易”的经营业绩因为一些原因开始下滑，此时没有任何理由和原因可以帮助其股票继续上涨，就算处在多头市场的初期也是一样，何况大盘已是强弩之末。我放空了“热带贸易”1 万股，我的卖单促成了股价的下跌，下跌的过程中没有遇到任何一个支撑点。可是突然之间，买盘的性质变了。

我向你保证，我看到的支撑力量是确实存在的。我突然想到，一定是这只股票的内线炒作集团在大盘下跌的过程中开始买进，这其中一定有原因。因为他们并非善男信女，没有义务从道义上维持这只股票的价格，他们不是傻瓜，更不是想拉高价格使其卖出去很多的承销银行家。我跟所有人一起放空，但股价不跌反升，我在 153 美元时回补了 1 万股空头仓位，到了 156 美元时，我很确定翻空为多，因为走势告诉我这是阻力最小的路线。我看空大盘后势，但对于这只股票不能用一般的投机理论来解释。最后这只股票一路飙升到了 200 美元以上，这是那年最吸引眼球的一只股票。所有媒体都在争相报道：利文斯顿被“热带”轧空 900 万美元。事实上，我不但没有做空，反而一路向上做多。而且，因为我持有的时间稍微长了一点，损失了一些账面利润。你知道为什么吗？因为我把自己放在热带贸易公司这只股票的内线炒作集团的位置上考虑，他们同样会这样做。

这样的事没必要想太多，我的职业就是交易——遵循事实，而不是遵循别人的意见。

第十九章

股票投机成功的基础

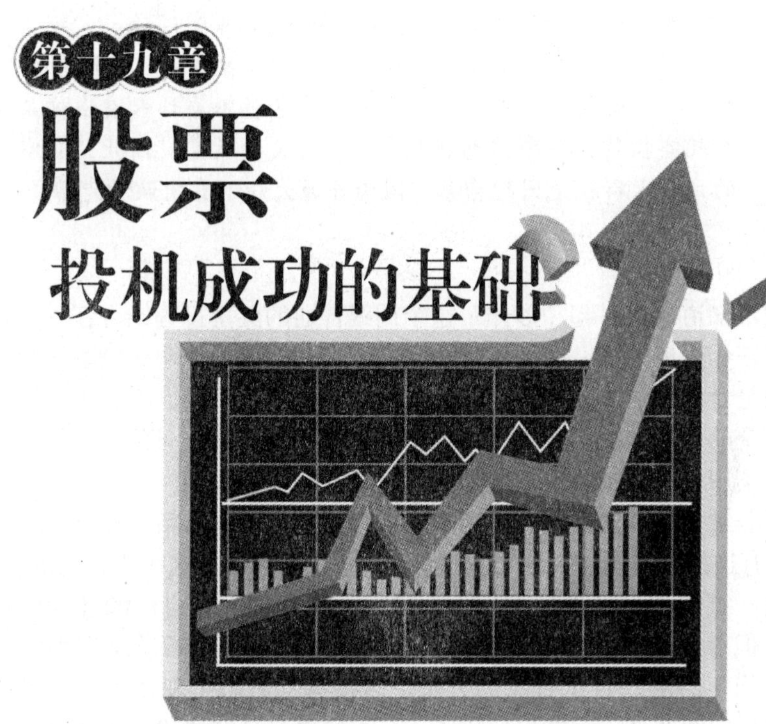

1. 人的恐惧和希望是两个永远都不会改变的本性，这也是投机客不能克服的心理因素。武器可以改变，但战略还是战略，不管是在战场上还是在证券交易市场上都是一样的。我认为有一句话说得很有道理，能概括所有的一切，那就是托马斯·F. 伍德洛克（Thomas F. Woodlock）说的："股票投机成功的基础是假设所有人继续犯前人曾经犯过的错。"

2. 大部分轧空炒作的主要手段是尽量不要让人看出这是个轧空操作，不断诱惑别人进场，再大量放空。因此，轧空的目标人群就是同行专家，因为普通大众不喜欢做空走势。

我不知道从何时起"炒作"这个词跟普通的买卖过程结合在一起，用以说明在证券交易市场上销售大量股票。操纵市场，以低价购买股票，也是炒作。这之间是有区别的，这样不用铤而走险地采用非法手段，不管怎么说也很难做到完全的公平合法。在多头市场中要怎样才能买到一只价格很低但数量很大却又不用自己拉抬股价的股票呢？这就是问题的根源。该怎样解决？涉及的因素非常多，是没办法一一列举的。当然也会有人靠精明操纵达到这种效果的。有这样的先例吗？这要看情势而定，没法说出比这个更接近的答案了。

我一直关注自己事业的每一个阶段，我从别人和自己的经验中总结、学习。但今天从收盘后流传在市场上的这些故事中很难总结出炒作股票的方法。当年的那些百试百灵的方法、妙招都不适用于现在了，或者被现在的法律界定为非法，不能再使用了。有关证券交易的法律法规都已经变了，丹尼尔·祖鲁（Daniel Drew）、雅各布·利特尔（Jacob Little）和杰伊·古德（Jay Gould）在 50 年前能做的事情就算有细致的记载到现在也没有任何实用性了。今天的作手们不用参考这些前辈的经验，也不用研究他们是怎么做的，就如同西点军校的学生不需要参考中世纪的剑术技术来研究弹道学知识一样。

不过，研究人性倒是不会落伍。比如，为什么人总是容易相信自己寄予厚望的事呢？为什么人会让自己或者说是鼓励自己受贪心的影响呢？为什么人容易粗心大意、锱铢必较呢？人的恐惧和希望是两个永远都不会改变的本性，这也是投机客不能克服的心理因素。武器可以改变，但战略还

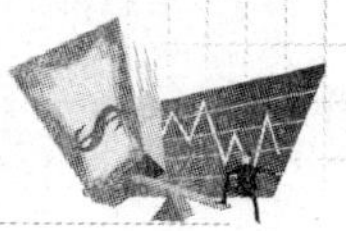

是战略，不管是在战场上还是在证券交易市场上都是一样的。我认为有一句话说得很有道理，能概括所有的一切，那就是托马斯·F.伍德洛克（Thomas F. Woodlock）说的：“股票投机成功的基础是假设所有人继续犯前人曾经犯过的错。”

在涨势热烈的时候，涌进股市的人数达到最高峰，这时候所有的聪明和巧妙毫无用处，根本没有必要浪费时间和精力去讨论炒作和投机是否有道理，就好像想发现同时落下来的两滴雨滴有何不同一样没必要。

傻瓜们总是期望不劳而获，涨势可观的氛围总是能勾起人们的赌博欲望，这是天性，是被贪婪和普遍繁荣勾起来的。如果要赚钱就一定要付出代价，在这个有些肮脏的地球上还真是找不到不劳而获这种事情。最初我听到有人说旧时代的情形时，我自然而然地以为19世纪六七十年代的人比20世纪初的人好骗一些。但只要翻开最近的报纸就能看到一些骗局的报道，或者是一些投机公司倒闭的事情，也能看到某个富翁几百万美元的家产化为乌有。

我刚到纽约的时候，所有人都在讨论洗盘和对冲，当然这种做法已经被证券交易所禁止了。洗盘的方法太过于直白，很容易被人识破，如果有哪只股票被“洗高”或“洗低”，场内交易员一眼就能看出来，说：这只股票洗盘洗得太厉害了。之前我也说过，场内交易员不只一次发现投机公司“洗盘”，也就是在片刻之间让股价下跌两三点，以便让报价单出现最新下跌的价格，好把在投机公司交易大厅里的那些人“洗”个干干净净。对冲这种做法是违反证券交易法规的行为，实施起来也有些难，因为难以让各家投机公司之间协作操作。记得几年前发生的一件事，一个著名的作手取消了卖出委托，却没有撤销对冲单子上的买入委托，结果在一个不知道原委的场内交易员的炒作下，这只股票上涨了25点，买盘一停，这只股票就以与涨速相同的跌速向下直冲。对冲的目的是创造市场活跃的假象，这种做法非常不可靠。还有，就算面对最优秀的投机商你也不能透露半点秘密，如果你还希望他继续保有纽约证券交易所会员的位置，你就不能相信他的话。不过后来，税收让那些炒手为买空和卖空的做法付出了高昂的费用。

在字典中，“炒作”还有轧空这一层含义。轧空可能是炒作的结果，也可能是竞相买进的结果。比如：1901年5月9日，“太平洋北部铁路”的轧空明显是一次炒作行为。在这件事里斯图茨（Stutz）和与此有关的几个人付出了高昂的代价，不管是在名誉上还是金钱上。那一次的轧空其实并不是刻意安排的。

综观历史，你会发现只有很少的几次轧空让主导者获得了好处。范德比尔特海军准将（Commodore Vanderbilt）两次轧空哈林（Harlern）公司的股票，从中赚了大钱。当然，这老头儿从很多想要骗他的空头赌徒和谎话连篇的国会议员、市议员手中拿走几百万美元是应该的。相反的例子，就是古德在推动西北铁路股票的轧空操作中亏了大钱。老怀特在拉卡湾轧空股票中赚了大约 100 万美元；詹姆斯·基恩在汉尼拔·圣乔伊（Hannibal & St.Joe）股票的操作中亏了 100 万美元。要想凭轧空赚钱，必须要在比成本价高很多的价位上出清手上的股票，只有在融券余额规模相当大的情况下轧空才容易成功。

我曾经思索过，为什么半世纪前的那些著名的作手们都热衷于轧空。他们都是经验丰富、聪明机警的人，不会幼稚地相信同行作手会对他们发善心。可他们在轧空中失败的次数多得惊人。一个久经沙场的场内交易员告诉我说，那些六七十年代（意指 19 世纪）的作手们都梦想着能主导推动一次轧空。这里面有很多是虚荣心在起作用，还有一些起源于复仇心理，总之，有人议论说“这人成功轧空了一只股票”是一件无上光荣的事，这表示大众承认了他的智慧、勇敢和成就。轧空让主导垄断的人有权力高人一等，他可以当之无愧地接受别人的赞扬。让人想尽一切办法轧空的原因不是巨额金钱的诱惑，而是虚荣心在主导这些以冷静著称的作手们的行为。

当年看狗咬狗时的心情是轻松的。我还想告诉你，我不只一次地逃脱了被轧空的厄运，这不是归功于我神秘的第六感，而是依靠我的经验，大致可以看出什么时候的买盘性质不能草率地放空。我是靠我常用的试盘做到的，当年的人也跟我一样用过这样的方法。祖鲁曾经多次轧空过同行作手，让他们为轧空伊利公司付出了高昂的代价，可他在伊利公司上也被范德比尔特海军准将轧空过。当年祖鲁请求准将放他一马，准将严厉地引用了祖鲁的一句名言回答了他的请求：

如果一个人卖出自己没有的东西，那等待他的不是买回来就是进监狱。

现在已经没有什么人还记得华尔街一个著名作手的故事了，他可是在华尔街翻云覆雨了几十年。让他的名字不会被埋没的主要原因是他创造了“灌水股票”这个名词。

阿狄森·G. 杰罗姆（Addison G.Jerome）是大家公认的 1863 年春季公共交易所之王，听说，当年他对市场的预测跟银行里的现金一样有效。他是一个伟大的作手，在市场里获得过几百万美元，他生性放纵，甚至很多时候很奢侈，在华尔街上拥有很多信徒。这种情况一直到有“沉默的威廉”绰号的亨利·吉普（Henry Keep）在老南方（Old Southern）股票的轧空中，让贾尔美的几百万美元统统洗光为止，顺便一提，吉普是州长弗劳尔

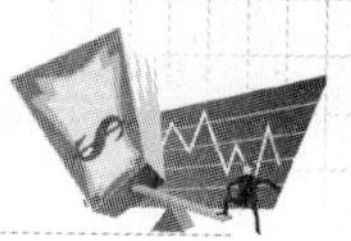

（Roswell P. Flower）的姻亲兄弟。

大部分轧空炒作的主要手段是尽量不要让人看出这是个轧空操作，不断诱惑别人进场，再大量放空。因此，轧空的目标人群就是同行专家，因为普通大众不喜欢做空走势。当时让这些专家放空的原因与现在的放空原因没有差别。在范德比尔特海军准将轧空哈林公司的操作中，除了一个政客是因为不守信用而卖出，别的放空者都是因为股价已涨到前所未有的高度而做空。因为股价过高，没有人买进，那这时卖出就是正常的，这点听起来很现代化。作手们在这里想到的是价格，而范德比尔特想到的却是价值，因此多年后前辈们会用“放空哈林公司”形容一贫如洗的状况。

很多年前，我跟古德的一个老交易员聊天，他对我说，古德先生不是个平常人——祖鲁曾经心有余悸地说：“碰到他就惨了。”这个“他”指的就是古德——而且他比过去和现在所有的作手都要厉害千万倍。他有这么多的成就，毫无疑问，他就是金融界的奇才。即使现在看来，古德对新状况的适应能力和应变能力也都是惊人的，这是交易者的必备素质。他可以自由地改变操作策略，因为他的重点是操纵股性而非投机。他炒作是为了投资，而不是要改变市场。他很早就知道赚大钱要靠铁路而非在股市中炒作铁路股票。但他一样利用股票市场，我猜他看中的是股市是可以快速、容易地赚钱的地方。有远见但没有金钱的支撑只能干着急，相反，有钱有远见就表示成功，就表示有权利，表示可以赚取更多的钱。

当然，炒作也不只限于这些大人物，当年也有很多小作手这样做过。一个老交易员告诉过我一个故事，这故事与19世纪60年代初期的道德标准和社会情况有关。

“金融区的情形是华尔街给我的最早印象。那是因为我父亲有事要办，不知道为什么他带我一起去的。我们沿着百老汇一直走，拐进了华尔街，沿着华尔街我们就到了布拉德街（Broad Street）或者是拿索街（Nassau Street），来到了现在的信孚银行（Bankers’ Trust Company）所在的那个路口，我看到两个男人后面跟着一群人，一个男人向东走去，一副满不在乎的样子，另一个男人脸红脖子粗地在他身后挥着他的帽子，另一只手向空中挥舞着拳头。他大喊道：‘吸血鬼！吸血鬼！资金的价格是多少？吸血鬼！吸血鬼！’很多人从窗户里探出头看究竟发生了什么事——当年这里还没有这些摩天大楼，只有两三层那么高。我父亲问路人发生了什么事，那人解释了，但我并没有听，我只是紧紧抓着父亲的手，生怕被人群挤散了。这时街上的人越来越多，看热闹的人从拿索街和华尔街跑过来，看到人潮涌过来我感到害怕，父亲拉着我挤出了人群，父亲对我解释说那个被人叫做“吸血鬼”的人是谁。我不记得他的名字了，但我知道他是纽约股市那些主力股的最大作手。”

“据我所知，除了雅各布·利特尔之外，他赚到和亏掉的钱华尔街上无人能比。当然，我记得雅各布·利特尔的名字，因为我觉得一个成年人叫这样的一个名字非常有趣。那个被人喊作吸血鬼的人因为从事锁住资金而声名狼藉，至今我都不知道他叫什么名字，但我记得他高高瘦瘦的，脸色苍白，跟吸血鬼很像。当年，内线炒作集团以借钱的方式把资金锁住，也就是说，如果交易所里有人想借钱，只能借到很少的一部分，这些人就出去找他们借钱取得保付支票。实际上，他们并没有把这笔钱拿出来，这当然只是操纵手法，在我看来，这是一种炒作手法。”

我同意这位老先生的说法，这是现在所没有的一种炒作手法。

第二十章

股市如战场，牢记战略和战术之别

1. 股市如同战场，一定要牢记战略和战术的差别。

2. 一个投机者必备的素质是，从来都不跟大盘作对，拥有无畏的勇气，但并不鲁莽。一旦发现自己错了，瞬间回头，立刻改正。

3. 毫无疑问地说广告是一门艺术，以大盘为媒介来炒作也同样是一门艺术。故事越真实就越有说服力，越有说服力的广告效果才会越好。今天的作手们不但要使所操纵的股票看起来强劲，而且还要做到真正的强劲，因此，作手们的操作原则必须是有根有据、健全完备的。

我从来也没有跟华尔街公认的任何一位伟大的作手谈过话，我指的不是领袖而是作手。他们都是已经作古了的先辈。我初到纽约时，当时最伟大的作手詹姆斯·基恩正如日中天，但那时我只是个少年，我只关心怎样找到一家有信誉的经纪公司再次创造我在家乡投机公司里创造的成就。而基恩正忙着炒作“美国钢铁”，这是他炒作史上的杰作。我那时候没有任何炒作经验，一点都不了解炒作的价值和意义，而且就炒作而言，我也并没有想了解的迫切需要。如果那时跟我提及炒作，我一定把它归类于高级骗术，在骗术当中，家乡的投机公司用在我身上的骗术是最低级的。从那时起，我听到的有关炒作方面的话多数都是推测和怀疑，猜测的成分超过了明智的分析。

认识基恩的人都说，他是华尔街历史上最勇敢、最聪明的作手。以此来衡量，伟大的交易者又少了好几个。现在这些人都被遗忘了，不过，在他们的名声如日中天的时候，他们都是华尔街之王，至少是一天的国王！他们靠报价纸带从默默无闻做起，最后功成名就，成为金融圈的佼佼者。当然，小小的纸带不能使他们在王位上停留很久，以至于名垂青史。不管怎样，基恩是他那一代中最优秀的作手。

他利用对股票的了解和作为作手的经验及操作天分为哈弗迈耶兄弟工作，哈弗迈耶兄弟希望他能替美国糖业公司的股票开发出市场。当时基恩还一文不名，不然他一定会为自己工作。他成功地操作了“美国糖业”这只股票，使这只股票为大众所追捧，交易非常容易。因为“美国糖业”的战绩不俗，他经常被一些内线炒作集团请去操盘。有人告诉我，他为这些内线炒作

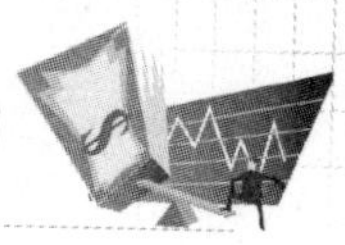

集团操盘从来都不接受报酬，而是要求像内线炒作集团成员那样拿到一份利润。股票的所有表现均由他负责，他们之间经常会有背叛和逃跑这样的猜疑，他和惠特尼·赖安（Whitney Ryan）帮的争执就是因此而起。作手的做法很容易上同伴的当，他的同伴不会像他一样了解事情的全部。我是从自己的经历中了解到这一点的。

非常遗憾，基恩最伟大的杰作——1901 年春季成功炒作美国钢铁公司——没有留下任何的精确纪录。据我所知，基恩从来没跟摩根先生谈过这件事。摩根的公司主要与塔尔波特·泰勒公司（Talbot J. Taylor & Co）打交道的，基恩则以这家公司作为总部，塔尔波特·泰勒是基恩的女婿。我知道，基恩可以在辛劳和努力中获得乐趣。那年春天，他在炒热市场的过程中赚了几百万美元，这件事所有人都知道。他对我的一个朋友说，在短短的几周时间里他在公开市场上为负责承销的集团卖出 75 万股。要是你考虑到下面的这两个条件，你就会知道这样的成绩非常棒：第一，这是一只新股，公司的资本额比美国的国债还要大；第二，在同一市场同一时间里，里德、利兹、穆尔兄弟、亨利·菲利普、弗里克和其他一些钢铁业巨头也对大众卖出了几十万股。

当然，可以肯定的是，大势对他非常有利，不仅是当时的美国经济很活跃，而且还有人气和他自己庞大的财力支持，这都是他获得成功的条件。当时那样的一个大多头市场，那样的繁荣和人气现在已不可能再现了。后来严重的证券恐慌发生了，基恩在 1901 年炒高到 55 美元的美国钢铁公司普通股在 1903 年跌到了 10 美元，1904 年跌到了 8.875 美元。

我没法分析基恩的炒作方法，没有有关他的书，也没有详细的相关纪录。猜想他对“联合铜矿公司”（Amalgamated Copper）的炒作过程一定非常有趣。罗杰斯（H. H. Rogers）和威廉·洛克菲勒（William Rockefeller）当年试图出手他们多余的联合铜矿股票以失败告终。最后他们请基恩帮忙，基恩同意了。要知道，当年的罗杰斯是华尔街上著名的实干企业家之一，而威廉·洛克菲勒是标准石油集团（Standard Oil）最大胆的投机专家。事实上，他们拥有的资源不可限量，他们的威望和在股票市场上摸爬滚打的经验无人能及，然而他们还是请求基恩的帮助。我说这些，是想要让你知道，有些事确实需要专家来完成。这是一只备受青睐的股票，由美国一些资本巨头支持，却卖不出去，如果一定要卖出去得搭上金钱和名声。罗杰斯和洛克菲勒认定只有基恩能够帮助他们。

基恩立刻投入到工作当中。他处在多头市场当中，以面值上下的价格卖出了大约22万股“联合铜矿”，在他出尽了罗杰斯和洛克菲勒手中的剩余股票时，大众还在不停地买入，使得价格又上涨了10点。内线集团看到大众如此热烈地买进这只股票，反倒开始看好他们卖掉的那些股票了。有种说法，说罗杰斯后来建议基恩做多“联合铜矿”，如果说这是罗杰斯打算倒货给基恩的话，不太令人信服。以罗杰斯的精明，他一定知道基恩不是软柿子。基恩以他惯有的习惯行事——在大涨之后一路打压然后大量出货。当然，这种战术要视他的需要而调整，也受每天变化的小波动影响。股市如同战场，一定要牢记战略和战术的差别。

基恩最信任的一个朋友——他是我认识的钓友里最善于用假蝇钓鱼的一个——几天前对我说，基恩在他操作“联合铜矿”的过程中，发现自己手里没有保留一股，也就是说他连最初为了抬高股价而被迫买入的股票都没有一股了，隔天他会买进几千几万股，买入后一天他肯定又会卖出。然后他不再参与市场里的交易，看看市场会如何变化，让市场习惯他的做法。一直到他打算真正出货为止，他会像我刚才说的那样一路压低股价出货。这时候普通大众总是期望反弹的出现，而且空头也会回补。

这场著名的炒作基恩替罗杰斯和洛克菲勒赚了大约2 000万～2 500万美元的现金，罗杰斯为此送给基恩一张20万美元的支票。这让我想起一个故事，百万富翁太太给纽约大都会歌剧院清洁女工50美分酬劳，感谢她找到了自己丢掉的价值10万美元的珍珠项链。基恩把支票退了回去，并附上一张短笺，大意是说他不是投机公司里的营业员，他能帮上罗杰斯先生的忙很荣幸。罗杰斯收回了被退回来的支票，并回信说，他很期待与基恩的下一次合作。没多久，罗杰斯告诉基恩，要他在130美元左右买进“联合铜矿”。

这一招应对得漂亮，真不愧是天才作手！他的私人秘书告诉我说，市场如期发展的话基恩先生很容易发脾气，认识他的人都说，他暴躁的脾气以冷嘲热讽的方式表现出来，这些话让人听了印象深刻。反而在亏钱的时候他脾气最好，像个上流社会的绅士一样，亲切和蔼、风趣幽默，喜欢说些警句。

他有作为一个投机者必备的一些素质，在任何地方都可以保证投机的成功。他从来都不会跟大盘作对，他拥有无畏的勇气，但并不鲁莽。一旦发现自己错了，他会瞬间回头，立刻改正。

现在的证券交易与他那个时代发生了很多变化。证券交易法规的变化尤其大，旧法令的执法力度比以前更加严厉，证券买卖和利润都要征比例很高的赋税等，这让游戏发生了变化。当年基恩的操作方法现在已不能用了，而且有人肯定地说，华尔街现今的商业道德比从前要高了很多。不过我可以公

平地说，基恩是美国金融历史上重要时期的一个伟大的作手，因为他是一个伟大的股票操作者，他非常了解这种游戏的玄机，他有这样的成就是因为当时情况允许他这么做。他在 1922 年的操作一定会像 1901 年一样成功，也一定会像 1876 年初从加州到纽约时一样成功。当时他在两年之内就赚了大约 900 万美元，这种速度比一般民众不知快了多少倍。他生来就是一个领导天才，不管世事如何变化。

其实变化没有我们想象的那么剧烈，报酬也没有那么大，因为现在已经不再是股市创业初期了，因此也没有开路先锋的报酬丰厚。只在某些方面炒作比从前容易，其余方面的条件比基恩时代要苛刻很多。

毫无疑问地说广告是一门艺术，以大盘为媒介来炒作也同样是一门艺术。故事越真实就越有说服力，越有说服力的广告效果才会越好。今天的作手们不但要使所操纵的股票看起来强劲，而且还要做到真正的强劲，因此，作手们的操作原则必须是有根有据、健全完备的。这也就是为什么说基恩是伟大、神奇的作手的原因了，他重新开始，一样可以成为一个绝佳的交易者。

炒作这个词现在听起来有些刺耳，需要改一个名字。在我看来，炒作是为了出售大笔的股票，这本无可厚非，但前提是这一系列的做法不该带有一丝欺骗的成分。不用说，作手们必须在投机客中寻找买主，他们会寄希望于那些想利用自己的资本赚取庞大利润并且愿意承受风险的人。他们不会同情那些知道这一点还亏钱并归咎于别人的人。这种人在赚钱的时候会显得非常大度，一旦亏了钱就会骂别人是强盗是作手！炒作一词在这种时候被说出来，就同暗指别人利用作了记号的纸牌作弊一样，但事实并非如此。

一般意义上，炒作的目的是要发展市场性，也就是说能够在任何时候任何价位卖出大量的股票。当然，也有可能因为大势逆转，内线炒作集团没有机会大量卖出，否则就得承受大到不能让人承受的牺牲。这时他们会想着雇请一位这方面的专家，凭借专家的经验和技术，让他们可以在井然的秩序里不显山不露水地出清手中仓位，而不用承受可怕的亏损。

我没谈及尽量以最低价吸货以便得到控制权的炒作，因为这类事情现在不常发生了。

古德希望取得西联电报公司（Western Union）的控制权，所以大量买入这只股票，这时隐退江湖多年的华盛顿 · E. 康纳（Washington E. Gonnor）突然出现在了交易大厅，他开始买进西联电报的股票。所有的场内交易员都觉得他这样做非常愚蠢，笑他很天真，于是很高兴地把西联电报的股票全部倒给了他。在他们看来，这种方法太笨拙，以为做出古德要买进的假象就可以让股价上涨。这就是炒作吗？我觉得是，又不是！

之前我说过，炒作的目的就是以高的价格把大量的股票卖给大众，这样不仅是卖出那么简单，其中还涉及分散出货。不管从哪方面来讲，一只股票由 1 000 个人持有会好过由一个人持有，这样对市场有利。因此，作手不仅要考虑在何种价位卖出股票，还要想办法不让股票集中在一个人或少数人手里。

如果没有人从你手上承接大量的股票，就算把价格拉得很高也没有任何意义。没有经验的作手总是想在头部出货，最后都以失败告终，这时前辈们会用充满智慧的眼睛看着他说："你可以把马牵到河边，但你却不应该强迫它喝水。"多么有智慧的一句话！事实上，炒作的规则一定要牢记，这条规则是基恩和一些成功的前辈们根据经验总结出来的，那就是股票要炒到最高价，然后在打压中出货！

我们从头说起。假设现在有一个人、一个承销商和内线炒作集团，他们想把手中的大量股票以最高价卖出，这只股票已经在纽约证券交易所里挂牌上市了。卖股票的场所最好放在公开的市场上，买主应该是普通大众。与卖股票相关的一些谈判最好由一个人来负责，这个人必须是公司目前或之前的合伙人，他曾经试着在证券交易市场上卖出这些股票，但没有成功。他已经非常熟悉股票的操作程序，或很快就会熟悉，他同样知道需要一个比他更有经验、更有才华的人来处理这件事。他从传闻中得到有几个这样的专家，曾经很成功地处理过这样的事件，他选中其中一个，决定利用这个专家的专业技巧来完成这件事，就如同生病了看医生、水管坏了找维修工一样。

假如我是这方面的专家，他会想尽一切办法找到有关我的资料来研究，如果令他满意他会约我见面，到了适当的时候他会来我的办公室找我。

当然，碰巧我非常了解这只股票，深知这只股票的价值，也知道处理这件事是我的工作，是我谋生的方式。来客会告诉我他的目的，希望我能接受这个工作。

这时，我会要求对方提供一切我认为需要的、可以让我清楚地了解这项任务的资料。我判断这只股票的价格是否有价值，评估在市场上销售的可能性，再加上对大势的预测，帮助我判断这个任务成功的可能性有多大。

如果经过一系列评估让我有十足的把握，我会接受这个任务，告诉他我提供服务的条件是什么。如果他接受我开出的报酬和要求的条件，那我就可以立刻开始工作。

我通常会得到一大笔股票的认购权，我坚持使用累进式的认购权，因为

这样对任何人来说都是最公平的。认购权的价格将比市价低一些，然后逐步上涨。比如，我得到 10 万股的认购权，这只股票的市价是 40 美元，我的认购权价格应该是从 35 美元开始认购几千股，下一笔的认购权就变为 37 美元，再下一笔就是 40 美元，再就是 45 美元、50 美元，这样一直涨上去，一直到 70 或 80 美元时停止。

如果在我的操作下价格上涨，在最高位的时候这只股票还有相当大的吞吐量，我可以卖出大量的股票，那时我不会执行这只股票的认购权。不只我赚到了钱，我的顾客也赚到了钱，这样的情况应该是有的。如果我的专业素养正是他们所需要的，他们应该会得到应有的价值。当然，也有以亏损结尾的内线炒作集团，这种情况非常少，因为我在接手之前会研究这件事的可行性，如果没利可图我是不会接受这项任务的。今年我在一两个案例中没有赚到钱，原因有很多，但这是另外一件事了，以后再谈。

一只股票多头走势的第一步就是到处宣传有一只股票的多头走势已经形成了的事实。听起来很愚蠢，是吗？可是你想一想就知道，这其实并不愚蠢，最有效果的宣传就是你真的让这只股票变得活跃并且走势强劲。

第二十一章 账面上的利润

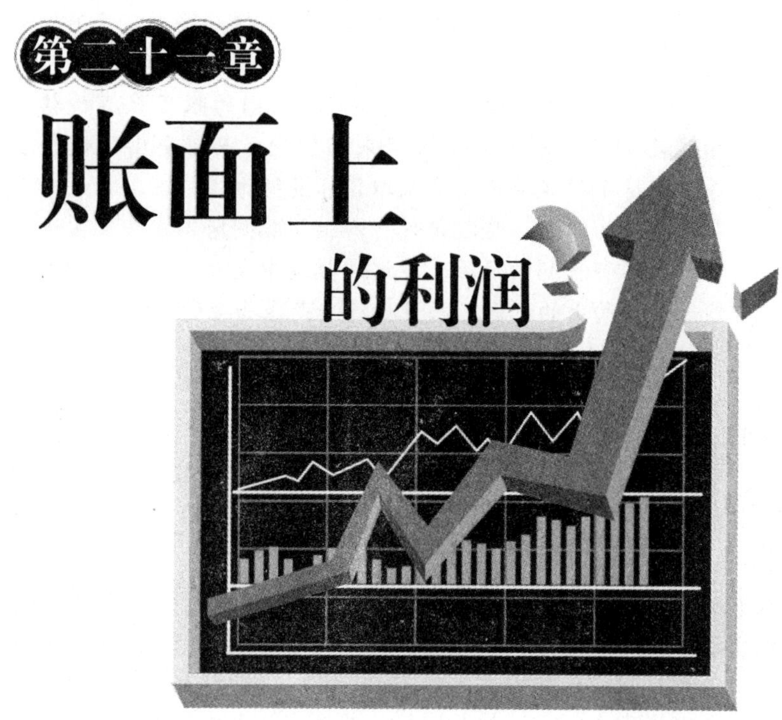

1. 对投机客来说，一只股票半死不活的，如果买进打算做多，极有可能会陷入不上不下的套牢状态。你的投资理念反对你买进这只股票，套牢会变成一具尸体，被尸体拖着一两年，损失掉的利润远比尸体本身要高很多。如果这期间出现了好机会，你就会发现被套得动弹不得是件多么痛苦的事了。

2. 一般人从来都不考虑价值，他们的眼里只有价格，而且他们的行动不是由情势来指挥的，而完全由恐惧为主导，在这个时候他们就会采取最容易的方法——不再认为涨势有到头的时候。这就是外行人虽然聪明地不在头部买进，但是也不会获利的原因。在这波热潮中大众总是会赚到很多钱——账面上的利润，而且始终只是账面上的利润。

从理论上讲解这些通则不会给人留下深刻的印象，如果我举出一些真实的例子，我想可以加深印象。我讲一个我的经历：我只吃进 7 000 股就把一只股票拉抬了 30 点，却因此引发市场变成一个几乎可以大量吸纳任何股票的市场。

这只股票是“帝国钢铁”（Imperial Steel），它在一些有很高声誉的人推荐下上市，并且还做了一些宣传，所以这只股票被认定为蓝筹股。大众通过华尔街的几家公司购得了全部股票的 30%，但这只股票挂牌以后并没有大量交易。如果有人问起这只股票，一两个内线人士——这只股票的承销集团成员——会说这家公司的盈余比预期还要高，前景令人鼓舞。这点倒是真的，事实确实是这样的，但并不让人兴奋，因为缺乏投机的诱因。从投资的角度来看，价格稳定和持续配股的真实性还没有得到确定，这只股票从来也没有出现过让人关注的热点。这只是一只温和的股票，在内线人士发布了情况属实的报告后也没有出现该有的上涨，当然，价格也没有下跌。

“帝国钢铁”一直保持着这种隐形状态，没有宣传，也没有在市场上传播所谓的内部消息，成为一只因为没有卖盘所以不会下跌的股票。没有人放空是因为没有人愿意放弃这样一只股权并不分散的股票，这样做对空头没有任何好处，会任由持有大量股份的内线集团摆布，同样，也没有动力鼓励人

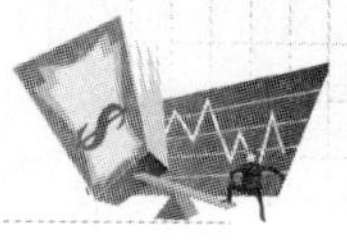

买进。对投资人来说，“帝国钢铁”此时就变成了一只投资股；对投机客来说，这只股票半死不活的，如果买进打算做多，极有可能会陷入不上不下的套牢状态。你的投资理念反对你买进这只股票，套牢会变成一具尸体，被尸体拖着一两年，损失掉的利润远比尸体本身要高很多。如果这期间出现了好机会，你就会发现被套得动弹不得是件多么痛苦的事了。

有一天，帝国钢铁公司的一个重要成员代表他的公司来我的办公室看望我。他们拥有 70% 没有流通的股票，希望为这只股票创造市场，他们想让我以比市价还要高的价格卖出他们手中的股票。他们想知道我如果接受了这个工作会开出怎样的条件。

我对他说，我需要考虑一下，几天后给他答复。然后，我开始研究这只股票，请了一些专家调查这家公司的工作情况，调查了生产、业务和财务等重要部门，最后，他们给了我一份客观公正的报告。我并不是要找寻这家公司的优缺点，只是需要了解现实状况而已。

报告显示，这只股票非常有升值价值，如果投资人再耐心地等一段时间，就会知道以目前的行情买进这只股票是非常正确的。就各种市场波动来说，目前状况下股价上涨是最合理最应该的一种波动，也就是说，在对未来做了合理预期后，股价理应上涨。因此，我没有任何理由不接受这次“帝国钢铁”的炒作工作。

我告诉他，希望他能来我的办公室商谈细节问题。我把我的条件告诉了他：我不要炒作工作的现金报酬，而是要求得到 10 万股 70 ～ 100 美元每股的“帝国钢铁”的认购权。从表面上看，这个报酬要得有些多，但是要知道，内线集团绝对没法以 70 美元的价格卖出 10 万股，连卖 5 万股都不可能。这只股票没有市场，就算有获利丰厚的利好消息发布到市场上都没有办法吸引买盘的注意。当然，除非我的委托人先赚上几百万美元，不然我连现金报酬都拿不到。我赚到的销售佣金并非高得离谱，而是非常公平，依据成功与否而定的费用。

我知道这只股票的真正价值，并且配合大盘看涨的走势，这都有利于股价上涨，我自信我能做得非常好。我的意见让帝国钢铁公司的内线集团非常满意，立刻同意了我的要求，这次的合作一开始就令人愉快。

我尽量把自己保护得很好。公司拥有大约 70% 的流通股本，我要把他们这 70% 的股本存在一个信托合约里，我可不打算被这些大股东当成垃圾场。锁定了这 70% 的流通股以后，我还要考虑那 30% 散落在大众手中的股票。这时候还是有风险的，有经验的投机客从来都不奢望操纵没有风险的炒作。

事实上，所有股票同时入场交易的可能性并不比在保险公司投保的人同一天同一小时死亡的可能性高。股票和人命一样，都有不为人知的精算表。

我保护自己不受可避免的股市风险侵扰，准备开始行动了。我要让我的那 10 万股认购权体现应有的价值，就必须拉抬价格，创造出一个我可以卖出自己那 10 万股的市场——这 10 万股是我这次工作的报酬。

我做的第一件事就是估计一下如果股价上涨会有多少股票涌进市场。我的经纪公司很容易就可以找到这个问题的答案，他们可以毫无困难地确知在目前行情略高的价位上有多少股票做了卖出委托。我不知道他们取得这些资料的途径是什么，目前的行情是 70 美元，在这种情况下我连 1 000 股都卖不掉，我甚至都不知道在比这个价格更低一些的价位上是否也有需求，我只能根据经纪商告诉我的资料行动。这些资料不能明确地让我知道求售的具体数量、需求的数量是多少。

我一得到这些资料后就悄悄地在 70 美元和稍高一点的价位上吃进了所有挂单。我的一个经纪商对我说："这些卖单是一些小股东挂出的，因为我的顾客在锁住自己的筹码之前就已经取消了他们发出的任何卖单。"

我不用买进大量的股票，因为我知道适当的涨势会引来更多的买单，当然也会有卖单。

我没有发布任何"帝国钢铁"要上涨的内部消息，我没必要这么做，我可以靠最好的宣传直接影响人气。并不是说一点宣传都不要，一只还没有在市场上出名的股票就像羊毛制品、鞋子、汽车一样需要宣传其价值，而且也很有必要。精确、可靠、有力的消息应该是由大众口口相传出来的，我知道，我想要的这些宣传，大盘都会替我完成。之前我讲过，有影响力的报纸经常会刊出一些解释市场波动的文章，这就是新闻。读者不仅需要知道股市发生了什么事，还要知道其背后的原因。所以，作手们不用多费脑筋在这上面，财经记者会刊出所有采访到和听到的有用、没用的消息，也会分析公司的盈余报告、产业状况及预期，也就是说，报纸上会刊出能够为涨势提供任何解释的线索。记者或熟人问我对这只股票的看法时，我会毫不犹豫地说出来。我不喜欢主动提出什么建议，也不会发布小道消息，但是，我知道我用秘密方式操作的话没有任何好处。在所有的消息和所有的推销人员中，最优秀、最出色、最有说服力的就是股票的走势。

我以 70 美元或略高的价格吸进了所有求售的股票后，市场上的压力就消失了。从交易目的来看，这显示出了"帝国钢铁"阻力最小的路线，而且这条路线是明确向上的。交易大厅里那些富有洞察力的交易员一眼就看了出

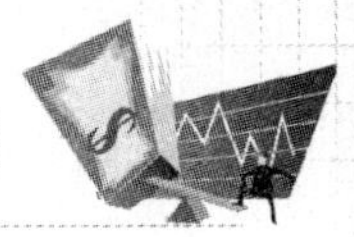

来，马上可以得出这只股票要上涨的合理推论，上涨的幅度他们可能不是很确定，但他们所看到的事实足以鼓励他们开始买进。这只股票明显的上涨趋势就是他们买进的理由，走势是不会说谎的。我当然会马上满足这种买进需求，于是我将之前吸进的那些被套得筋疲力尽的大众的挂单卖给这些交易员们。当然，我卖得十分小心，非常高兴能满足这样的需求。我不会大事宣传这只股票，我不想让涨势太快，这只是启动状态，如果此时就卖光那10万股中的一半不是我想要的。我的任务是创造一个市场，让我能够出售所有的持股。

就算我只卖出了交易员们需要的数量，我还是暂时失去了我的买盘，这个买盘是我一直保护着的。到了适当时机，交易员们会停止买进，价格也就会停止上涨，这时看多的人就会失望卖出，涨势一停买进就没有了理由，最后交易员们也会跟着卖出。我当然已经准备好应对这样的卖压，股价一下跌我就买回了之前以高出几块钱卖给交易员们的股票，我知道，我这样买入一定会阻止下跌的趋势，一旦价格停止下跌，卖单也就消失了。

然后我把之前的操作再来一遍。一路上涨的途中吃下所有的卖出挂单，这些卖单的数量不会很大，价格再次开始上涨，不过这次以高于70美元的价格开始涨起。要知道，下跌时有很多人非常希望卖掉手中的股票，但是不愿意在顶部以下三四点的价位卖出。这些人会赌咒发誓地说：如果再有反弹一定卖出！他们在上涨的途中挂单卖出，可一看到走势向好，马上又改了主意撤单。当然，还是有一些追求安稳的行动派会获利了结，在他们看来钱还是放在自己的口袋里安全。

这之后，我要做的只是重复地买进和卖出，不管怎样股价被拉高了。

有时候，在你吸进所有出售的股票之后，急速拉升股价便使你炒作的股票出现急涨的走势。这可是最好的宣传，这样的涨势会吸引大家关注讨论，当然也会吸引专业交易者和喜欢投机活跃股票的大众，这种人非常多。在“帝国钢铁”这只股票上因为急涨带来的买盘我会全部满足。我的卖单总是会限制涨势、涨幅和涨速，我沿着向下的趋势买入，再在上涨的途中卖出，这样做不只抬高了股价，也为“帝国钢铁”开拓了市场。

我开始炒作这只股票之后，再也没发生买卖不出去的事情了，也就是说，就算买进、卖出的数量再大都不会引起股价的异常波动。买入后被套牢或卖出之后被轧得死去活来的恐惧消失了，因为大家都相信“帝国钢铁”的市场会一直保持下去，股票慢慢分散到了业内人士和大众手中，这一点跟股价走势增强了大家的信心有关。当然，活跃的交易也让很多别的困难消失不见了。

在我买卖几千几万股之后我成功地把这只股票的价格推到了面值之上，每个人都想买进每股100美元的“帝国钢铁”，有什么理由不买呢？这时每个人都知道这是一只好股票了，过去价值被低估，现在也还非常便宜，这样的涨势就是证据。如果一只70美元的股票上涨了30点那就有可能从100美元开始再上涨30点，这是很多人的看法。

在让股票上涨30点的过程中我只买入了7 000股，这笔持股的平均价格大约是85美元，这表示我每股赚了15美元。虽然这还只是账面利润，但我知道全部利润比这要多很多，而且这种利润增加得非常稳定，因为我已经创造出了一个可以自由大笔买卖的市场了。这只股票会在正常状态下不断走高，我那10万股认购权的认购价位在逐步上升。

后来，在一些因素的影响下我没有执行自己的计划，没有把账面的利润变成实实在在的现金。请允许我有自夸之嫌的评价：我这一次的炒作非常巧妙，完全合法，成功势在必得。单从这家公司的资产和业绩来看，这只股票再涨高一些也不会让人觉得很贵。承销集团成员之一——一家实力雄厚的银行希望保有这只股票的控制权。对银行来说，能控制住一家像帝国钢铁公司这样的业绩增长快、日益壮大的公司比控制投资散户要有意义得多。总之，这家银行要求我出让这只股票的认购权，这表示我可以获得巨大的利润，所以我立刻就接受了。我非常高兴能在大笔卖出中获得高额的利润，我对自己在这只股票上的表现非常满意。

在我出让自己的10万股的认购权之前，我就知道这家银行聘用了比较有经验的专家对帝国钢铁公司作了全面细致的评估，他们的报告支持这家银行提出收购我的认购权的行动。我仍然保留了几千股帝国钢铁的股票，我对这只股票有信心。

后来我回忆，在炒作“帝国钢铁”的过程中没有任何不正常、不合理的地方，只要买盘可以让股价上涨，就说明没有出现任何问题。有的股票会有拉抬不动的时候，可这只股票从来没出现过步履蹒跚的状况。如果股票对买盘没有任何反应了，不需要任何内部消息，一定要坚决出场。如果一只股票有价值，而且市场大势也非常配合，就算股价下跌也可以把价格拉上来，哪怕是下跌了20点。但是“帝国钢铁”这只股票从来不需要我这样做。

我在炒作的过程中从来都不会忘记一些基本的交易原则。也许你会奇怪，为什么我一直重复这一点，或者反复强调不要跟大盘有争执，也不要为大盘的走势不如自己的意愿而生气。你一定认为，在自己的事业上赚到几百万美元，并且还能在华尔街上呼风唤雨的人一定都是冷静客观看问题的人，对吗？

如果有一天你看到一个符合上述描述的成功人士在市场没有按自己的意志行事而是表现得焦躁不安一定会大吃一惊的。他们会把这样的事当成是耻辱，会因此一蹶不振并损失财富。

我和卜兰迪之间的矛盾一事已被传得沸沸扬扬了。大家一定认为，我们是因为某一次股票炒作事件产生了分歧，结果导致操作失败，也可能牵涉了欺骗，我或他为此遭受到了几百万美元的损失，或类似的损失。其实，实际情况不是这样的。

卜兰迪和我是多年的朋友，他曾经告诉过我一些信息，我每次利用这些信息都会赚到钱。我也给过他一些建议，不知道他听了没有，如果他听了，一定会少损失一些钱。

他是推动石油产品公司（Petroleum Products Company）上市和释股的主要负责人。因为当时的大势不好，所以这只股票上市后表现不如卜兰迪和他同伴们预期的那么好。基本状况转好后，卜兰迪组建了一个操作小组开始操作这只股票。

至于他的炒作水平如何，我还是不方便评价。他并没有告诉我他是如何操作的，当然，我也没有问。他的经验是华尔街人所共知的，他的聪明才智也毫无疑问，可他所做的一切都没有任何价值，没多久这个炒作集团就发现他们没有办法脱手这么多的股票。他一定试过华尔街的一切操作方法，可都不管用，除非炒作集团的操盘人觉得自己不称职自动离开，否则不会要求别人来取代他的位置，而这一点一般人都不愿意承认。后来，他找到了我，想要我负责出脱石油产品公司的股票一事，大约要卖出超过 10 万股的持股，当时这只股票的市值大约是 102 ～ 103 美元。

可是我觉得这件事责任不明确，所以我婉拒了。可他坚持要我接受，最后他从私人的角度说服了我，我同意接受了。我从来就不喜欢做没有把握的事，但同时我也觉得一个人对亲朋好友有帮助的责任。我对他说我会尽最大的努力来完成这件事，但我同时也告诉他我并非有十足的把握，我还列举了一些我肯定会遇到的不利因素。最后卜兰迪对我说，他并没有要求我一定要替这个集团赚进几百万美元的利润，他坚信，如果我接手了，这件事一定会有一个更令每个理性的人都满意的结果。

当时的情形就是这样的，我答应了一件违反我判断的事情。事情进行中我遇到了一些困难，主要是卜兰迪在最初时犯下的一些错误所导致的。但是对我不利的主要因素就是时间，那时我们已经接近多头市场的尾声了，市场的一些状况有了一些起色，这让卜兰迪非常高兴，可是最后证明这只是短暂的反弹而已。我很害怕在我刚刚让石油产品公司有起色的时候大盘已转头向下，不过，我已许下诺言，我一定会尽力而为的。

我拉抬股价的行动并不很成功，我把股价拉到了 107 美元，这样已经非常不容易了，我甚至能够卖出一些股票了。虽然数量不多，但终归没有让集团的持股数量增加。还有很多集团外的人也等着股价上涨好出脱手中的持股，对他们来说，我是他们的救星。如果大盘情势好一些，我也会有比较好的表现，没有早一点让我参与进来真是太糟糕了。我觉得我能做的就是以尽量小的损失出手集团的持股。我对卜兰迪说了我的看法和计划，他开始反对。我耐心地跟他解释我这么做的原因，我说：“卜兰迪，我可以很清楚地感觉到市场的脉搏，现在这种状况根本就没有人愿意跟进，不需要什么技巧就可以看出一般大众对我操作的反应。你把这只股票装饰得非常有吸引力而且随时都可以提供需要的一切支持，可就算这样大众对此还是不理不睬的，你这时就一定会发现这里的问题，问题不是出在股票上，而是出在市场大势上，逆势而为得不到任何好处。如果这样做下去，一定会失败。有人跟进，操盘手应该会很高兴买进自己的股票，如果发现他是市场上的唯一买盘他还照买不误的话，他就是笨蛋。我每买进 5 000 股，大众应该很乐于也有能力多买 5 000 股，但我绝对不要做市场上唯一的买盘。现在只有一件事可以做，那就是卖出，唯一方法就是卖出！”

“你是说不管在什么价位都卖出？”卜兰迪问道。

“没错！”我看到他要张口表示反对，于是我接着说，“如果你要卖出这个集团的股票，可以确定的是，价格一定会跌破面值，并且……”

“不行，绝对不能这么做。”他大声地反对着。你听到他的声音一定会以为我在邀请他加入自杀俱乐部呢。

“卜兰迪！”我说，“股票炒作的基本原则是要拉抬股价以便出货，但在上涨时不可能大量卖出，这没人能办得到，只有在一路下跌的过程中才能大量卖出。我没法把这只股票拉抬到 125 ～ 130 美元，我也想这么做，但我做不到。所以，你必须从现在的价位开始卖出。我觉得所有的股票都会下跌，石油产品也不会例外，现在卖出的下跌比几个月后大众纷纷抛售造成暴跌要好很多，反正是一定要跌的。”

我不觉得自己的话有何伤人的地方，但就算你在地球另一面的中国都可以听得到他的哀嚎，他根本不愿接受这样的事实。这样肯定不行，这样会让股票留下糟糕的纪录，如果今后要以这支股票在银行里抵押贷款，这件事会造成不利影响，等等。

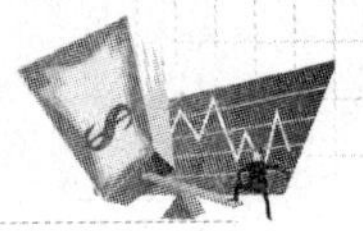

我再一次对他说，世界上没有任何力量能够阻止石油产品公司的股票下跌 15 ～ 20 点，因为整个大盘都要跌这么多。想要让这只股票变得逆势而立、耀眼夺目是痴人说梦。我的话他根本就听不进去，他依然坚持必须要支撑这只股票。

他是当年最成功的股票炒手之一，在华尔街赚过几百万美元，对投机游戏有深刻的认识，他的见解远远超过一般人，但在空头市场初期他却要坚持支撑一只股票。当然这是他的股票，但这种做法非常不合理，我尽力跟他说明，但却没有丝毫的用处，他依然坚持要我发出支撑买单。

大盘走下坡路，真正的跌势开始了，石油产品公司的股票当然会跟别的股票一起跌落。可事实上，我不但没有卖出，还在卜兰迪的命令下为内线集团买进了股票。

唯一的原因是卜兰迪并不相信空头市场已经开始了，但我对此深信不疑。我不仅用石油产品公司的股票，还用别的股票验证过了，证明我的猜测没有错。我没有等空头市场正式宣布到达，就开始了放空，当然，我放空的是别的股票，石油产品公司我一股都没有放空。

石油产品公司的炒作集团就像我猜的那样，不仅持有最初的那些股票，还紧握那些因想拉抬股价制造买盘而买入的股票。最后他们还是卖掉了，但比我建议卖出时的价格要低了很多。不可能还有别的办法，但卜兰迪依然坚持自己是正确的。我明白，他认为我给他提出的那种建议是因为我放空了其他股票时，大盘仍然在上行，也就是暗示说，不限价出清集团持股会造成石油产品公司股票大跌，如果这么做了，就会帮助我在其他股票上的放空行动。

这么说非常不负责任，我看空后势并不是因为我要放空股票。我看空是因为我测试得知大势会这样走下去，我只有在自己翻多为空时才会放空股票。从错误的方向发展不会赚到钱，在股票中尤其如此。我建议出售这个集团的持股是因为我 20 年的经验告诉我，这是唯一可行并且明智的做法。卜兰迪和我一样都是高明的操盘手，完全可以像我一样看清现实，但那个时候做任何事都来不及了。

我猜想，卜兰迪和所有的外行人一样，会有作手无所不能、什么事都可以做到的错觉。作手没有这种能力，他们也一样会有做不到的事情。基恩最大的成就就是 1901 年春天炒作美国钢铁的普通股和特别股。他的成功不是因为他的聪明和雄厚的财力支持，也不是因为有一帮全美国最富有的人做他的后援，而主要是因为大盘提供了非常好的时机，大众的心态也非常正常。

违背经验和常识的行动都是不应该的，但在华尔街做傻事的不全是外行人。卜兰迪对我不满我已经说过了，我没有照我的意愿行事而是遵照了他的命令，这让他觉得很痛心。

炒作的目的就是要把大量的股票卖掉，其中不应该有任何歪曲，不应该有神秘、不公正或欺骗的成分，完美的炒作必须建立在健全的交易原则之上。大家非常看重洗盘之类的旧式做法，但我可以对你保证，纯粹的技巧并不重要。炒作股票跟在柜台上卖股票、卖债券没有任何区别，区别就是顾客的性质不同，而不在于目的、出发点的性质。摩根银行出售债券，买方是投资人；作手卖出股票，买方是投机客。投资人要的是安稳，为投入的资本找到具有持续的回报率的投资项目；投机客寻求的是快速获利。

作手必须在投机客中寻找市场，投机客只要找到一个合理的机会，能够为他的资本提供大笔回报，他就愿意冒比正常水准高很多的商业风险。我从来不愿盲目地赌博，我可能会大笔操作，也可能只买 100 股，但不管是哪一种情况，我都会为此找到合理的理由。

我非常清楚地记得我是如何开始炒作游戏的——替别人行销股票。这些回忆令人非常愉快，这件事间接地反映了华尔街的专家们对股票操作的一些见解。这件事发生在我东山再起之后，也就是 1915 年我交易伯利恒钢铁股票使我恢复元气之后。

我的交易非常稳当，运气也出奇的好，我从来都不刻意在报纸上曝光，当然，我也不会回避。我想你也会想象得到，只要有哪个作手很活跃，华尔街都会夸大他们的成功或失败。报纸会听到一些有关作手的消息，然后刊出一些臆测和空穴来风的事情。谣言说我破产过的次数非常多，一些权威人士说我曾经赚过几千万美元……我对这些报道的唯一反应就是奇怪，他们是从哪里弄来的这些东西，我惊异于谣言增加的速度。我的交易员朋友一个接一个地跑来告诉我有关我的报道，每一次的故事都有一些变化，增添一些新内容，变得非常详细。

我这么长篇大论地说这件事是想告诉你我是怎么开始操盘工作的。我全额清偿了几百万美元的债务后，报纸发挥了它的作用。我大进大出的买卖和获得巨额的利润被报纸极度夸大，以至于华尔街对我议论纷纷。作手炒作 20 万股就可以操纵市场的时代已经一去不复返了，但是大众总想找到一个人以取代旧时代领袖人物的地位。基恩以作手的身份闻名于世，他靠自己的能力赚了几千几百万美元，使承销商和银行请他代为操盘，售出他们大量的持股。

基恩去世以后，另外有两三个人创造的股市传奇只维持了几个月的时间，他们很长时间都没有出来活动，销声匿迹了。

我指的是以大手笔进出而闻名的几个西部人，他们1901年来到华尔街，靠他们手中的钢铁持股赚取了千万美元。他们其实是承销商，而非像基恩那样的作手。他们极为能干，极为富有，在推销他们自己和朋友控股公司的股票方面极为成功。他们实际上不算是伟大的作手，跟基恩、弗劳尔州长都不一样。不过华尔街仍然觉得他们有很多可谈论的事情，华尔街的专业人士和活跃的证券商中还有他们的忠实信徒，他们隐退江湖以后华尔街再也找不到可谈论的作手，至少在报上看不到跟作手有关的消息了。

你应该还记得，1915年证券交易所恢复交易后，有一波大多头行情。随着市场规模的不断扩大，战争让协约国向美国购买数十亿美元的物资，使得美国经济异常活跃。那时候，任何人都不费吹灰之力就可以为“战争新娘”创造出没有限制的市场。很多人凭借合约或仅仅一个可以得到合约的承诺就赚进几百万美元。他们依靠慈祥的银行家们的帮助，或把自己的公司放在未上市市场上交易，摇身一变就成了股票承销商。这时候的普通大众会买任何经过适当宣传的东西。

这股热潮过去之后，这些承销商发现他们需要股票炒作专家的帮助。大家热衷于购买各种各样的股票，其中有些人以比较高的价格买进，想要出手并非易事。经济热潮一消退，大家才知道所有东西都不会再上涨了，这不是因为买方变得比原来聪明了，而是盲目买进已经结束，心态已经发生了变化。甚至价格不用下跌，大家就已经悲观了。只要市场让沉闷的气氛维持一段时间，就可以造成这样的效果。

每次经济热潮发生的过程中都会有一些公司成立，主要目的就是想利用大家对各种股票的好胃口而大赚其财。也有人迟迟不愿把股票拿出来销售，承销公司犯这种错误也是很正常的，因为他们也是人，他们不愿意看到经济热潮结束。另外，只要潜在的利益足够大，就值得为此冒险。憧憬在希望的推波助澜下是绝对看不到顶部的。一只在12或14美元时都无人问津的股票突然涨到了30美元，一般人都觉得这就是顶部了，可是又继续涨到了50美元，这时会觉得这一定到了涨势的尾声了。接着，这只股票又涨到了60美元、70美元，然后是75美元。根据情势可以肯定，几星期前这只股票的价格还不到15美元，现在当然不能再上涨了。但是，这只股票又涨到了80美元，紧接着是85美元。一般人从来都不考虑价值，他们的眼里只有价格，而且他们的行动不是由情势来指挥的，而完全由恐惧为主导，在这个时候他们就会采取最容易的方法——不再认为涨势有到头的时候。这就是外行人虽然聪明地不在头部买进，但是也不会获利的原因。在这波热潮中大众总是会赚到很多钱——账面上的利润，而且始终只是账面上的利润。

第二十二章

狗绝对不会愚蠢到反对咬狗

1. 在华尔街上，狗绝对不会愚蠢到反对咬狗。

2. 这是华尔街的老招数——改变股票的颜色，使股票变得更值钱。比如，一只股票以面额这个价位出售已经不容易卖出去了，但如果把这只股票从1股拆成4股，新股就可以以30～35美元的价格卖出去。这就等于原来的股票卖到120～140美元，这样的价格是旧股不可能达到的。

3. 生气并没有任何好处。爱生气是投机客的致命伤。

吉姆·巴恩斯（Jim Barnes）是我的主要经纪商之一，也是我的好朋友。有一天，他来看望我，想请我帮他一个大忙，这是我们认识这么久以来他第一次求我帮忙，并且我也真心希望能帮得上他，因为我很想报答他。他告诉我，这件事和一只股票有关，他的公司是这只股票的主承销商，并且已经吸进了一大笔股票。因为一些原因，他们必须卖出相当大的一部分股票，吉姆希望我来替他完成这个工作。这只股票是联合炉具公司（Consolidated Stove）。

有很多原因让我不希望跟这只股票扯上一点关系，但我欠吉姆的人情，并且他是从私人的角度来请求我的帮助的，就冲这一点，我要做的只能是强迫自己接受。吉姆人很好，是我的朋友，我猜他的公司在这只股票里已经陷得很深了，我决定尽我的全力去做这件事。

我认为，战争繁荣和别的繁荣最大的区别就是青年银行家在股市里扮演何种角色。

这次的经济繁荣是自发的，所有人都知道这次的繁荣的原因是什么，当然，美国最大的银行和信贷公司也出了不少的力气，帮助各种各样的承销公司和军火商在一夜之间成为百万富翁。当时非常混乱，夸张到一个人宣称自己有一个在联军委员会任职的朋友，就会有人送上他所需要的一切资金，好进行他还没有拿到的合约。我还听过一件更离奇的事情，是一个小职员一夜之间就变成了公司总裁。他能做成几百万美元的生意，靠的是信贷公司对他的信任并且借钱给他，还靠一手转一手人人都可获利的合约。数额庞大的黄金因为战争的关系从欧洲运到美国，银行必须找到存储这些黄金的方法。

这种做法不会得到老一辈银行家的认同，但那时已没有多少老前辈了。在风平浪静的时期，满头白发的老银行家的做法非常适合，但是在这种压力

非常大的时期，年轻才是赚钱的本钱。银行很明显地赚到了惊人的利润。

巴恩斯跟马歇尔国民银行的年轻总裁私交很好，并且备受信任，他们决定合并三家著名的炉具公司，然后把新公司的股票卖给大众。很长一段时间，只要是股票，就可以顺利地卖出去。

问题来了，炉具这一行业极为兴旺，因此这三家公司自上市以来第一次赚到股利。大股东们不希望失去控制权，在未上市的市场上这些股票的销路很好，大股东们愿意卖出的股票都已经被抢购一空，他们对这样的状况非常满意。三家公司还有一些特别小的个别资本，这些个别资本小到不足以对巨大的市场产生哪怕一点点的波动。这时，巴恩斯的公司介入其中，他说三家公司合并后会变得更加强大，可以在证券交易所挂牌交易，挂牌之后新股会比旧股好卖很多。

这是华尔街的老招数——改变股票的颜色，使股票变得更值钱。比如，一只股票以面额这个价位出售已经不容易卖出去了，但如果把这只股票从 1 股拆成 4 股，新股就可以以 30 ～ 35 美元的价格卖出去。这就等于原来的股票卖到 120 ～ 140 美元，这样的价格是旧股不可能达到的。

巴恩斯和他的合伙人成功地说服了一些朋友合并，这些朋友的目的就是投机，他们持有大笔的葛瑞炉具公司的股票。葛瑞炉具公司的规模比较大，他们合并的条件是 1 股葛瑞炉具的股票换 4 股联合炉具的新股。后来中部和西部两家炉具公司也加入其中，以 1 股换 1 股的条件参加了合并。这两家未上市公司的市场报价在 25 ～ 30 美元之间，因为葛瑞炉具公司比较著名，而且还有股利分配，所以价位在 125 美元左右。

为了筹集资金，他们必须从那些一心想卖出股票换取现金的股东手中买断这些股票。为了准备额外的营运资金——改善业务、负担承销费用，他们必须筹集几百万美元。因此巴恩斯拜访了马歇尔国民银行的总裁，总裁大方地借给了他 350 万美元，条件是以 10 万股新股票作抵押。公司跟总裁保证说股价不会低于 50 美元，这是一个双赢的交易，其中蕴含着庞大的价值。

但公司选择错了时机，市场已达到了新股的饱和点，他们应该会发现这一点。如果他们不打算效仿别的公司，想获得经济繁荣时那种不合理的惊人利润，他们可能会赚到相当大的一笔利润。

巴恩斯和他的伙伴绝对不是傻瓜，也不是没有经验的小孩子，他们都是精明果敢的商人，他们熟悉华尔街的各种手段，他们中还有些是极为成功的股票交易者。但是他们让事情发展到这样的地步不是高估了大众的购买力，毕竟他们在操作之前判断不出购买力的大小，而是犯了更严重的错误——期望多头市场延续得比实际时间长。我猜原因是他们曾经极为成功，特别是在短期内获得暴利方面极为成功，使他们没有想到会有在多头市场结束前完不成这笔交易的可能。

股票发行前的宣传极为成功，报纸慷慨地用大篇幅报道了这件事。报道说原来的三家公司代表了美国的炉具工业，产品闻名于世，还说，三家公司合并是爱国行为。日报上有非常多的文章介绍他们是如何占领世界的，亚洲、非洲、南美洲的市场已坚如磐石。

这家公司的董事们的名字都被报纸财经版的读者所熟知。公关工作做得非常到位，内线人士对股价的表现做出极为确定、极有说服力的承诺，因而为新股创造了庞大的买方市场。结果在申购结束时，公司以每股 50 美元承销这只股票，超额认购 25%。

公司经过几个星期的努力把股价拉抬到 75 美元以上，所能预期的最好情况就是以这个价位成功地卖掉新股。如果以这种价格售出股票就表示新合并公司的股票与旧价格相比上涨了大约一倍。（这是一次危机，他们应该回应，却没有这样做，这表示每一行都有自己特殊的需要。）公司看到出乎意料的承购，欣喜过了头，断定不管这只股票的价格有多高、数量有多少，大众都会无条件无限量地买进。不可思议的是，他们居然没有足额配售预定出售给大众的股票。贪心应该贪得明智一些。

他们现在应该马上做的就是全额配售股票，这样，在他们把预计公开销售的股票发售完以后还有 25% 的剩余，在必要时，这 25% 的股票可以起托市的作用而不必花公司半毛钱。公司没花一点力气就处在强有力的、有战备性的优势地位上，这种优势是我在炒作过程中一直在寻找的。原来他们是可以阻止股价下跌，可以鼓励大家对新股票抱有稳定的信心，也可以鼓励大家对股票背后的公司有信心的，他们不该忘记他们把股票卖给大众后还有许多工作没有完结，这部分是他们行销工作的一个组成部分。

他们认为他们很成功，但是没过多久，两个致命的错误就显现了出来。大众因为整个市场的回档而渐渐失去了信心，不再购买这只新上市的股票，这时候内线人士开始害怕，也不再支持这只新上市的股票。如果在回档时连内线人士都不买进他们自己的股票，那还能期望谁买进呢？内线人士的不支持通常被认为是非常明确的利空信号。

不过没有必要在这里列举详细的数字。联合炉具公司的股价与市场上其他股票一样起起落落，到最后，巴恩斯和他的合伙人必须进场买进才能把股价维持在 40 美元以上。上市之初给这只股票以支持已经是不对了，但是，

后来没有全额卖掉大众认购的股票更是糟糕。

总之，这只股票如期在纽约证券交易所挂牌上市了，股价也顺理成章地不断下滑，一直跌到 37 美元才停下来，股价会停在 37 美元也是因为巴恩斯和他的合伙人的支撑。当初银行以 10 万股作抵押，以每股 35 美元的价格借给他们钱，如果银行要收回贷款，股票还不知要跌到什么程度。大家在 50 美元时抢着买入，现在跌到 37 美元却没人关注了，很可能跌到 27 美元时就无人问津了。

慢慢的，大家都在思考银行过度放款这件事，年轻银行家们的天下不见了。银行业走到了至关重要的路口，突然间，都退回到了保守主义状态。曾经跟银行家们很亲密的那些人，都收到了银行家们送来的还款通知，就好像他们从来就没有一起打过高尔夫球一样。

放款人没有必要紧追不舍，贷款者也没有必要哀求缓期，这样对大家都不好。贷款给巴恩斯的银行相对来说还是很和善的，但他还是收到了他们发来的信，上面写着："请尽快还清贷款，不然，我们会一起掉入万劫不复的深渊！"

公司的处境和马上要面临的危机迫使巴恩斯来找我，请求我帮他卖掉 10 万股联合炉具公司的股票，以此筹集到足够多的资金还清银行借贷给他的 350 万美元。巴恩斯已不再期望能在这些股票上赚到钱了，只要不亏太多他就已经很庆幸了。

这个任务完成起来也不容易，大盘既不活跃也不强劲，偶尔出现一次反弹都让大家精神为之一振，认为多头走势即将恢复。

我和巴恩斯说我需要考虑一下，稍后会告诉他我承担这项工作的条件是什么。我仔细研究了一番，这时我并没有研究这家公司的最新年报，我只专注地研究了大盘的走势，确定现在处于哪一个阶段。我不会以公司的业绩和展望为卖点来推销和拉抬这只股票，而是要在市场公正大方地卖掉这些股票。我要研究的只是在这个任务的进行过程中什么可以协助我、什么可能妨碍我。

我发现这只股票的大多数被少数人掌握着，也就是说，股票过于集中在少数人手中非常不安全，而且他们持有的股票数量多得让人不安心。

克里夫顿·甘恩公司（Clifton　P. Knae & Co.）持有 7 万股联合炉具公司的股票，投资银行和经纪业务是这家公司的兼营业务，其也是纽约证券交易所的会员，当然也是巴恩斯的好朋友。他们一直以来都专注于炉具股票的业务，他们在三家公司合并的事件上起到了不可忽视的作用，并且对他们的顾客有举足轻重的影响力，很多顾客在他们的诱导下相信这只股票的前景。

前参议员撒缪尔·戈登（Samuel Gordon）也握有7万股股票，他的侄儿开了家戈登兄弟公司，他是这家公司的特别股东。另外，著名的约书亚·伍尔夫（Joshua Wolff）持有6万股。所以，算下来就有20万股联合炉具的股票被几个华尔街的专业人士掌握在手中，他们可不需要什么内部消息的指导来卖出股票。要是我的炒作动作太大，吸引了大量买盘出现，换句话说就是我让这只股票活跃起来，他们绝对不会还干坐着，绝对不会只是小笔地卖出，他们绝对会像尼亚加拉大瀑布一样疯狂地涌进市场，这样的情景可不会令我愉快。要知道，这时多头市场已经接近尾声了，不管我如何操作，都不可能再创造出强大的买方市场来。不得不说，巴恩斯在多头市场马上就要断气时让我卖出一只被注了水的股票。虽然他已预留了一些空间好方便我操作，但他仍不抱什么幻想。虽然报纸上没有写多头市场将尽的消息，但我知道，巴恩斯也知道，当然，银行肯定也知道。

我接受了这个任务，我要做的就是与甘恩、戈登和伍尔夫谈谈。他们持有的20万股就像是达摩克利斯（Damocles）[注：达摩克利斯，为叙拉古(Syracuse)暴君（Dionysius）的宠臣]接受国王宴请时，国王用头发缚住悬在头顶上的利剑一样。这时我觉得为了安全起见，要把头发换成铁链，我希望以最轻松的方式与他们达成协议，如果他们协助我，让我在先卖出10万股银行的股票时克制自己不出货，我就会帮助他们创造出一个大家都可以顺利出货的市场。事实上，他们就算只出售1/10的持股也会让“联合炉具”的价格大幅滑落的，他们也知道这一点，所以也没有尝试这么做的打算。我只是希望他们能判断卖出的时机，明智地为所有人着想，避免变成愚蠢的自私，不管是在华尔街还是在哪里，占着茅坑不拉屎都不会有好报的。我要让他们明白，太早或不体谅地出货必定会破坏市况，从而不能更多地出货，时间已经不多了。

我希望我的建议能打动他们，他们也是经验丰富的炒作老手，很明白“联合炉具”的现状，他们也一定不抱任何幻想了。

甘恩开的公司生意兴隆，在11个城市设有分公司，顾客众多，他不只一次地担任炒作集团的操盘手。

戈登参议员持有7万股，极为富有。纽约《大都会》报的读者对戈登的名字非常熟悉，因为他曾被一个16岁的女指甲修理师以背叛的罪名告上法庭，这位指甲修理师不仅展示了价值5 000美元的貂皮大衣，还有戈登写给她的132封信。戈登协助他的几个侄子合办了戈登兄弟经纪公司，他是特别股东。一份遗产给了他一大笔中部炉具的股票，以此换得了10万股“联合

炉具”的股票。他曾经参与过几十个炒作集团的操盘工作，再加上他持股的数量足够大，所以他不理会巴恩斯和他的合伙人发布的那些荒诞的利多消息，他在多头市场消失前卖出了3万股。后来他的一个朋友告诉我说，如果不是那些既是朋友又同为联合炉具的股东们的要求，并且他为了他们的利益着想才停止了卖出，不然的话他可以卖出更多。当然，除此之外还有一点，那就是我已说过的，他没有一个能够顺利出货的市场。

伍尔夫可能是所有交易者中最出名的一个了。每个人都知道他是近二十年来交易所大厅的大赌客之一，他在拉抬和打压股价方面无人能敌，操作两三万股就像操作两三百股一样。我来纽约之前就知道他了，他当时参与了一个好赌而且对赌资没有限制的小集团，赛马和股票的做法都是一样的。

大家都指责他们是什么都不会干的赌徒，但他们的能力非常强，对于投机游戏有非常好的心态。他们也无意于出名，因此就成为很多逸闻趣事的主角。

有一个广为流传的有关他的笑话。有一次伍尔夫参加了一个所谓的上流社会的宴会，由于女主人的疏忽，一些宾客热烈地讨论起了文学，等女主人发现的时候已经来不及转移话题了。这时，一个女孩坐在了伍尔夫身边，不知道他对文学一窍不通，急切地想知道这个大富翁的看法，转过头来问正满嘴食物的伍尔夫说：“伍尔夫先生，你对巴尔扎克有什么看法？”伍尔夫马上停止了咀嚼，把食物咽了下去回答道：“我从来也不交易那些未上市的股票！”

这三位联合炉具公司的最大股东来到我的办公室，坐定后我对他们说出了我的想法。我说，如果他们组成一个小组募集一些现金，并以略高于市价的价格给我买入期权，我就会尽力创造出一个出货市场。他们马上就问我需要多少钱。我回答说：“这些股票在你们手中放了很久了，而你们对此也无能为力。三位一共持有20万股，大家都清楚，除非自己能够创造出一个市场来，不然这些股票没有脱手的机会，并且，这个市场得相当大，不然没有能力吸收你们的20万股。现在最好有足够多的现金以便在开始时承接住一定数量的卖盘，如果资金不充足，在开始没多久就停了下来，那之前的工作就前功尽弃了。我建议组成一个小组，募集600万美元的现金，然后以40美元的价格给这个小组20万股的买入选择权，并且把大家的20万股放在一个信托账户内保管。如果事情顺利，你们可以安全出脱手中的这些股票，而且这个小组也会赚到一点钱。

之前我也说过，市场上有各种各样关于我在股市获利颇丰的传言，我觉得这些谣言是有帮助的，没有什么事能像成功这个词那样成功。总之，不用太多解释他们就能明白，如果他们孤军奋战是没有任何机会的。所以他们非常赞同我的计划，并表示，他们会马上建立一个资金募集集团。

他们不用费多大的力量就说服了他们的很多朋友加入其中。我猜，他们在谈到这些资金将要赚取财富的神态和语气都极为肯定，从我听到的传言中可以确定这一点，他们的消息并非一点道理都没有。总之，几天之内这个集团就建立起来了。甘恩、戈登和伍尔夫以 40 美元的价格给了我 20 万股的买入期权，我亲自把这些股票放入了信托账户保存好，这样我就不用担心在操作的过程中这些股票会跑到市面上来。我必须要保护好自己，因为集团成员之间做不到完全的信任，有希望的计划而没有顺利地完成，这样的例子不止一个。在华尔街上，狗绝对不会愚蠢到反对咬狗。记得第二家美国钢铁钢缆公司上市时，几个大股东互相指责对方背信弃义地想尽办法倒货——约翰·盖茨和他的朋友以及塞理曼家族（Seligmans）和他们的银行之间曾经有过君子协定。我听到过这样一首四行诗，据说这诗是盖茨写的：

毒蜘蛛跳到蜈蚣背上，
残酷而兴奋地大笑，
我要毒死这个致命的家伙，
如果我不这么做，他也会毒死我！

我丝毫没有暗示华尔街的朋友们这样对待过我，但原则上要为任何可能会发生的事做好预防工作。这是常识。

伍尔夫、甘恩和戈登告诉我他们已经组成了集团正在募集资金，这时我就没事可做了，我要做的只是等待这 600 万美元到位。我催促他们加快速度，这非常重要，可钱是一点点进来的，大概要四五次才能完成。我不知道为什么会这样，但我记得我曾经向伍尔夫、甘恩和戈登发出过紧急的信号。

一天下来，我拿到了相当大的一笔支票，这样我可以支配的资金大概有 400 万美元了，同时也得到剩下的钱会在一两天之内到位的承诺。如此看来，在多头市场结束前，这个集团还是会得到一些成就的。但是在最好的市况下也不可能为此打包票，我还是愈早开始愈好。现在有了 400 万美元的现金，就可以做很多事情，用于激发大家对任何股票的购买欲了，这些钱足以吸收所有可能卖出的股票。如果事情已非常紧急，那就不用再等那剩下的 200 万美元到位才开始行动了，能尽快地把股价拉到 50 美元，对这个集团会更有利，

这一点非常明显。

第二天早上一开盘，“联合炉具”出现了罕见的大成交量，这真让人吃惊，要知道，这只股票盘整了好几个月了，股价动也不动一下，死气沉沉的。价格一直停留在37美元左右，这可是巴恩斯费了好大力气才达到的效果，他让这只股票不下跌是因为他以每股35美元抵押给了银行贷了一大笔款。上涨？他要想看到这只股票上涨比要看到直布罗陀巨岩漂在海面上还难。

总之，那天早上这只股票的需求量非常大，一下子就涨到了39美元。一个小时的成交量比过去半年的总成交量还要大，这只股票成了当时最风光的热门股，并且让整个大盘也沾上了活跃的气氛。后来，我听说整个交易大厅里的人都在谈论这只股票，除此之外听不到别的声音。

我不知道这是代表了什么，看到联合炉具的股价正在恢复元气倒也不会让我觉得伤了感情。不用我主动打听股票的罕见波动，我交易所大厅里的那些朋友——替我做交易的朋友，以及经纪公司里的朋友都会告诉我发生了什么事，他们认为我有知道的必要会打电话告诉我他们知道的所有消息和谣言。这一天我的朋友们告诉我，联合炉具公司确实有内线买盘，盘中没有任何洗盘的迹象，全都是货真价实的买盘。买方在37～39美元处吸进了所有的卖盘，有人要买方说明理由或请求给一些消息都被一一拒绝了。这样就使得那些精明、伺机而动的投机者断定有一些事情在暗中进行，一定有很大的行情准备发生了。一只股票因为内线人士买进而上涨，而内线人士又拒绝有人跟进，有些人就会开始打听正式的通知什么时候会发布出来。

我什么都没有做，我一直观察着，觉得非常奇怪，也在关注着交易情形。隔天的交易量变得更大，而且来势凶猛。几个月内高于37美元求售的挂单统统被一扫而光，而且还没有出现足够分量的新卖单来阻止涨势。价格当然还得上涨，股价突破了40美元，没多久就涨到了42美元。

股价一触及42美元，我马上意识到应该出售那些银行抵押股票了。我不用担心我的卖单会给涨势以压力，当然，如果我整个持股平均成本是37美元，谁也不会挑我的不是。我当然明白这只股票的价值，在这几个月冷清的交易情况中我已经了解了这只股票的市场性。我小心翼翼地放出了3万股，居然没有造成任何影响！

那天下午我就得知了这次适时而神秘的涨势的原因了。可能在前一天下午收盘后、在当天早上开盘前就有人向场内交易员散布了小道消息，说利文斯顿看好联合炉具这只股票，准备用利文斯顿惯用的手法拉抬15～20点，并且过程中不会有一丝停顿——这是那些从来没研究过我的操作纪录的人的说法。主持散播这样消息的人可不是个简单人物，他就是伍尔夫，这些买盘就是他自己的内线，使价格从前一天开始起涨。他的场内交易员朋友们非常乐意跟随他的消息行事，因为他知道非常多的内部消息，不太可能让自己的追随者受错误的内幕消息误导。

实际上，涌入市场的卖盘没有我想象的那么多，如果你跟我一样锁住 30 万股，就能跟我一样恐惧了，不过现在拉抬股价变得轻松了。每天都有人指责弗劳尔州长只炒作他负责炒作的股票，比如芝加哥瓦斯、联邦钢铁等，弗劳尔说过一句非常有道理的话："我知道要让股价上涨，唯一的方法就是买进。"这也是场内交易员让股价上涨的唯一方法，价格会对买盘做出反应——跟着上涨。

隔天的早上，我和几千人同时在报上看到了一些消息，毫无疑问，这些消息都是通过电报传播的，传送到了几百家经纪公司和他们分布在全国各地的分公司。这些报道说，利文斯顿马上就要在联合炉具这只股票上大力做多，各大报纸报道的一些细节都大同小异，其中一家报纸还说我已经组成了内线集团，打算修理那些过度放空的家伙；另一家报纸说，公司在近期内将会宣布配股的消息；还有一则消息提醒大家，说利文斯顿在他看好的股票上的操作成绩值得关注；另有消息指责这家公司隐瞒资产，目的是让内线炒作集团吸足股票。所有的报纸一致认为这只股票的涨势才刚刚开始。

那天早上开盘前，我还没到办公室，就听说华尔街上充满了要大家立刻购买"联合炉具"的火爆消息。一早上我的电话铃声就没有停过，接电话的职员接到了几百个内容大致相同的电话，都是问"联合炉具"是否会上涨的电话。我必须得承认伍尔夫、甘恩和戈登，也可能还有巴恩斯，他们在散播小道消息这方面做得非常到位。

我不知道自己有这么多的信徒！那天早上的买单从全国各地涌进来，每份买单最少都有几千股，要知道这是一只三天前就算价格再低也没有人买的股票。大众之所以这样做只是因为从报上知道了我的成功经历，这得感谢几位想象力丰富的记者。

在这种行市下我在第三天的上涨行情中卖出了一部分，在第四天也卖出了一部分，第五天下午收市后我发现我已经把巴恩斯抵押给银行的 10 万股都卖光了。如果说以最低的花费达到炒作目的是炒手炒作成功的唯一标准的话，我想这次是我在华尔街炒作生涯中最成功的一次。我根本没有吃进一股需要为以后卖出做准备的股票，也没有拉抬股票到最高点，甚至不用在股价下落的过程中出货，这次是在一路走高的过程中卖出的。就像美妙的梦境一

样，我没有费一丁点的力气就得到了别人为我创造的强大买盘，尤其是在时间紧迫、急于出手的情况下。我曾经听弗劳尔州长的一个朋友说过，这个伟大的多头领袖有一次在替一个炒作集团操盘时为这个集团卖出了5万股，可弗劳尔的经纪公司从这次炒作中赚了超过25万美元的手续费。汉弥尔顿也说过，詹姆斯·基恩为了卖掉联合铜矿公司的22万股股票，在炒作的过程中必须要交易70万股，这笔手续费也是非常可观的！我只是单纯地替巴恩斯卖出了10万股，没有产生别的相关交易，这么算下来我省下的费用可真不是一笔小数目。

我已经成功地完成了朋友巴恩斯委托给我的任务，而且炒作集团承诺要募集的资金也没有完全到位，还有我不想再买回我已经卖出去的股票，所以我决定不再理会了，我打算去个什么地方度假。去了哪儿不记得了，但我清楚地记得我让这只股票自生自灭了，没多久，这只股票就开始下跌。整个市场都已经疲软了，有一个失望的多头希望尽快脱手联合炉具的股票，他的卖单让股价跌破了我的买入选择权的价位——40美元，这时候好像没有人再喜欢它了。我一直都不看好大势，这时我更加感谢从天而降的奇迹了，这个奇迹让我能脱手10万股，而不用像有些人所预测的那样需要在一周内把股价拉升二三十美元。

因为没有任何支撑，这只股票的价格直线下跌，有一天居然跌到了32美元，这是这只股票有史以来的最低点。当时巴恩斯和原来的炒作集团把价格维持在37美元为的是免于银行把他们的10万股“联合炉具”抵押放到市场上贱卖。

那天我在办公室里安心地研究大盘，有人来通报说伍尔夫来访，我还没说请他进来，他就冲了进来。他的个子并不高，可怒气冲冲的样子好像身体都膨胀了起来。

我正站在报价机旁，他冲进来对我吼道：“你到底搞了什么鬼？”

“请坐吧，伍尔夫先生。”我平静地对他说，然后我自己也坐了下来，想感染他也变得平静。

“不要管我坐不坐，告诉我这到底是怎么回事！”他的声音快达到最高分贝了。

“我不懂，你指什么？”

“那只股票！当然指的是那只股票！”

“哪只股票？”我问他。

我这样问让他更加生气，“联合炉具！你到底对这只股票做了什么事？”

他对我吼道。

“我什么都没有做呀，真的，什么都没做，这有什么问题吗？”我问。

他瞪了我五秒钟，才怒吼道：“你看看它的价格！看看！”他快要气得爆炸了，所以我起身走到了报价机旁边。

我说：“现在是 31.25 美元。”

“对，31.25 美元！我的手里还砸了一大笔！”

“我知道你还有 6 万股，你持有这笔股票已经很久了，你当初买进“葛瑞炉具”时……”我的话还没说完他就愤怒地瞪着我说：“但我买了很多，有一些高达 40 美元，最让人不能忍受的是我到现在都没有卖出去。”

我面对他的愤怒，平静地说：“可是，我没有让你买进呀。”

“你没有什么？”

“我没有让你买进这只股票呀。”

“我并不是指你叫我买进，但你的确是打算拉抬股价的，是不是？”

“我为什么要这么做呢？”我反问道。

他看着我，气得半天都没说出一个字来，好不容易才说：“你原来一定是打算要拉抬这只股票的，你有那么多的现金呢！”

“对，我那时有 400 万美元，但我 1 股都没买。”

这句话对他的打击很大。

“你一股都没有买？你有超过 400 万美元的现金呢，却 1 股都没有买？”

我又重复了一遍：“是的，1 股都没有买。”

他因为生气再加上吃惊，已经说不出一句话了，缓了缓后才说：“你这么做算怎么回事？”

他在心里一定已经给我安了很多个十恶不赦的罪名，从他的眼睛里就看得出来，我对他说：“伍尔夫，我知道你想问我，我为什么没有用 50 美元的价格从你手中买走那些买入价不足 40 美元的股票，是这样吗？”

“不，那倒不是这样的。你有 40 美元买入期权，并且还有 400 万美元现金可以拉抬股价。”

“是的，但我没有动用那笔钱，当然，这个集团也没有因为我而亏掉半毛钱。”

“利文斯顿，听我说……”他话还没说完，我打断了他，说道：

“伍尔夫先生，听我说。我知道您和甘恩、戈登先生持有的 20 万股还在那儿放着呢，并且大家也知道，如果我出手拉抬股票，事情不会是这样的。而且，我也有两个必须拉抬股价的原因：第一，替这只股票创造一个市场；

第二，从40美元的买入期权中赚钱。但我知道，你并不满意自己持有6万多股的股票只卖四十多块钱，也不满意这个集团分配给你的利润，所以你决定先吃进一些股票，以便在我拉抬价格时再全部倾售给我，你非常肯定我会这么做，你要在我买入之前买入，在我卖出之前卖出，对吗？总之，你已经算准了我就是那个接手你的股票的人，我猜想你预计我会把股价拉到60美元。这时你应该买入了1万股，目的是要倾倒给我，如果我不接手这个烫手山芋的话，你为了找一个可以接手的人，向美国、加拿大和墨西哥的每一个人发布消息，你这么做完全没有为我设身处地地着想。你所有的朋友都知道我将要怎么做，这时，你一定很得意吧。你把这些消息告诉了你的朋友们，你的朋友们买入后再告诉他们的朋友，这样，这个消息一直传到第六层的傻瓜那里。我最后准备卖掉一些股票的时候会发现自己将要面对几千个聪明的投机客。伍尔夫，这就是你的好心呀。

“我还没有打算以买入这种方式来拉抬股价时股票就开始上涨了，你想不到我有多惊讶，你也可以想到我有多感激，怎么都没想到会以40美元的价格完成了卖出10万股的任务。把这些股票卖给那些准备以五六十美元再把同一批股票卖给我的人。我没用那400万美元，这么做的确不够聪明，是吗？那笔钱是专门用来买股票的，但我只会在该买的时候才买，实话说，我从来也没觉得有买入的必要。”

伍尔夫在华尔街混了这么久，不会让怒气影响了自己的判断力，他冷静下来后，用和缓的语气说：“利文斯顿，我的老朋友，你觉得我们现在该怎么做呢？”

“你们想怎么做就怎么做吧。”

“有点风度嘛，利文斯顿，如果你处在我的位置你会怎么做？”

“如果是我的话，我就会全部卖光！”我思索了一下，认真地说。

他若有所思地看了我一会儿，没说半句话就走出了我的办公室，从那以后他再也没来过。

不多久，戈登参议员也来找我，他非常着急，责怪我造成了他的损失，紧接着甘恩也加入了讨伐我的大军。他们已经不记得以当时的情况来说他们是没有办法出脱那么大量的股票了，他们只记得我拿着小组募集来的400万美元，而且股价还涨到了44美元。在活跃时我没有替他们卖掉一只股票，现在股价跌到了30美元，而且盘势变得极为呆滞，根据他们的想法我有义务替他们脱手他们的股票，让他们赚到可观的利润。

一段时间后，他们也冷静了下来，我没让这个小组损失半毛钱，而现在的问题还是原来的问题，就是卖掉他们手中的股票。一两天后，他们回来要求我来帮他们卖出手中的股票，戈登的要求格外强烈。经过商量，我要他们把共同持股以 25.5 美元锁住，并且我还要求这只股票以这个价格出售后得到的利润的一半为我的报酬。这只股票最后的报价是 30 美元。

这时，我的任务就是出售股票。因为大盘的原因，还有联合炉具这只股票的股性的关系，只有一个办法可以出手这么多股票了，那就是一路下跌时卖出，而且事先也不会拉抬价格。我相信，如果我一路拉升地出货的话，一定会收到一火车的股票。压低出货的话我可以找得到一些买主，他们总是会认为这只股票从四十多美元跌到了十五二十美元已经很便宜了，尤其这样的高位是最近才出现的，他们认定反弹马上就会出现。看着股价从 44 美元到现在的 30 美元，他们在心里一定觉得这是个好东西。

像平时一样，一路向下地卖出总是很顺利，那些以为捡到便宜的人大量买进让我能够脱手这个集团的持股。你一定会觉得戈登、伍尔夫和甘恩会很感激我吧？错了，他们一点都不感激我！他们还在心里怨恨我，至少他们的朋友是这样说的。他们经常把我修理他们的事说给别人听，他们不能原谅我没有按他们的希望出面拉抬价格。

实话讲，如果没有伍尔夫他们散布的那些利多的消息，我是没有办法卖出那 10 万股抵押股的。如果我按自己的那些自然合理的方式去操作的话，我就得接受我所能卖到的任何价格。我已经进入了空头市场，在这种市况下卖出，不一定是不顾一切，但却一定要做到真正地不计价格卖出，除此之外就没有别的办法了，但我知道他们并不相信这一点。他们仍然很生气，但我却一点都不生气，生气并没有任何好处。我不只一次得到生气的教训，让我相信爱生气是投机客的致命伤。在这个案例里，他们的牢骚没有什么后遗症，但我告诉你一件事，非常奇怪。有一天我妻子到一个很多人都推荐过的裁缝师那里去，这个女裁缝的技艺高超，态度亲切，性格非常让人喜欢。我妻子去过三四次后这个女裁缝对她已经没有了陌生感，就对她说："我希望利文斯顿先生能快些拉抬"联合炉具"这只股票，我们当时买进了一些，因为别人告诉我们说，利文斯顿要拉抬这只股票，我们非常信任利文斯顿的能力，因为他在所有的交易中都非常成功。"

那些无辜的人因为听信了谣言而亏钱，让我心里很不好受，我想，现在你一定了解我为何从来不给别人任何消息和指导了。那个女裁缝的事让我真的对伍尔夫有些不满！

第二十三章

当心

不具名的内线人士的解释

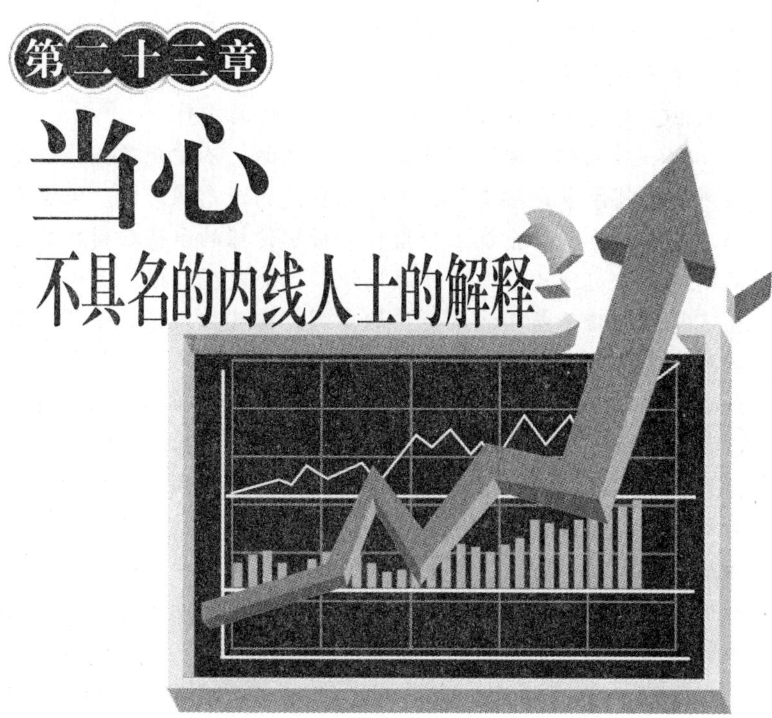

1. 股票投机永远不会消失，大家也不希望它会消失。“投机有危险”的警告也不能起到阻止的作用。不管多么聪明多么能干，都不可能次次都正确。因为一些意外事件、无法预测的事情而使经过周密安排的计划失败，失败不只起源于天然灾害或反常气候，还来自于你自己的贪婪或虚荣心，还来自于恐惧或无法控制的希望。除了这种被称为天然敌人的东西之外，投机客们还要对付一些做法，对付为商业法规和道义所不允许的恶行。

2. 一般人都是靠消息或谣言来交易的，不管是口头的还是印在纸上的消息或是谣言，也不管是直接的还是间接的。你没有判断这消息的真伪。报纸上和盘势分析中传播的多头题材是最致命的消息。拿起任意一天的财经报纸，你会发现，报纸上登载了多得不得了的暗示是半官方性质的声明，这些权威指的是“重要的内线人士”、“著名的董事”、“公司高层管理人员”或是“具有权威”的一些人，大家认为这些人说的话理所当然都会很有价值。

3. 大众必须要知道一点：股价下跌不止绝对不是空头打压的结果，一定要意识到这其中的问题，不是市场的问题就是公司本身的问题。如果是没道理的下跌，那股价的下跌速度会非常快，跌到真正价值以下马上就会出现买盘阻止其跌势。你可以赌你最后的一分钱，内线人士肯定不会告诉大众说：空头卖出股票能赚大钱的唯一机会就出现在高价区。

4. 在多头市场中，尤其是在经济繁荣期，大众都是先赚钱，然后再慢慢地亏掉，这其中的原因就是在多头市场中停留太久。大众应该当心那些不具名的内线人士说的、希望大众相信的解释。

股票投机永远不会消失，大家也不希望它会消失。“投机有危险”的警告也不能起到阻止的作用。不管多么聪明多么能干，都不可能次次都正确。因为一些意外事件而使经过周密安排的计划失败。失败不只起源于自然灾害

或反常气候，来自于你自己的贪婪或虚荣心，还来自于恐惧或无法控制的希望。除了这种被称为天然敌人的东西之外，投机客们还要对付一些做法，对付为商业法规和道义所不允许的恶行。

回想 25 年前我初到华尔街看见的一些做法，现在已经变得好很多了。旧式的投机公司已经销声匿迹了，骗人的经纪公司倒还是一样生意兴隆，很多只想玩快进快出的人牺牲在了这里。纽约证券交易所非常公平，他们处罚了那些可恶的骗子，坚持所有的会员公司都要严格地遵守规则。虽然华尔街有很多健全的法律法规都在被严格地执行着，但还是有一些需要改善的地方，还有人钻法律法规的空子作恶，这归因于华尔街的保守习性，而非因为道德的沦丧。

凭股票投机一向都非易事，现在更是难上加难。真正的交易所对于挂牌上市的每只股票都非常了解，并且还拥有实用的操作知识。1901 年摩根在纽约证券交易所推出由一些小公司合并而成的美国钢铁公司，那时的证券交易所里挂牌交易的股票只有 275 只，未上市的股票大约有 100 只，这其中有一些股票连了解的价值都没有，因为这都是一些小股票，或者是次要股，或者是保证股，交易并不活跃，所以没有投资吸引力。实际上，很多股票一年到头都没有被交易一次。而现在，挂牌交易的股票大约有 900 只，在走势活跃期间大约有 600 只股票在交易。另外，原来的板块股票分类也很容易，当时的板块股不但数量少，交易额也很小。交易者们必须四处寻找新闻，而且新闻的涵盖面也没有现在这么广泛。今天你可以交易各种各样的股票，甚至每一种行业都有公司挂牌上市。如果想要保持消息灵通的状态，就得花很多的时间和工夫，从这一点来看，投机变得困难多了。

投机股票的人有几千几万个，但能从中获利的人只占少数。因为大众只把眼光放在市场中，可以肯定的是损失的是大部分。世界上所有的法律法规和世界上所有证券交易的规则规章都不可能把人性中作恶的劣性消除掉。意外事件会把精心规划的计划打得七零八落，就算世界上最冷静的经济学家和最亲切的慈善家也无能为力。还有一种亏钱的情况，那就是听信有欺骗性质的、刻意误导的消息，因为这些消息都使用了伪装和修饰，所以传播这些消息的人更阴险、更险恶。

一般人都是靠消息或谣言来交易的，不管是口头的还是印在纸上的消息或是谣言，也不管是直接的还是间接的，你要有能力判断这消息的真伪。比如，一个相交很深的好朋友，他真诚地希望你能富起来，他告诉你他买了什么或卖了什么，他是好心告诉你，可如果这个消息是错的你该怎么办呢？而且在对付发布消息的专家和骗子方面，大众得到的保护跟购买消费品得到的保护是一样的。但是对抗典型的华尔街谣言，大众既得不到保护，也得不到赔偿。大批销售股票的自营商、作手、内线炒作集团和个人用不同的手法协助他们以最好的价格出售他们的大笔持股。

报纸上和盘势分析中传播的多头题材是最致命的消息。拿起任意一天的财经报纸，你会发现，报纸上登载了多得不得了的暗示是半官方性质的声明，这些权威指的是“重要的内线人士”、“著名的董事”、“公司高层管理人员”或是“具有权威”的一些人，大家认为这些人说的话理所当然都会很有价值。让我随便念一则今天报纸上登载的文字：“银行业领袖说，现在断言空头市场要来临还太早。”

这真的是一个银行业的领袖说的吗？他为何要这么说？报纸为什么不刊登出他的名字来？是不是因为他的名字一登出来大家就都相信了？

还有另一则消息跟这周股票交易非常活跃的一家公司有关，这次是“著名董事”说的，如果真的是这家公司的董事，那公司的几十个董事里，说话的这个又是谁呢？显然用这种不署名的方式说话不用负任何责任，就算对谁造成了伤害也不关他的事。

除了要专心地研究各地的投机之外，还必须要关注一些跟投机有关的事。除了设法研究如何赚钱之外，投机者还必须防止亏钱，知道什么事该做，什么事不该做，这非常重要。一定要记住，什么样的形态在几乎每一只个股的所有涨势中都会出现，这种涨势是由内线人士发动的，目的只有一个，就是以获利最高的价格卖出股票。如果一个人坚持要了解股票上涨的原因，那他就是一个具有执著精神的聪明人。作手们会刻意安排一些便于出货的方式，这就是上涨的原因。我认为，如果主管机关不刻意安排刊登那些不具名的利多消息的话，那大众的损失会大大减小，这里说的刻意安排是指鼓励大众买入或继续持有股票的声明。

大多数以不具名董事或内线人士名义声明的文章都散布一些不确定、不可靠的消息给大众，让大众留下错误的印象，大众因为相信了这些半官方的言论致使每年损失几千几百万美元。

比如，一家公司因为业绩欠佳，使这只股票受到了冷遇。报价代表了一般人对这只股票价值的真正看法，或许这也是这只股票的真正价值。如果股价过于便宜，那这时就会有人发现，就会买进，这样股价就会上涨。如果股价太高，与其价值相去甚远，等人们发现了这一点就会大量卖出，股价就会下跌。如果这两种情况都没有发生，那就没有人理会它，不会对它采取任何

行动。

公司经营状况大为好转，谁会先知道这样的消息？是内线人士还是大众？显然不会是大众。那事情会怎样发展？如果业绩持续向好，盈利会增加，公司就有机会配股分红，或者让原来的配股分红不被中断，股息会大大提高，也就是说股票的价值会提高。

如果情况继续向好，管理层会向公众公布这件让人高兴的事吗？总裁会告诉广大股东吗？会有一个好心的董事以署名的方式发表声明，让所有看到报纸的人都受惠吗？会有一个内线人士像平时一样用不具名的方式发布远景非常美好的预期吗？绝对不会！没有人会站出来说半个字，在报纸和各种渠道里都找不到半个有关于此的文字。

这种消息会被保护得很好，不会让普通大众知道，这时这些善良的“著名内线人士”会进入市场，尽其所能地吸进便宜的股票。这些不事声张的买盘会让股价上涨，一些财经记者知道内线人士肯定知道这些内幕，所以就去问，这时候这些不肯具名的内线人士们会一致宣称他们没有得到任何消息，他们也不知道上涨的原因。有时候更加夸张地说，他们并不特别关心市场的一些特别行为，不关心股市的投机行为。

股票继续上涨，到了一个让人愉快的日子，那些很早就知情的人已经吃饱了那些想吃或能吃的股票，华尔街再一次让利多的谣言满天飞。那些权威的消息通过电报机传给大家，说是公司已经摆脱了困境业绩向好。之前说过不知道这只股票上涨理由的那个不具名的董事这次又会说，股东有足够多的理由对公司的远景深感鼓舞——当然，这次他依然不会署名。

在像洪水一样涌过来的利多消息冲刷下，大众开始买进这只股票，这些买盘让股价涨得更高。到了适当时机，那些不愿署名的董事们的预测被证实了，公司恢复或开始分配股利了，也有时候是增加。这种消息一公布，更多的利多消息大量出笼，不只数量增加了，而且散布这些消息的人也更加热心了。一个“重要董事”被追问现状如何时会告诉大众说，市况非常好，不仅仅是延续下去而已；一个“重要的内线人士”经过追问后终于在记者们的诱导下承认这家公司的赢利高得惊人；一个与这只股票有关的“著名银行家”也在再三的追问下透露这家公司的销售额的增长是前所未有的，就算没有新订单公司也要 24 小时不停工地生产好几个月才能完成现有的订单任务；一个“公司财务要员”在报纸放在醒目位置的声明中对大众居然会为这只股票上涨感到惊讶而吃惊，他认为，唯一令人震惊的是上涨速度放慢了。只要去分析公司的年报都会一眼就发现这只股票的净利润率高出去年很多，但不管利多来得多么巨大，那些乐于发表看法的人也不会报出自己的名号。

只要有持续的盈余，内线人士就不会对好市道有怀疑，他们会安心地坐在那里。可没有任何可以让股价下跌的事情出现，他们为什么要卖出股票呢？他们会出来发布警告吗？或者他们会发布一些暗示吗？不！在趋势向下走以后他们也会跟公司业务上升时悄悄地买入一样悄悄地卖出。股价毫无意外地在这样的卖压下下跌，马上大众就可以听到某位“重要的内线人士”会站出来平抚大家，说一切都还很顺利，下跌只是空头想占领市场的打压而已。如果跌了一阵子后出现了一波巨跌，要求得到“声明”和“解释”的人就会更多，这时候如果没有人站出来说明原因，大众会害怕最糟糕的事情出现。所以，这时候报纸上会发表专文：“我们要求公司解释股价疲软的原因，一个‘公司重要董事’说，他对现在的下跌得到的唯一结论就是空头的打压！上涨的趋势没有改变，公司的经营状况还是非常好，如果没有意外事件发生，公司马上就会召开股东大会讨论股息提高的比率是多少。空头的行为非常恶劣，造成这样的跌势是为了脱手他们持有的弱势股。”这时媒体希望得到更丰富的新闻，可能还会补充说明他们得到的一些“内线可靠消息”，比如，“据内线人士声称，引起股价下跌的那些大笔卖单全部由内线人士吃进，空头们会发现他们放空，结果把自己陷在了自己的陷阱里，这么做是要付出代价的。”

因为他们的话遭受损失的人有两种，一种是听信了他们的话买进股票，还有一种是听信了他们的话打消了卖出的念头。引诱大众买入那些“重要的内线人士”卖出的股票还有一种办法，那就是防止大众卖出他们不支持或不打算吸进的同一只股票。大众比较这两种言论会相信哪一种呢？当然会相信这只股票绝对不会已经走到了多头的尽头的说法，他们会相信现在的下跌只是空头做空造成的，只要空头一停止卖出，内线人士就会发动一轮惩罚空头的行动，空头会在走投无路的情况下被迫在高位处回补。大众对此深信不疑，因为跌势的确是空头的打压造成的，后来的发展也的确是这样的。

股价没有再反弹，虽然那些威胁空头的话和对大众的承诺言犹在耳，但股价还是一直向下。股价没有理由不下跌，内线人士推给市场太多的股票，市场没有办法化解掉。

交易者把“重要董事”和“重要内线人士”卖出的内部持股当成皮球一样踢来踢去。股价止不住地下跌，不知道什么价格才是底部，内线人士当然知道公司的实际情况，知道产业状况会严重影响公司的未来盈余，所以在公司状况转好前是不会再介入这只股票的。可一旦业绩向好，他们又会悄悄地买入不让大众知道。

我从事交易很多年，而且我也有灵通的消息，可是我也不知道哪次的下跌是空头打压造成的，哪次不是。大家口中的“打压”其实就是根据对真正情况的正确了解而做出的卖出，但是说股价下跌是内线卖出或不支持造成的是没道理的说法。这样，人人都卖出，没有人买进，一定会跌得很惨。

大众必须要知道一点：股价下跌不止绝对不是空头打压的结果，一定要意识到这其中的问题，不是市场的问题就是公司本身的问题。如果是没道理的下跌，那股价的下跌速度会非常快，跌到真正价值以下马上就会出现买盘阻止其跌势。你可以赌你最后的一分钱，内线人士肯定不会告诉大众说：空头卖出股票能赚大钱的唯一机会就出现在高价区。

纽黑文铁路公司的案例很经典，当年不为人所知的一些内幕现在尽人皆知。1902 年时，这只股票高达 255 美元，是新英格兰地区铁路投资股的首选。美国东北部地区的人以是否持有这只股票作为衡量是否受尊重的标准，如果有人说这家公司会倒闭，虽然不至于被送进监狱，但一定会被当成精神病看待。在摩根先生任命一个新总裁后，事情就开始向另一端发展了，大家并不清楚新政策会给公司带来什么。新的财产一项又一项以高得离谱的价格被添加到这家联合铁路公司里，一些眼光犀利的观察家开始对这些政策表示怀疑。有几个不计后果直言相荐的委员会成员指责公司的管理层鲁莽行事，以 1 000 万美元的价格购进价值不到 200 万美元的电车系统，暗示就算纽黑文这样的公司也禁不住这样的挥霍。这样的挑战就如同一只蚊子与大树的较量，就好像要自不量力地挑战直布罗陀巨岩一样。

首先发现大难临头的人是内线人士，他们非常了解公司的运作情况，于是开始减少手中的持股。在卖压和放弃支撑的情况下这家让新英格兰骄傲的铁路股票开始变得疲软。像平时一样，大众的问题接踵而至，也像平常一样得到了“重要内线人士”的解释。这些人继续原来的说法，说他们并不觉得哪里不对，一定是空头的打压造成的。所以，那些新英格兰地区的“投资者”继续持有纽黑文铁路公司的股票。他们没有理由不继续持有呀！内线人士不是才保证说一点问题都没有，只是空头的放空吗？公司不是也公布了要发放股息的消息了吗？

公司董事们打击空头的承诺并没有兑现，股价又创了新低！内线的卖出要求越来越急切，越来越没有伪装。波士顿那些有责任感的人和一些群众领袖要求有关机构和个人给大众一个解释，说明这只股票下跌的原因，为什么让每一个想投资而非投机的人受到了经济上的重创？但是，他们却被人谴责为股票投机者。

这只股票从255美元跌到了12美元，这样的纪录足以让每个人记一辈子，这绝对不是空头打压的结果。这样的跌势绝对不是空头的打压可以达到的效果，那些内线人士一路卖出，并且卖出的价格一定比他们说明真相时的价格要高。这只股票不管是250美元，200美元，100美元，50美元，还是后来的25美元，在内线人士眼里这个价位还是过高，可他们不会让大众也明白这一点的。如果想以买卖股票来赚钱，知道一些只有少数清楚公司状况的人知道的事要有利很多。

在华尔街摸爬滚打的这二十多年里，我发现每一只跌势巨惨的股票都不是空头打压造成的。但是大家都相信所有的惨重跌势都是空头的原因，这一点偏见足以令他们亏损几千几百万美元，这样的解释也让很多人没有卖出，如果他们不寄希望于在空头停止打压后的反弹，他们应该抛光所有持股。之前我经常能听到大众指责基恩，后来大家又纷纷责怪查理·沃瑞席佛（Charley Woerishoffer）和阿狄森·坎马克（Addison Cammack），再后来，背这个骂名的人就变成了我。

我还记得山谷石油公司（Intervale Oil）的案例。这只股票由一个内线炒作集团在操纵价格，在涨势中出现了一些买盘，这些作手们把股价炒到50美元后就出清了手里的持股，随后股价急速下跌。这时，大家像往常一样地要求有人出来解释“山谷石油”下跌的原因，因为很多人都有这样的疑问，所以媒体把这件事当成了重要新闻来报道。有一家财经媒体派人去采访，访问了一个了解这家公司股票上涨和下跌原因的经纪商，这个经纪商同时也是炒作集团的成员之一，希望他能说出一个可以刊登且为所有人知晓的原因。不出我的所料，这个“权威人士”说，这是利文斯顿在打压股价！这样还不够，他们还补充说要打算修理我。但是不可否认的事实是，这只股票的内线还在不停地卖出，那时的股价大约停在了12美元以上，但因为他们的卖出股价跌到了10美元以下，卖出价平均下来还是高出他们的成本价很多。

内线人士一路向下地出货是聪明的，但是对于那些以35美元或40美元成本价持有股票的人来说未免有些残酷。他们看着报价机里报出的价格就决定捂着手中的持股，等着利文斯顿被正义的内线集团严惩！

在多头市场中，尤其是在经济繁荣期，大众都是先赚钱，然后再慢慢地亏掉，这其中的原因就是在多头市场中停留太久。大众应该当心那些不具名的内线人士们说的、希望大众相信的解释。

第二十四章

股市上无常胜将军

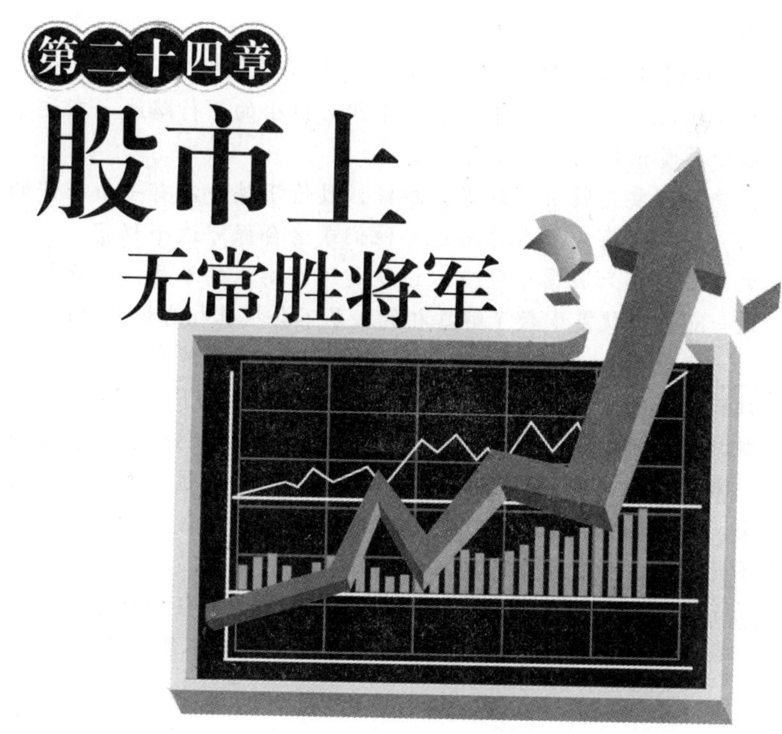

1. 大众在交易前一定要复习股票交易的一些要素：

一只股票上涨时，不要花心思去研究股票上涨的原因。

不间断地买进股票会让股价继续上涨。

在股价上涨的途中偶尔出现自然的小幅回档时一定要跟着涨势走。

如果股价长期稳定地上涨后，开始转为逐渐下跌，反弹只是偶尔出现，可以在其中找到一条阻力最小的下行路线。在这个过程中尽量出货，不可以再买进。

2. 不要为股价下跌寻找解释，股价下跌一定有一个很好的理由，但那只有少数人才知道，他们或者会保守这个秘密，或者对大众宣称这只股票很便宜。这就是这个游戏的本质，大众应该知道一点，那就是少数了解真相的人是不会把真相告诉大众的。

3. 没有一个人是股市上的常胜将军，不可能每次都能如愿地让股市成为其手下败将，但他可以在某些情况下，在某只股票上赚到钱。不管这个人的经验如何丰富，他都会犯错，他在某个价位做出止损决定的可能性一直都存在，因为投机不会百分之百安全。华尔街的专家们都知道，让人以最快速度破产的不是饥荒，不是瘟疫，不是自然灾害，不是政局混乱，也不是那些意外事故，而是听信了“内线”消息的诱导。在华尔街或任何地方都找不到一条通向成功的康庄大道，既然如此，那就更不能阻塞交通了！

大家都希望得到别人的建议，这就是传播消息和听信消息这样的事有市场的原因。经纪商们通过各种媒体或者朋友来传播消息，不过给顾客们的建议倒是很适当。但是不管怎样，都不应该详细地论述和精确地预测，因为市场的行情总是领先实际状况六到九个月。现在赢利是不足以让顾客购买股票的，除非可以保证六到九个月以后公司的业务仍然保持在这样的水平。如果你真的能够把眼光放远，能够看到情势发展有能力改变现状，你就不会再受到股价便宜理论的干扰了。大众必须要看得远，而经纪商只关心今天要赚多少手续费，一定要对证券商出版的杂志上登刊的信息时刻提高警惕。证券交易商靠手续费赚钱，毫无疑问他们会利用出版的杂志诱导大众，把内线人士

和作手们手中的股票都倾倒给大众。

我们常常能听到内线人士对证券经纪公司的老板说："我希望你能替我创造一个能够吸纳5万股的市场。"

经纪商会要求得到更多的细节。我们假设这只股票的市价是50美元，内线人士告诉他说："我以45美元给你5 000股的买入期权，每提高1点就再给你5 000股买入期权，这么累计下来一共给你5万股，最后我还会再给你5万股的卖出期权。

对经纪公司来说这笔生意非常好做，只要他们有数量众多的"信徒"，这也是内线人士顺利完成操作所必需的。如果证券经纪公司拥有全国各地的分公司和关系密切的同行公司，那就表示"信徒"数量不可限量。不管怎样，因为他们还拥有卖出期权，所以这家经纪公司一直处于安全的地位。如果他们可以说服顾客跟进，他们就有把握出清所有手中的持股，不仅可以获得数额巨大的利润，还可以赚取一笔不小的手续费。

我还记得华尔街的一个内线人士赚取暴利的方法。

他会与大证券公司的顶尖交易员取得联系，有时候他还会更进一步，去拜访公司的某一个小股东，他会对你说下面的一番话：

"我非常感谢你们给予我的许多帮助，这次，我很高兴提供一些赚钱的机会给你们。我们正在组建一家新公司，目的是要收购我们的一家关系企业，我们打算炒高这只股票，我想以65美元的价格转给你们500股雄鸡商店的股票，这只股票目前的市价是72美元。"

这个一心想报恩的内线人士就把这个消息告诉了很多家证券交易公司的几十个顶尖交易员。既然这些交易员都生活在华尔街，当他们拿到有利润保障的股票时会怎么办？当然是以最快的速度告诉他们所认识的人，让他们买进这只股票。这个一心要报恩的人当然知道这一点，他会在这些交易员的帮助之下创造一个市场，方便这些内线人士以高价把股票卖给被愚弄了的大众。

还有一些出货手段是要被禁止的。证券交易所不应该允许已挂牌上市的公司以分期付款的方式向大众出售股票，正式挂牌报价可以约束市场上任何一只股票。参与自由交易的合法证据和价格上的差距是购买一只股票所需要的前提。

还有一种常见的卖股票的方法，这种方法让不爱动脑筋的大众付出千百万美元的损失，可是，这不需要有人为此负法律责任，这完全是合法的，完全是根据市场需求来决定的，这就是增加股本。这种方法从某种意义上讲并没有改变股票的性质。

不管是 1 ： 2、1 ： 4 还是 1 ： 10 地以旧股换新股，这种魔术通常都是想把旧股票卖出去。旧价格是一磅包装的商品卖 1 美元，但卖不出，如果改成了一包 1/4 磅卖 25 美分，这样就容易卖出去了，而且可能不只卖 25 美分，还可以卖 27 美分或 30 美分。

为什么大众从来都不探究股票变得好卖的原因呢？这样做就是在华尔街行善，聪明的交易需要提防这种像“特洛伊木马”似的股票。这其实是大众需要谨记的一条注意事项，可大众并不理会这一点，由此造成每年几百万美元的损失。

有意编造或散布谣言，对个人或公司的信用或交易造成影响会遭到法律的惩罚，换句话讲就是有意引导大众卖出股票来打压股价会受到法律的处罚。这条法规出台的主要用意就是用法律来惩处那些在经济紧张时期传播怀疑银行清偿能力言论的人，减少挤兑的恐慌危机。同时，这样也保护了大众不再以低于真正价值的价格卖出股票，简单地讲，就是美国的法律惩罚那些散布利空消息的人。

那法律如何保护大众不以高于真正价值的价格买进股票呢？谁来惩罚散布那些有欺骗性质的利多消息的人呢？没有！没有人会为自己的这种行为负责。可是，大众在虚假利多消息的诱导下或在那些不具名的内线人士、权威人士的建议下买进股票而损失的钱远远超过因所谓的“打压”或利空而卖出股票所损失的钱。

如果有一种法律是专门针对说谎的多头的，就像现在已经可以依法惩罚说谎的空头一样，我想，大众会少损失很多钱。

当然，那些从中渔利的承销机构、作手和发布不具名乐观言论的人会认为这些听信了谣言和不具名声明的大众亏损了只能怪自己不够精明。如果这么说，那可以依此类推，也去建议法律不再保护那些吸毒成瘾的人。

证券交易所应该帮助大众不受不公平做法的侵害。如果一个清楚内情的人要发表利多声明，或让大众接受他的意见，那一定要请他为他说过的话签名负责。以签名的方式为利多题材负责不一定表示利多题材就是真的，但这样做还是会约束一下内线人士们的言行！

大众在交易前一定要复习股票交易的一些要素：

一只股票上涨时，不要花心思去研究股票上涨的原因。

不间断地买进股票会让股价继续上涨。

在股价上涨的途中偶尔出现自然的小幅回档时一定要跟着涨势走。

这些都是相对安全的做法。还有一些必须要记住：

如果股价长期稳定地上涨后，开始转为逐渐下跌，反弹只是偶尔出现，可以在其中找到一条阻力最小的下行路线。在这个过程中尽量出货，不可以再买进。

大概就是这样的。不要为股价下跌寻找解释，股价下跌一定有一个很好的理由，但那只有少数人才知道，他们或者会保守这个秘密，或者对大众宣称这只股票很便宜。这就是这个游戏的本质，大众应该知道一点，那就是少数了解真相的人是不会把真相告诉大众的。

许多所谓的“内线人士”或“高层管理人员”，不管他们的言论是否出具了姓名，大众都不该相信他们说的话。很多时候根本没有人要求内线站出来发表什么声明，这些声明都是可以从中获得重大利益的人编造出来的故事。在一只股票上涨的某一个阶段，大量持股的内线人士为了给这只股票创造一个市场，他们并不反对获得专业人士的帮助。这些内线人士可能会告诉大众那些作手是何时以何种价位买进的，但一定说不出来什么时候会以什么价格卖出。这样，作手和大众们处于同一种境地，不同的是，作手们需要的市场要足够大，可以让他们出货。这个时候，那些会误导大众的信息一定如期而至，一定要记住，不管在这个游戏的哪个阶段，这些内线人士的话你都不可以相信。一般情况下，一个公司的老板从某种途径获得了一个内部消息，要在市场上采取行动，他不会说谎，同时也不会说与此有关的一个字，沉默是最好的选择。

我说过很多次，一再强调也不为过——我几十年的股票作手经验和阅历告诉我，没有一个人是股市上的常胜将军，不可能每次都如愿地让股市成为其手下败将，但他可以在某些情况下，在某只股票上赚到钱。不管这个人的经验如何丰富，他都会犯错，他在某个价位做出止损决定的可能性一直都存在，因为投机不会百分之百安全。华尔街的专家们都知道，让人以最快速度破产的不是饥荒，不是瘟疫，不是自然灾害，不是政局混乱，也不是那些意外事故，而是听信了“内线”消息的诱导。在华尔街或任何地方都找不到一条通向成功的康庄大道，既然如此，那就更不能阻塞交通了！

附录

附录一　股市名词解释

1. **利多**：利多是指刺激股价上涨的信息。如上市公司经营业绩好转、银行利率降低、社会资金充足、银行信贷资金放宽、市场繁荣等，以及政治、经济、军事、外交等方面对股价上涨有利的其他信息。

2. **利空**：利空是指能够促使股价下跌的信息。如上市公司经营业绩恶化、银行紧缩、银行利率调高、经济衰退、通货膨胀、天灾人祸等，以及政治、经济、军事、外交等方面促使股价下跌的其他不利消息。

3. **牛市**：股市前景乐观，股票价格持续上升的行情。

4. **熊市**：股市前途暗淡，股票普遍持续下跌的行情。

5. **多头**：投资人预期未来价格上涨，以目前价格买入一定数量的股票等价格上涨后，高价卖出，从而赚取差价利润。其特点为先买后卖。

6. **空头**：投资人预期未来行情下跌，将手中股票按目前价格卖出，待行情下跌后买进，获得差价利润。其特点为先卖后买。

7. **反弹**：股票价格在下跌趋势中因下跌过快而回升的价格调整现象。回升幅度一般小于下跌幅度。

8. **盘整**：通常指股票价格变动幅度较小，比较稳定，最高价与最低价之差不超过2%的行情。

9. **死空头**：总是认为股市情况不好，不能买入股票，股票会大幅下跌的投资者。

10. **死多头**：总是看好股市，拿着股票，即使是被套得很深，也对股市充满信心的投资者。

11. **多翻空**：多头确信股价已涨到顶峰，因而大批卖出手中股票成为空头。

12. **空翻多**：空头确信股价已跌到尽头，于是大量买入股票而成为多头。

13. **短多**：短线多头交易，长则两三天短则一两天，操作依据是预期股

价短期看好。

14. 斩仓(割肉)：在买入股票后，股价下跌，投资者为避免损失扩大而低价(赔本)卖出股票的行为。

15. 套牢：是指进行股票交易时所遭遇的交易风险。例如，投资者预计股价将上涨，但在买进后股价却一直呈下跌趋势，这种现象称为多头套牢。相反，投资者预计股价将下跌，将所借股票放空卖出，但股价却一直上涨，这种现象称为空头套牢。

16. 坐轿：预期股价将会大涨，或者知道有庄家在炒作而先期买进股票，让别人去抬股价，等股价大涨后卖出股票，自己可以不费多大力气就赚大钱。

17. 抬轿：认为目前股价处于低位，上升空间很大，于是认为，买进是坐轿，殊不知自己买进的并不是低价，不见得就能赚钱，其结果是在替别人抬“轿子”。

18. 多杀多：即多头杀多头。股市上的投资者普遍认为股价要上涨，于是纷纷买进，然而股价未能如期上涨时，竞相卖出，而造成股价大幅下跌。

19. 热门股：交易量大、换手率高、流通性强的股票，特点是价格变动幅度较大。

20. 对敲：是股票投资者(庄家或大的机构投资者)的一种交易手法。具体操作方法为在多家营业部同时开户，以拉锯方式在各营业部之间报价交易，以达到操纵股价的目的。

21. 筹码：投资人手中持有的一定数量的股票。

22. 踏空：投资者因看淡后市，卖出股票后，该股价却一路上扬，或未能及时买入，因而未能赚得利润。

23. 跳水：指股价迅速下滑，幅度很大，超过前一交易日的最低价很多。

24. 诱多：股价盘整已久，下跌可能性渐大，“空头”大都已卖出股票后，突然“空方”将股票拉高，使“多方”误以为股价会向上突破，纷纷加码，结果“空头”由高价惯压而下，使“多头”误入陷阱而“套牢”，称为“诱多”。

25. 诱空：即“主力多头”买进股票后，再故意将股价做软，使“空头”误信股价将大跌，故纷纷抛出股票错过获利机会，形成误入“多头”的陷阱，称为“诱空”。

26. 骗线：利用技术分析的划线原理，在想出货的时候，先造成有利的线路，使依靠技术分析的人误以为股价会上涨而买进，谓之“骗线”。

27. 阴跌：指股价进一步退两步，缓慢下滑的情况，如阴雨连绵，长期不止。

28. **停板**：因股票价格波动超过一定限度而停止涨跌。交易当天的股价的最高限度叫涨停板，交易当天的股价的最低限度叫跌停板。目前国内规定A股涨跌幅度为10%，ST股为5%。

29. **平仓**：投资者在股票市场上卖出股票的行为。

30. **换手率**：即某股票成交的股数与其上市流通股总数之比。它说明该股票交易活跃程度，尤其当新股上市时，更应注意这个指标。

31. **现手**：当前某一股票的成交量。

32. **平开**：某股票的当日开盘价与前一交易日收盘价持平的情况称为平开，或平盘。

33. **低开**：某股票的当日开盘价低于前一交易日收盘价的情况称为低开。

34. **高开**：某股票的当日开盘价高于前一交易日收盘价的情况称为高开。

35. **内盘**：以买入价成交的交易，买入成交数量统计加入内盘。

36. **外盘**：以卖出价成交的交易。卖出量统计加入外盘。内盘、外盘这两个数据大体可以用来判断买卖力量的强弱。若外盘数量大于内盘，则表现买方力量较强，若内盘数量大于外盘则说明卖方力量较强。

37. **均价**：指现在时刻买卖股票的平均价格。若当前股价在均价之上，说明在此之前买的股票都处于盈利状态。

38. **溢价发行**：指股票或债券发行时以高于其票面的价格发行的方式。

39. **场内交易**：在证券交易所内进行的证券买卖活动。

40. **场外交易**：在交易所以外市场进行的证券交易总称，也称为“柜台市场”、“第三市场”或“第四市场”。

41. **散户**：通常指投资额较少、资金数量达不到证券交易所要求的中户标准的交易者，常被称为散户（目前进入中户有些地方是50万元资金，有些地方是30万元资金）。

42. **建仓**：投资者开始买入看涨的股票。

43. **市价总额（总市值）**：指在某特定的时间内，证卷交易所挂牌交易的全部证券（以总股本计）按当时价格计算的证券总值。它可以反映该证券市场的规模大小，由于它是以各证券的发行量为权数的，所以当发行量大的证券（流通量不一定大）价格变动时对总市值影响就大。这也是股市中庄家经常通过拉抬大盘股来影响股指的一个重要原因。

44. **实多**：指资金实力雄厚、持股时间长，不做见跌就买见涨就卖，不只图眼前一点小利的投资者。

45. **浮多**：与实多相对，指资金较弱、持股时间短、见涨就卖见跌就买、

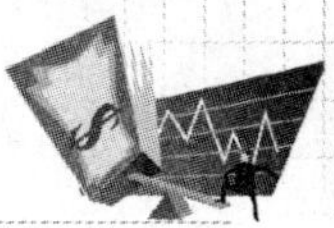

只图眼前利益的小投资者。

46. **卖压：**在股市上大量抛出股票，使股价迅速下跌。

47. **买压：**买股票的人很多，而卖股票的人却很少。

48. **回档：**在多头市场上，股价涨势强劲，但因过快而出现回跌，称回档。

49. **护盘：**股市低落、人气不足时，机构投资大户大量购进股票，防止股市继续下滑的行为。

50. **惯压：**用大量股票将股价大幅度压低，以便低成本大量买进。

51. **盘档：**一是当天股价波动幅度很小，最高与最低价之间不超过2%；二是行情进入整理，上下波动幅度也不大，持续时间在半个月以上。

52. **抢帽子：**指当天先低价买进，等股价上升后再卖出相同种类和相同数量的股票，或当天先卖出股票，然后再以低价买进相同数量和相同种类的股票，以获取差价利益。

53. **跳空与补空：**股市受强烈的利多或利空消息影响，开盘价高于或低于前一交易日的收盘价，股价走势出现缺口，称之为跳空；在股价之后的走势中，将跳空的缺口补回，称之为补空。

54. **基本面：**包括宏观经济运行态势和上市公司基本情况。宏观经济运行态势反映出上市公司整体经营业绩，也为上市公司进一步的发展确定了背景，因此宏观经济与上市公司及相应的股票价格有密切的关系。上市公司的基本面包括财务状况、盈利状况、市场占有率、经营管理体制、人才构成等各个方面。

55. **政策面：**指国家针对证券市场的具体政策，例如股市扩容政策、交易规则、交易成本规定等。

56. **市场面：**指市场供求状况、市场品种结构以及投资者结构等因素。市场面的情况也与上市公司的经营业绩好坏有关。

57. **技术面：**指反映价格变化的技术指标、走势形态以及K线组合等。技术分析有三个前提假设，即市场行为包容一切信息；价格变化有一定的趋势或规律；历史会重演。由于认为市场行为包括了所有信息，那么对宏观面、政策面等因素都可以忽略。而认为价格变化具有规律和历史会重演，就使得以历史交易数据判断未来趋势变得简单了。

58. **每股税后利润：**又称每股盈利，可用公司税后利润除以公司总股数来计算。

59. **股东权益：**公司净资产代表公司本身拥有的财产，也是股东们在公司中的权益，因此，又叫作股东权益。

60. **净资产收益率：**公司税后利润除以净资产得到的百分比率，用以衡量公司运用自有资本的效率。

61. **龙头股：**指的是某一时期在股票市场的炒作中对同行业板块的其他股票具有影响和号召力的股票，它的涨跌往往对其他同行业板块股票的涨跌起引导和示范作用。龙头股并不是一成不变的，它的地位往往只能维持一段时间。

62. **T+1 交收：**指交易双方在交易次日完成与交易有关的证券、款项收付，即买方收到证券、卖方收到款项。

63. **涨跌幅限制：**指在一个交易日内，除上市首日证券外，证券的交易价格相对上一交易日收市价格的涨跌幅度不得超过 10%（ST 股为 5%），超过涨跌限价的委托为无效委托。

64. **分红：**上市公司对股东的投资回报。

65. **送红股：**上市公司将本年的利润留在公司里，发放股票作为红利，从而将利润转化为股本。

66. **转增股本：**指公司将资本公积转化为股本，转增股本并没有改变股东的权股益，但却增加了股本规模，因而客观结果与送红股相似。

67. **ST 股：**沪深证券交易所在 1998 年 4 月 22 日宣布，根据 1998 年实施的股票上市规则，将对财务状况或其他状况出现异常的上市公司的股票交易进行特别处理，由于“特别处理”的英文是 Special Treatment(缩写是“ST”)，因此这些股票就简称为 ST 股。财务状况或其他状况出现异常主要是指两种情况：一是上市公司经审计连续两个会计年度的净利润均为负值，二是上市公司最近一个会计年度经审计的每股净资产低于股票面值。在上市公司的股票交易被实行特别处理期间，其股票交易应遵循下列规则：（1）股票报价日涨跌幅限制为 5%；（2）股票名称改为原股票名前加“ST”；（3）上市公司的中期报告必须审计。

68. **题材板块：**通常特指由于某一些突发事件或特有现象而使部分个股具有一些共同特征，例如资产重组板块、WTO 板块、西部概念等。

根据有关市场人士的分析，常被利用的炒作题材大致有以下几类：（1）经营业绩好转、改善；（2）国家产业政策扶持，政府实行政策倾斜；（3）将要或正在合资合作、股权转让；（4）出现控股或收购等重大资产重组；（5）增资配股或高送股分红等。

69. **开盘价：**开盘是指某种证券在证券交易所每个营业日的第一笔交易，第一笔交易的成交价即为当日开盘价。按上海证券交易所规定，如开市后半

小时内某证券无成交，则以前一天的收盘价为当日开盘价。有时某证券连续几天无成交，则由证券交易所根据客户对该证券买卖委托的价格走势，提出指导价格，促使其成交后作为开盘价。首日上市买卖的证券以上市前一日柜台转让平均价或平均发售价为开盘价。

70. **收盘价**：指某种证券在证券交易所一天交易活动结束前最后一笔交易的成交价格。如当日没有成交，则采用最近一次的成交价格作为收盘价。因为收盘价是当日行情的标准，又是下一个交易日开盘价的依据，可据以预测未来证券市场行情，所以投资者对行情分析时，一般采用收盘价作为计算依据。

71. **市盈率**：是某种股票普通股每股市价与每股盈利的比率。所以它也称为股价收益比率或市价盈利比率。其计算公式为：

$$市盈率=\frac{普通股每股市场价格}{普通股每年每股盈利}$$

上述公式中的分子是指当前的每股市价，分母可用最近一年盈利，也可用未来一年或几年的预测盈利。这个比率是估计普通股价值的最基本、最重要的指标之一。一般认为该比率保持在 10 ～ 20 之间是正常的。过小说明股价低，风险小，值得购买；过大则说明股价高，风险大，购买时应谨慎，或应同时持有的该种股票。但从股市实际情况看，市盈率大的股票多为热门股，市盈率小的股票可能为冷门股，购入也未必一定有利。

72. **整理**：股市上的股价经过大幅度迅速上涨或下跌后，遇到阻力线或支撑线，原先上涨或下跌趋势明显放慢，开始出现幅度为 15% 左右的上下跳动，并持续一段时间，这种现象称为整理。整理现象的出现通常表示多头和空头激烈互斗而产生跳动价位，也是下一次股价大变动的前奏。

73. **关卡**：股市受利多信息的影响，股价上涨至某一价格时，做多头的认为有利可图，便大量卖出，使股价至此停止上升，甚至出现回跌。股市上一般将这种遇到阻力时的价位称为关卡，股价上升时的关卡称为阻力线。

74. **支撑线**：股市受利空信息的影响，股价跌至某一价位时，做空头的认为有利可图，大量买进股票，使股价不再下跌，甚至出现回升趋势。股价下跌时的关卡称为支撑线。

75. **蓝筹股**：股票市场上，投资者把那些在其所属行业内占有重要支配性地位、业绩优良、成交活跃、红利优厚的大公司股票称为蓝筹股。“蓝筹”一词源于西方赌场。在西方赌场中，蓝色筹码最为值钱，红色筹码次之，白色筹码最差。投资者把这些行话套用到股票上就有了这一称谓。

76. **权证：**一种有价证券，投资者付出权利金购买后，有权利（而非义务）在某一特定期间（或特定时点）按约定价格向发行人购买或者出售标的证券。其中，发行人是指上市公司或证券公司等机构；权利金是指购买权证时支付的价款；标的证券可以是个股、基金、债券、一篮子股票或其他证券，是发行人承诺按约定条件向权证持有人购买或出售的证券。

77. **交易佣金：**佣金是券商为投资者代理买卖证券时按成交金额计算收取的费用。

附录二　中国股市大事记

1984 年 11 月，中国第一股——上海飞乐音响股份公司成立。

1990 年 12 月 1 日，经过历时一年的筹备，“深安达”换发标准股票率先进入深圳证券交易所挂牌交易。

1990 年 12 月 19 日，上海证券交易所在黄浦江畔开业。后来，人们习惯性地把每年 12 月 1 日作为中国证券市场创立纪念日。

1991 年 4 月 3 日，深圳证券交易所以 4 月 3 日为基日发布深圳股价指数，基数为 100 点。

1991 年 4 月 11 日，深圳证券交易所成立。

1991 年 5 月 21 日，上交所统一实行自由竞价交易，沪市股价全部放开。股市开放，上证指数从 99.98 点一直上涨到 1992 年 5 月 25 日的 1429.01 点，涨幅达 1 329.30%。

1992 年 5 月 21 日，取消部分个股涨跌价格限制，上证综指当日从 617 点上涨到最高点 1 266 点，有的个股单日涨幅甚至达到 500%。随后 5 个月，上证综指大跌到 386 点，部分投资者损失惨重。

1993 年 2 月 16 日，“上海老八股”扩容，指数从 1 558.95 点一直下泄到1994年7月29日的325.89点，跌幅达79.10%。

1993年8月17日，部分地区沪市行情传输中断一个多小时，而未中断地区照常营业，引起轩然大波。

1994年7月30日，中国证监会宣布三项“救市”措施：（1）年内暂停新股发行与上市；（2）严格控制上市公司配股规模；（3）采取措施扩大入市资金范围。这就是著名的“三大政策”。一个半月，上证综指上涨了223%，成为我国证券史上股指上涨速度最快的一次。

1995年2月23日，“3·27国债期货事件”爆发；5月17日，国债期货市场关闭；5月18日，股市井喷；5月19日，“3·27”事件始作俑者管金生被捕。

1996年12月15日，《人民日报》发表特约评论员文章《正确认识当前股票市场》，指出股市出现过度投机，要求进一步规范。上证综指自1996年12月11日算起历时13天，跌幅达31%，单日跌停个股比比皆是。

1997年2月19日，邓小平同志去世，第二天两市低开被拉起，后历时3个月，指数上涨了74%。

1997年7月1日，香港回归；7月2日，泰国发生金融危机，随后长达两年的东南亚“金融风暴”全面爆发。

1998年4月，沪深交易所决定对“财务状况异常”的上市公司实施股票交易特别处理。

1999年5月9日，发生美军“误炸”事件，上证股指跳空下行逼近千点，10天后“5·19”行情启动；6月15日，《人民日报》发表特约评论员文章《坚定信心规范发展》，“5·19”行情进入高潮。

1999年7月1日，《中华人民共和国证券法》开始正式实施，指数冲高回落。

1999 年 9 月 9 日，中国证监会发文允许国有企业、国有资产控股企业、上市公司进入二级市场进行流通股票投资；12 月 29 日，上证股指探底 1341 点，次年牛市行情再度启动。

2000 年，中国股市上市公司超过 1 000 家，总市值 4.6 万亿元，约占 GDP 的 50%。

2000 年 11 月 2 日，吴敬琏针对 10 月“基金黑幕”事件发表文章《证券市场不能黑》，引发“股市大辩论”。2001 年 2 月 9 日，新华社发表财经述评《中国股市——风物长宜放眼量》。2001 年 2 月 20 日，中国证监会决定 B 股市场向境内开放，随后股市开始运行牛市最后一个上行的衰竭浪。

2001 年 6 月 14 日，国有股减持筹建社保资金办法出台，采用存量发行方式，原则上采用市场定价方式，随后牛市结束，股指见顶回落，一路暴跌至 1514 点。

2001 年 10 月 22 日，暂停国有股减持，股指企稳反弹。

2001 年 12 月 4 日，退市制度正式推出，短线反弹结束。

2002 年 1 月 30 日，中国证监会在北京召开市场分析座谈会，与会专家学者认为：保持证券市场的稳定和发展，对于社会主义市场经济体制的建立和国民经济的健康发展，具有重要意义。上证股指脱离 1 339 点开始启动。

2002 年 6 月 23 日，停止国有股减持，引发“6·24”井喷，股指随后见顶回落。

2003 年 1 月 6 日，上证股指探底 1 311 点，上市以来饱受争议的超级大盘股“中国联通”、“招商银行”、“中国石化”同时在历史最低价启动，股市波段行情开始启动。这也预示着“机构博弈”的时代开始到来。

2003 年 4 月，“非典”流行，股市行情回落。

2003年11月13日，上证股指探底1 307点。11月18，“长江电力”上市，随即连续上攻，两市基金重仓大盘股联袂出击，波段行情再度启动。

2004年2月2日，《国务院关于推进资本市场改革开放和稳定发展的若干意见》（国九条）出台，股指越过2003年高点1 650点继续上行。2004年4月9日最高达1 778.22点。

2004年6月25日，中小企业板块正式登场，首批8只股票上市，这是落实“国九条”的首项具体措施。

2005年4月29日，中国证监会发布通知宣布启动股改试点。10天后，4家上市公司被迅速圈定进入股改首批试点程序。

2005年6月6日，股市跌破1 000点。

2005年下半年，《中华人民共和国证券法》（修订）出台，证券投资者保护基金出台，权证重返市场。

2005年12月6日，上证指数开始了长达一年的逼空行情，2006年12月14日以16年新高2 249点收盘。

2007年2月，节后行情并未因存款准备金率上调而下挫，盘中多个板块全线扬升，个股行情更是演绎疯狂，沪指昂首站上了3 000点，并刷新了历史新高。

2007年5月9日，中国股市演绎诡谲行情，历经午间黑色25分钟的惊险一跳之后，上证综指收盘顽强站稳4 000点整数关口，收于4 013.09点，全天上涨63.07点。

2007年5月15日，沪深股市由于“交通银行”的上市，沪指直接高开，但之后走弱，银行股成为盘中跳水的最大动力。午后大盘又出现一波快速跳水，截至收盘，上证综指跌破3 900点关口。

2007 年 5 月 29 日，沪深股市再创新高，上证综指突破突破 4 300 点。

2007 年 5 月 30 日，财政部宣布：经国务院批准，决定从 2007 年 5 月 30 日起，调整证券交易印花税税率，由现行 1‰调整为 3‰。随后大盘一路下挫，盘中跌停股票接近 1 000 只。全天最终沪指收于 4 053 点，下跌 281 点，跌幅 6.5%，成交 2 757 亿元。深成指收于 12 627 点，下跌 829 点，跌幅 6.16%，成交 1 395 亿元。

2007 年 7 月 9 日，《上市公司国有股转让暂行管理办法》出台。

2007 年 8 月 9 日，沪深两市市值总额为 21.14 万亿，2006 年 GDP 总额为 21.08 万亿，股市市值首次超过 GDP。

2007 年 9 月 11 日，2000 亿特别国债将公开发行。

2007 年 10 月 16 日，大盘刷新历史记录创出 6 124 点高点。

2007 年 11 月 5 日，中国最赚钱的公司“中国石油”回归 A 股，当天最高价 48.62 元。2007 年沪深市场市值能够爆发增长，主要原因是大盘股的发行，特别是红筹股的集中回归开始启动。“中国石油”、“建设银行”、“中国平安”等 9 家公司的募集资金均超过 100 亿元，特别是“中国石油”发行冻结资金 3.3 万亿元，募集资金达 668 亿元，创历史单只新股发行募集资金的最高纪录。2005 年 7 月 28 日，两市总市值突破 3 万亿元，之后于 2006 年 4 月、5 月连续突破 4 万亿元和 5 万亿元关口。2007 年 1 月 9 日突破 10 万亿元，8 月 3 日突破 20 万亿元，截至 11 月 5 日中石油上市，沪深总市值已经突破 30 万亿元大关。这意味着不到两年半时间，沪深总市值翻了 10 倍。相对于我国 2007 年 21.09 万亿元的国内生产总值，我国的资产证券化率已经接近 150%。

2007 年 12 月 14 日，中美就金融服务业开放达成多项共识。

2008 年 4 月 24 日，证券交易印花税率下调至 1‰，大盘以接近涨停报收。

2008年9月19日，三大利好齐发促股市健康运行：证券交易印花税只向出让方征收，国资委支持央企增持或回购上市公司股份，汇金公司将在二级市场自主购入工、中、建三行股票。当日的沪深两市全线涨停!

2008年10月28日，创年内最低1 664.93点，较年初大跌68%，总市值11.47万亿较年初缩水近2/3。

2008年11月10日，国务院出台10项措施刺激经济，4万亿计划出炉，股市开始年内最有力的一波反弹。

2008年12月4日，国务院“金融国九条”出台，提及稳定股票市场。

2008年12月13日，国务院“金融三十条”出台，提及采取有效措施，稳定股票市场运行。

附录三　中国宏观经济政策对中国股市的影响

历次印花税调整对股市的影响

时间	调整幅度	市场动态
2008 年 9 月 19 日	改为单边征收，税率保持 1‰	沪深股市 19 日双双强势反弹，涨幅均超过或达到 9%
2008 年 4 月 24 日	从 3‰调整为 1‰	沪指大涨 302 点，冲击 3 600 点，涨幅达 9.25%
2007 年 5 月 30 日	从 1‰调整为 3‰	两市收盘跌幅均超 6%，跌停个股达 859 家，12 346 亿元市值在一日间被蒸发
2005 年 1 月 23 日	从 2‰调整为 1‰	从调整后一直到 2004 年 5 月 29 日，股市行情一路走高，属于真正的牛市
2001 年 11 月 16 日	从 4‰调整为 2‰	股市产生一波 100 多点的波段行情
1999 年 6 月 1 日	B 股交易印花税降为 3‰	上证 B 指一月内从 38 点升至 62.5 点，涨幅高达 50%
1998 年 6 月 12 日	从 5‰下调至 4‰	–
1997 年 5 月 12 日	从 3‰上调至 5‰	当天形成大牛市顶峰，此后股指下跌 500 点，跌幅达到 30%
1992 年 6 月 12 日	按 3‰税率缴纳印花税	当天指数没剧烈反应，盘整一月后从 1100 多点跌到 300 多点，跌幅超 70%
1991 年 10 月	深市调至 3‰，沪市开始双边征收 3‰	大牛市行情启动，半年后上证指数从 180 点飙升至 1429 点，升幅高达 694%
1990 年 11 月 23 日	深市对买方开征 6‰印花税	–
1990 年 6 月 28 日	深市对卖方开征 6‰印花税	–

央行历次利率及准备金率调整对股市影响

2008 年 10 月 29 日：从 2008 年 10 月 30 日起，一年期存款基准利率由现行的 3.87% 下调至 3.60%，下调 0.27 个百分点；一年期贷款基准利率由现行的 6.93% 下调至 6.66%，下调 0.27 个百分点；其他各档次存、贷款基准利率相应调整。个人住房公积金贷款利率保持不变。2008 年 10 月 30 日沪深股市双双高开，上证综指开盘报 1 732.77 点，涨幅 0.75%；深证成指开盘报 5 835.72 点，涨幅 0.64%。

2008 年 10 月 8 日：从 2008 年 10 月 9 日起下调一年期人民币存贷款基准利率各 0.27 个百分点。从 2008 年 10 月 15 日起下调存款类金融机构人民币存款准备金率 0.5 个百分点。2008 年 10 月 9 日早盘沪深股市双双高开，但指数并未高走，反而继续出现小幅下跌的局面，此后多空围绕平盘位置展开争夺，沪指表现略强，午后随着金融股的震荡回落，大盘重新出现翻绿走势，下跌家数逐渐增多，但普遍跌幅不大，临近收盘沪深两市股指突然跳水，沪指失守 2 100 点。

2008 年 9 月 15 日：从 2008 年 9 月 16 日起，下调一年期人民币贷款基准利率 0.27 个百分点。从 2008 年 9 月 25 日起，存款类金融机构人民币存款准备金率下调 1 个百分点。2008 年 9 月 16 日大盘上午有所企稳后，下午跌势蔓延，银行股大面积跌停，拖累上证综指再度跌穿 2 000 点，沪指在一轮跳水中再创盘中新低，最低跌至 1 974.39 点。盘中个股受压明显，仅部分地产股、军工股、通信股等有所拉抬。而金融股、煤炭股、食品股等居跌幅前列。权重股表现偏弱，部分制约了指数。

2008 年 6 月 7 日：从 6 月 25 日起上调存款类金融机构人民币存款准备金率 0.5 个百分点。从 6 月 15 日起上调存款类金融机构人民币存款准备金率 0.5 个百分点。2008 年 6 月 10 日 A 股市场一改近期小幅阴跌常态而大幅跳空低走，双双创出本轮调整以来的盘中最大跌幅。沪指开盘报 3 202.11 点，跌 257.34 点，跌幅 7.73%，深成指开盘报 11 212.84 点，跌 968.07 点，跌幅 8.25%。

2008 年 5 月 12 日：从 5 月 20 日起，上调存款类金融机构人民币存款准备金率 0.5 个百分点。2008 年 5 月 13 日沪指开盘报 3 515.71 点，跌 66.74 点，成交金额 1 250.9 亿，358 只个股上涨，499 只个股下跌；深成指开盘报

12 727.76 点，跌 91.87 点，成交金额 655.2 亿，281 只个股上涨，389 只个股下跌。

2008 年 4 月 16 日：从 4 月 25 日起上调存款类金融机构人民币存款准备金率 0.5 个百分点。2008 年 4 月 17 日沪指略微低开，深指小幅高开。沪指开盘报 3 286.41 点，下跌 68.86 点；深成指开盘报 12 104.31 点，下跌 400.20 点，成交金额 285 亿元，658 只个股下跌，54 只个股上涨。

2008 年 3 月 18 日：从 3 月 25 日起上调存款类金融机构人民币存款准备金率 0.5 个百分点。2008 年 3 月 19 日沪深大盘双双高开，沪综指开报 3 746.05 点，上涨 77.15 点；深成指开盘报 12 767.97 点，上涨 278.95 点，两市共有 1 196 家上涨，297 家持平，169 家下跌，两市共成交 9.2 亿元，较昨日增长近一倍。

2008 年 1 月 16 日：从 1 月 25 日起上调存款类金融机构人民币存款准备金率 0.5 个百分点。2008 年 1 月 17 日沪深大盘继续低开，沪综指开报 5 235.91 点，下跌 54.7 点；深成指开盘报 18 173.99 点，下跌 178 点，两市共有 181 家上涨，291 家持平，1 183 家下跌，两市共成交 14 亿元，较昨日增四成。

2007 年 12 月 20 日：一年期存款基准利率上调 0.27 个百分点；一年期贷款基准利率上调 0.18 个百分点。2007 年 12 月 21 日两市小幅低开，沪综指开盘报 5 017.19 点，下跌 26.34 点，深成指开盘报 16 542.93 点，下跌 82.48 点，沪市上涨 165 家，下跌 587 家，深市上涨 101 家，下跌 447 家。

2007 年 9 月 15 日：上调金融机构人民币存贷款基准利率 0.27 个百分点。2007 年 9 月 17 日 (周一) 沪综指上涨 109.21 点，涨幅 2.06%，成交额 1 687.52 亿元。深成指上涨 280.67 点，涨幅 1.54%，成交额 882.45 亿元。

2007 年 8 月 21 日：上调金融机构人民币存贷款基准利率 0.27 个百分点。

2007 年 8 月 22 日受 8 月 21 日晚央行年内第四次加息的消息影响，早盘沪深两市双双大幅低开，股指早盘震荡走高，在金融、地产股的轮番推动下，沪深两市先后刷新历史高点。沪指涨幅 0.50%，成交 1 621.98 亿元。

2007 年 7 月 20 日：上调金融机构人民币存贷款基准利率 0.27 个百分点。2007 年 7 月 23 日：周一两市大幅跳空高开，沪市开盘报 4 091.24 点，上涨 32.39 点，深市开盘报 13 615.30 点，上涨 197.34 点。两市大盘高开高走单边震荡上行，做多人气迅速聚集。截至收盘，两市共成交 2 351.1 亿元，成交量明显放大。

2007 年 5 月 19 日：一年期存款基准利率上调 0.27 个百分点，一年期贷款基准利率上调 0.18 个百分点。2007 年 5 月 21 日开盘 3 902.35 点，低开

127.91 点，报收 4 072.22 点，涨幅 1.04%。

2007 年 3 月 18 日：上调金融机构人民币存贷款基准利率 0.27 个百分点。2007 年 3 月 19 日开盘 2 864.26 点，报收 3 014.442 点，涨幅 2.87%。

2006 年 8 月 19 日：一年期存、贷款基准利率均上调 0.27%。加息利空使原本可能再度出现的“黑色星期一”变成了“红色星期一”，8 月 21 日，沪指开盘 1 565.46 点，最低 1 558.10 点，收盘上涨 0.20%。

2006 年 04 月 28 日：金融机构贷款利率上调 0.27%，提高到 5.85%。当日，沪指低开 14 点，最高 1 445 点，收盘 1 440 点，涨 23 点，大涨 1.66%。

2005 年 3 月 17 日：提高了住房贷款利率。沪综指当日下跌了 0.96%，次日再跌 1.29%。稍作反弹后，沪综指一路下跌，最低至 998.23 点。

2004 年 10 月 29 日：一年期存、贷款利率均上调 0.27%。使正处于下跌途中的沪综指大跌 1.58%，当天报收于 1 320 点。沪综指于 2005 年 6 月 6 日跌破千点，创出了 998 点的多年新低。

1993 年 7 月 11 日：一年期定期存款利率 9.18%，上调到 10.98%。首个交易日沪指下跌 23.05 点。

1993 年 5 月 15 日：各档次定期存款年利率平均提高 2.18%，各项贷款利率平均提高 0.82%。这次加息，使得首个交易日沪指下跌 27.43 点。